基础会计学

王静静 代 蕾 崔玉卫 主编

东南大学出版社
·南京·

内 容 提 要

本书涉及会计假设与会计基础、会计要素与会计等式、借贷记账法、一般企业主要交易或事项的账务处理、会计凭证、会计账簿、财产清查、财务报告、智能时代的会计变革与发展等内容。

会计知识向来给人枯燥难懂的印象，尤其借贷记账法，令人生畏。本书编者根据多年教学实践并结合工业企业实际，通过思维导图、案例引入等方式，循序渐进、由浅入深地介绍相关知识。大智移云时代，会计也随之发生变革，因此，本书增加了智能时代的技术创新和会计发展相关知识，体现时代特征。

在书的有关知识点和案例中融入课程思政，教书育人相结合。

本书力求通俗易懂、易教易学，适合普通高等教育以及在职人员培训等各层次教学的需要。

图书在版编目(CIP)数据

基础会计学／王静静，代蕾，崔玉卫主编.—南京：东南大学出版社，2022.1（2025.1重印）
 ISBN 978-7-5641-9929-6

Ⅰ.①基… Ⅱ.①王… ②代… ③崔… Ⅲ.①会计学—高等学校—教材 Ⅳ.①F230

中国版本图书馆 CIP 数据核字(2021)第 259374 号

东南大学出版社出版发行
(南京四牌楼 2 号 邮编 210096)
责任编辑：张绍来 封面设计：顾晓阳 责任校对：韩小亮 责任印制：周荣虎
全国各地新华书店经销 苏州市古得堡数码印刷有限公司印刷
开本：787mm×1 092mm 1/16 印张：17.75 字数：450 千字
2022 年 1 月第 1 版 2025 年 1 月第 3 次印刷
ISBN 978-7-5641-9929-6
印数：3 001—3 700 册 定价：45.00 元
本社图书若有印装质量问题，请直接与营销部调换。电话(传真)：025-83791830

前　　言

2000年左右,我们开始教授"基础会计学"这门课程,在这之前,我们分别在外企和国企做了2~7年不等的会计工作。从实践到教学,对于会计,可谓情深意切。

每一个新的学期,在第一堂会计课开始之前,我们会问学生:会计是什么?

答案五花八门:会计是算账的;会计很枯燥,每天都和数字打交道;会计是一门科学,少了一分钱都不行;会计是魔术,亏损或者盈利都能人为操纵……

而对于是否喜欢会计这门课以及将来是否愿意从事会计工作这个问题,很多学生会回答:"不喜欢,会计太枯燥。"但同时,也有很多学生觉得会计专业火爆了很多年,从事会计工作是一个相对稳定的职业,并且似乎越老越值钱。

但是,人工智能的出现以及发展,颠覆了"会计越老越值钱"这个理念。那么,会计是不是就不重要了呢?答案显而易见:经济越发展,会计越重要,而且,会计是商业语言,是了解和进入商业世界的钥匙。因此,我们深切地希望,能够有一本教材,在介绍会计基础知识的时候,不那么枯燥,能够有趣一些,并且能够融入时代的变革和发展。所以,本书力求做到:

（1）问题导向:每一章的每一个知识点,我们凝练成一个问题,让学生带着问题学习和思考。比起直白的表述,问题更能加深对知识点的理解和认识,并且启发学生思考。

（2）直观易懂:每一章的开始,将知识点以思维导图的形式呈现。图比文字更直观,通过思维导图,概括而清晰地展现了每一章的主要内容。同时,每一章设有引导案例,通过案例的铺垫,能够更容易切入知识点。

（3）理实结合:通过现实世界中企业对真实业务的会计处理,展示会计要素、会计计量、借贷记账法以及资金筹集、供应、销售、生产、财务成果等业务流程的核算,理论与实际结合,娓娓道来,循序渐进。

（4）与时俱进:时代飞速发展,波澜壮阔的智能会计时代已然展开,时代正经历的新技术、新方法以及智能会计面临的变革有哪些?为此需要做哪些准备?都是需要学生们在校园里就了解并且尽可能让自己拥有相关的技能和储备,而不是对时代的发展茫然不知。

（5）融入思政:枯燥的说教对于年轻人来说没有意义,通过一个个鲜活的拓展阅读材料,让他们了解卢卡•帕乔利的经历,知道课余应该阅读的财经书籍,明白"君子爱财、取之有道"的理念,树立"不做假账"的职业观……,润物细无声。

一直都希望编写一本有趣、有料、有情怀的会计入门教材,所以,我们进行了大量的尝试和探索,包括对会计基础知识体系的重新构建,对业务处理流程的分章表述,对知识内容用问题进行引导等。但既然是尝试,某些方面可能会因为考虑不周而存在问题,欢迎读者给予指正。

时光荏苒,草枯花荣,唯有坚持者笑容依然。感谢东南大学出版社的支持,感谢对本书提出意见和建议的老师们,感谢家人的支持,感谢我们自己的坚持。

王静静　代　蕾　崔玉卫

2021 年 10 月于南京

目　录

1 会计是世界通用的商业语言 ·· 1
　1.1 为什么要学习会计？——会计的意义 ······························ 2
　1.2 会计从哪里来？——会计的产生与发展 ··························· 2
　1.3 会计是什么？——会计的含义与职能 ······························ 4
　1.4 会计信息是如何产生的？——会计的方法 ························ 6
　1.5 未来，会计会消失吗？——大智移云时代会计面临的挑战 ····· 8
　　习题 ·· 12

2 会计假设与会计基础 ··· 14
　2.1 会计核算需要前提条件吗？——会计假设 ······················· 15
　2.2 何时确认收入和费用？——收付实现制和权责发生制 ·········· 16
　2.3 如何保证会计信息质量？——会计信息质量要求 ··············· 18
　　习题 ·· 21

3 会计要素与会计等式 ··· 23
　3.1 会计报表的基本构成要素有哪些？——会计要素 ··············· 24
　3.2 "家底儿"从何而来？——财务状况要素：资产、负债、所有者权益 ········· 25
　3.3 "赔了"还是"赚了"？——经营成果要素：收入、费用、利润 ········· 27
　3.4 会计要素之间有什么关系？——会计等式 ······················· 29
　3.5 会计要素的金额如何确定？——会计要素计量属性 ············ 34
　　习题 ·· 37

4 会计科目与账户 ·· 41
　4.1 会计要素如何细分和命名？——会计科目 ······················· 41
　4.2 如何记录交易和事项？——会计账户 ···························· 44
　　习题 ·· 49

5 借贷记账法的平衡之美：有借必有贷，借贷必相等 ·················· 54
　5.1 单式记账还是复式记账？——记账方法 ·························· 54
　5.2 借和贷必须相等吗？——有借必有贷、借贷必相等 ············ 56

  5.3 账做得基本正确吗？——试算平衡 ………………………………………… 60
  习题 ……………………………………………………………………………………… 67

6 资金筹集业务的核算 ……………………………………………………………… 71
  6.1 所有者投入资本如何核算？——实收资本和资本公积的核算 …………… 73
  6.2 借入资金如何核算？——短期借款和长期借款的核算 …………………… 77
  习题 ……………………………………………………………………………………… 82

7 采购业务的核算 …………………………………………………………………… 85
  7.1 固定资产购置如何核算？——外购固定资产业务的核算 ………………… 86
  7.2 采购原材料如何核算？——材料采购业务的核算 ………………………… 91
  习题 ……………………………………………………………………………………… 97

8 生产过程业务的核算 ……………………………………………………………… 102
  8.1 产品生产成本包含哪些内容？——直接材料、直接人工和制造费用 …… 104
  8.2 材料费用如何计入成本费用？——根据领用部门和用途确定 …………… 106
  8.3 人工成本如何计入成本费用？——根据职工所在部门及岗位确定 ……… 107
  8.4 间接费用如何计入产品成本？——制造费用的归集与分配 ……………… 108
  8.5 完工产品成本如何计算与结转？——完工产品入库的核算 ……………… 110
  8.6 生产业务的核算过程总结 ……………………………………………………… 112
  习题 ……………………………………………………………………………………… 116

9 销售业务的核算 …………………………………………………………………… 120
  9.1 营业收入如何核算？——主营业务收入和其他业务收入的核算 ………… 121
  9.2 营业成本如何核算？——主营业务成本和其他业务成本的核算 ………… 127
  9.3 销售费用是什么？应如何核算？——销售费用的核算 …………………… 129
  9.4 销售税金有哪些？应如何核算？——税金及附加的核算 ………………… 130
  习题 ……………………………………………………………………………………… 133

10 财务成果的核算 …………………………………………………………………… 135
  10.1 利润是什么？——利润的三个层次 ………………………………………… 136
  10.2 利润如何形成？——利润形成过程的核算 ………………………………… 138
  10.3 利润怎么分配？——利润分配过程的核算 ………………………………… 144
  习题 ……………………………………………………………………………………… 148

11 会计凭证 · · · · · · 150
- 11.1 什么是会计凭证?——会计凭证的定义与作用 · · · · · · 151
- 11.2 原始凭证从哪里来?——原始凭证的来源与编制方法 · · · · · · 152
- 11.3 如何填写记账凭证?——记账凭证的种类与编制方法 · · · · · · 157
- 11.4 会计凭证如何流转?——会计凭证的传递与保管 · · · · · · 161
- 习题 · · · · · · 162

12 会计账簿 · · · · · · 166
- 12.1 什么是会计账簿?——会计账簿概述 · · · · · · 167
- 12.2 企业需要设置哪些会计账簿?——会计账簿的设置和登记 · · · · · · 169
- 12.3 如何登记会计账簿?——会计账簿的记账与查错 · · · · · · 176
- 12.4 会计账簿期末如何处理?——对账与结账 · · · · · · 180
- 12.5 会计账簿使用多久?——会计账簿的更换和保管 · · · · · · 182
- 习题 · · · · · · 183

13 财产清查 · · · · · · 189
- 13.1 什么是财产清查?——财产清查的意义和种类 · · · · · · 190
- 13.2 如何对财产进行清查?——财产清查的内容和方法 · · · · · · 191
- 13.3 如何对财产清查的结果进行处理?——财产清查结果的处理程序及会计处理 · · · · · · 197
- 习题 · · · · · · 200

14 财务报告 · · · · · · 203
- 14.1 财务报告知多少?——财务报告概述 · · · · · · 204
- 14.2 "家底儿"从哪里来?——资产负债表 · · · · · · 206
- 14.3 "赔了"还是"赚了"?——利润表 · · · · · · 211
- 习题 · · · · · · 216

15 账务处理程序 · · · · · · 221
- 15.1 什么是账务处理程序?——账务处理程序的意义和种类 · · · · · · 222
- 15.2 什么是记账凭证账务处理程序?——记账凭证账务处理程序 · · · · · · 223
- 15.3 什么是汇总记账凭证账务处理程序?——汇总记账凭证账务处理程序 · · · · · · 244
- 15.4 什么是科目汇总表账务处理程序?——科目汇总表账务处理程序 · · · · · · 247
- 习题 · · · · · · 253

16 波澜壮阔的智能会计时代 ··· 257
    16.1 现在会计处于什么时代？——"大智移云物区"的智能时代 ············ 258
    16.2 智能时代的技术发展有哪些？——智能时代的技术发展 ················ 262
    16.3 智能时代会计如何处理？——智能时代的会计处理 ······················ 264

参考文献 ·· 275

1 会计是世界通用的商业语言

【思维导图】

会计是世界通用的商业语言,思维导图如图1.1所示。

```
                          ┌ 1.1 为什么要学习会计?
                          │    ——会计的意义
                          │                        ┌ 1.2.1 古代会计
                          │ 1.2 会计从哪里来?      │ 1.2.2 近代会计
                          │    ——会计的产生与发展 │ 1.2.3 现代会计
1 会计是世界通用的商业语言 ┤                        
                          │ 1.3 会计是什么?        ┌ 1.3.1 会计的含义
                          │    ——会计的含义与职能 └ 1.3.2 会计的职能
                          │ 1.4 会计信息是如何产生的? ┌ 1.4.1 会计的方法体系
                          │    ——会计的方法          └ 1.4.2 会计核算方法
                          │ 1.5 未来,会计会消失吗?
                          └    ——大智移云时代会计面临的挑战
```

图 1.1 思维导图

【学习目的】

通过本章的学习,要求了解学习会计的意义、会计的产生与发展;掌握会计的含义与职能;掌握会计程序与核算方法;了解大智移云时代会计面临的挑战。

【引导案例】

如果我们现在想要投资一家上市公司,比如贵州茅台,我们可以通过购买贵州茅台的股票这种方式进行。但是,怎么知道投资贵州茅台或者其他公司是否明智呢?需要了解哪些信息来帮助我们决定是否进行投资呢?对公司进行实地调研是一种方法,但除了专业的投资机构以外,普通人无法实地调研,只能看公司定期披露出来的财务报告。贵州茅台的财务报告提供了大量的信息,有100多页,该如何入手?这需要具备会计知识。财务报告包括资产负债表、利润表、现金流量表、所有者权益变动表以及附注。资产负债表的第一个项目是货币资金,其他诸如衍生金融资产、持有待售资产、商誉等一堆的名词,都是会计术语,若不具备会计知识,根本无法通过财务报告得到有用的信息,投资就无从谈起。所以,会计是商业语言,如果我们不能掌握这门商业语言,就不能了解商业社会,也就无法做出判断和决策。

1.1　为什么要学习会计？——会计的意义

为什么几乎每个高校都会开设会计专业？为什么会计专业能够持续火爆很多年？为什么会计对企业如此重要？为什么要学习"基础会计学"这门课程呢？仅仅因为这门课程是同学们必须去修的一门课程吗？或者仅仅是因为未来需要参加会计相关的考试吗？答案是否定的。生活无处不会计,我们生活在信息时代,会计是商业语言,会计信息及其可靠性会影响到我们每一个人。

司马迁说过一句话:天下熙熙,皆为利来,天下攘攘,皆为利往。

这个利是什么意思？利益？利润？金钱？我们如何衡量和计算这个利？

罗伯特·清崎在《富爸爸穷爸爸》这本畅销书中写道:看不懂财务方面的文字或读不懂数字的含义,是许多问题发生的根本原因。富人之所以富是因为他们比那些挣扎于财务问题的人在某个方面有更多的知识,所以如果想致富并保住财富,财务知识非常重要。

所以,不管是会计专业的学生,还是其他专业的学生,都需要了解和掌握基础的会计知识,而基础会计学课程,就是带领同学们由浅入深地学习会计学的基本知识,循序渐进地介绍会计的确认、计量和报告的基本原理和基本方法,了解现实世界中企业筹集资金、采购原材料和设备、生产产品、销售产品、利润形成和分配等业务流程和会计核算,从而为同学们更好地理解和认识这个商业社会提供机会,也为学习"中级会计学""税法""审计学"等其他专业课程打下坚实的基础。

1.2　会计从哪里来？——会计的产生与发展

以史为镜,可知会计之兴替,传承会计之文明,理解会计之现状,创造会计之辉煌。因此,需要了解会计产生与发展的历史。

司马迁在《史记·夏本纪》中有一段话:"自虞夏时,贡赋备矣。或言禹会诸侯江南,计功而崩,因葬焉,命曰会稽,会稽者,会计也。"这段话是说:从虞舜、夏禹开始,纳贡赋税已经普遍存在,制度很完备了,传说夏禹召集诸侯到当时的越地苗山开会,对有德的晋爵,有功的分封,但是很不幸,他去世了,就葬在当地,因而把苗山更名为会稽山。在汉代,"稽"与"计"已经通意,所以,会稽就是会计。

我国会计历史悠久,源远流长。那么,会计是如何产生和发展的呢？

在人类社会处于生产力极其低下、劳动产品只能维持人类生存的情况下,会计只是作为"生产职能的附带部分",完成简单的记录工作。随着社会经济的不断发展、生产力的不断提高和剩余产品的大量出现,产生了社会分工和私有制,特别是在商品生产和商品交换有了进一步发展之后,会计也逐步从生产职能中分离出来,成为独立的、特殊的、由专门人员从事的职能。在古希腊、古巴比伦曾有在树木、石头、黏土板上刻记符号的会计遗迹。我国在伏羲时期,则有"结绳记事"的记载。不过,这种处于萌芽状态的会计,没有统一的计量尺度和记账方法,只是人类的原始计量和记录行为,通常称为"史前会计"。

一般认为,会计的发展大体分为三个阶段:古代会计、近代会计和现代会计。

1.2.1 古代会计

古代会计阶段,时间上一般认为从原始社会到 15 世纪末期。人类处在奴隶社会和封建社会时期。这个时期,会计从生产职能中分离出来,从原始的计量、记录行为逐渐向单式簿记体系演变并得到了一定程度的发展。

据考证,中世纪封建社会时期,在基督教会中设立专职官员管理赋税收入和各项开支,并设专门的账簿进行记录。埃及在公元前 3 世纪就有了相当详细的会计记录。

我国会计历史悠久,源远流长。据《国礼·天官·司会》记载,西周朝廷已设有专门的会计官吏——"司会",执掌会计事务,"凡上之用,必考于司会"。司会还负责掌管财政,并建立有财物赋税"日成""月计""岁会"的报告文书,初步具备了日报、月报、年报等会计报表的作用。这里的"计"是指零星计算,"会"是指总合计算。而我国古代文献中,最早把"会计"两字连缀使用,则见于《孟子·万章篇》的记载:"孔子尝为委吏,曰'会计当而已矣'"。在我国奴隶社会和封建社会时期,各级官府为了记录、计算和管理财物赋税,逐步建立和完善了收付式会计,官厅会计就成为我国古代会计的中心。西汉时期采用的"记簿"和"簿书",一般认为是我国最早的会计账簿。唐朝随着工商业的繁荣和造纸业的发展,官厅会计也从"盘点结算法"发展为采用"入一出=余"的三柱结算法。宋朝总结并广泛采用的"四柱结算法",则是我国古代会计的一大杰出成就,使我国的收付记账法得到了进一步完善。"四柱"是指"旧管""新收""开除"和"实在",分别相当于我们今天会计核算中的"期初结存""本期增加""本期减少"和"期末结存"。可见在古代会计发展史上,中国做出了重要的贡献。

1.2.2 近代会计

近代会计阶段,一般认为是 15 世纪以后的会计,标志是复式记账法的诞生。复式记账法的诞生,被称之为"会计发展史上的第一个里程碑"!

我国明朝开始采用了以货币作为统一量度,及至嘉庆年间(公元 1529 年)已采用"盘点表",并规定了年终盘存制度,这是会计核算和管理上的一大进步。清朝民间采用的"三脚账"和"四脚账",则反映了我国会计从单式记账向复式记账发展的趋势。

在西方,随着资本主义生产关系在西方的确立和发展,能明确产权、保护投资人利益的借贷复式记账法应运而生。13—15 世纪,意大利的地中海沿岸城市,海上贸易兴盛,促进了银行业的发展。广泛的信用交易,需要详细记录和反映债权、债务关系。为了满足这种需要,在佛罗伦萨、热那亚、威尼斯城市先后出现了借贷复式记账法。1494 年,意大利数学家卢卡·帕乔利所著《算术、几何、比及比例概要》一书在威尼斯出版发行,对借贷复式记账法做了系统阐述,并介绍了以日记账、分录记账和总账三种账簿为基础的会计制度,以后相继传至世界各国。由于该书为现代会计的发展奠定了理论基础,卢卡·帕乔利被称为"近代会计之父"。

19 世纪是会计史上的重要时期,复式记账法被广泛推广并进一步完善,新的理论和内容不断充实了会计体系,会计领域得到一定程度的拓展和延伸,成本会计、财务会计等会计学科逐渐细分并产生。

1.2.3 现代会计

现代会计阶段,一般认为从 20 世纪中期至今,其标志是会计学基础理论的创立。

随着商品经济的进一步发展,新技术的广泛运用,生产日益社会化和企业组织的不断发展,会计的目标、内容、方法和技术也随之发生了变化,现代会计逐步形成了以企业为中心的营利组织会计。第二次世界大战以后,随着国际贸易和经济协作的进一步发展,企业集团、跨国公司大量涌现,经营规模越来越大,会计已成为"国际通用的商业语言"。由于市场竞争的加剧,企业会计对内管理的职能有所扩大。加之数学、生产力经济学、计量经济学等科学成果的渗透和利用,事前核算的导入,致使会计从传统的事后记账、算账和报账扩大到事前预测、参与决策和加强事中控制。到20世纪40年代,形成了财务会计和管理会计两个相对独立的体系。会计技术也从手工操作、机械操作逐步向采用计算机处理数据的方向发展。一国乃至国际范围内的公认会计原则逐步形成体系,会计工作日益规范化,从而使会计的发展过程进入到一个比较完善的现代会计阶段。

中华人民共和国成立以来,为了适应社会主义建设的需要,曾建立了与高度集中的计划经济体制相适应的会计模式。随着经济体制改革的深化,1985年5月1日《中华人民共和国会计法》(以下简称《会计法》)正式施行。为了适应社会主义市场经济的发展和扩大对外开放的需要,1992年11月财政部制定了《企业财务通则》和《企业会计准则》,并于1993年7月1日起执行。这是适应我国发展社会主义市场经济并与国际惯例接轨的一次重大改革,它建立了反映市场经济发展客观规律的科学的会计体系,标志着我国会计摆脱了传统会计模式的束缚,明确了会计发展的方向。1994年国家对财税制度也进行了根本性的改革,推行以增值税为主体的流转税制度,统一了企业和个人所得税费用,并实行了中央财政与地方财政的分税制,这是建立社会主义市场经济体制,合理税负,公平竞争,并确保国家财税收入的重大举措,对于企业财会制度的深入改革,也有重大影响。2000年7月1日修订后的《会计法》和财政部颁布的《企业会计制度》及一系列具体准则的实施,标志着我国的会计改革进入了一个全面适应加入世界贸易组织的新阶段。2006年2月15号,财政部颁布了修订后的《企业会计准则——基本准则》,并同时颁布了38项具体会计准则,该会计准则已于2007年1月1日在上市公司执行,同时鼓励其他企业执行。2014年财政部对2006版的《企业会计准则》进行了部分修订和完善,对推动我国会计改革、实现与国际会计准则的趋同具有积极的意义。

通过对会计产生和发展的历史可以看出:会计是适应生产活动发展的需要而产生的,并随着生产的发展而发展与完善。经济越发展,会计越重要。随着全球市场经济一体化进程的加快,作为"世界商业语言"的会计必将会得到更快的发展!

1.3 会计是什么?——会计的含义与职能

1.3.1 会计的含义

会计到底是什么?你心目中对会计的印象是什么?你对会计的理解是怎么样的?

有的人脑海里会浮现出古代账房先生的形象,戴着眼镜、手里拿着算盘,噼里啪啦地打着,口里念念有词,迂腐和无趣,却又有几分神秘和不可捉摸。

有的人会想到密密麻麻的数字,枯燥和难以理解,天书一般。

有些接触过会计的人会觉得会计是一门科学,如借贷记账法的记账规则是:"有借必有贷、借贷必相等"。差一分钱都不可以,非常严谨。

有些人则觉得会计是一门艺术,同样的交易事项,可以选择不同的处理方法,比如同等型号同等价值的机器设备,有的企业选择5年计提折旧,有的企业选择10年计提折旧,而有的企业当年全部计入费用当中。至于折旧的方法,有直线法、工作量法、双倍余额递减法以及年数总和法。如何选择是一门艺术。

而有的人又觉得会计是魔术。2019年4月30日,康美药业发布公告称,由于核算账户资金时存在错误,造成货币资金多计299.44亿元。通俗讲就是康美药业近300亿的资金不翼而飞,而原因是点错了小数点。这会计魔术,足够刺激! 近300亿元的虚增现金,是迄今为止史上最大的虚增现金案。

会计有着如此多的面孔,更让人觉得会计神秘莫测,云里雾里。

那么,会计到底是什么?

其实,会计至今为止也并没有形成统一的概念。目前,关于会计的定义主要有两种比较有代表性的观点。

1) 会计信息系统论

会计信息系统论的观点认为:从本质上讲,会计是一个信息系统。信息系统论的思想最早起源于美国会计学家A.C.利特尔顿。他在1953年指出:会计是一种特殊门类的信息服务。20世纪60年代后期,随着信息论、系统论和控制论的发展,美国的会计学界和会计职业界开始倾向于将会计的本质定义为会计信息系统。

我国较早接受会计是一个信息系统的会计学家是余绪缨教授,他于1980年在《要从发展的观点看会计学的科学属性》一文中首先提出了这一观点。我国会计界对信息系统论具有代表性的提法是由葛家澍教授、唐玉华教授于1983年提出的。他们认为:"会计是为提高企业和各单位的经济效益,加强经济管理而建立的一个以提供财务信息为主的经济信息系统。"

2) 会计管理活动论

会计的第二种典型观点是管理活动论。认为会计这一社会现象属于管理范畴,是人的一种管理活动。会计的功能总是通过会计工作者从事的多种形式管理活动实现的。会计管理活动论最早见于"古典管理理论",其代表人物法约尔把会计作为管理六职能之一。我国最早倡导会计管理活动论的是杨纪琬教授和阎达五教授,他们在1980年中国会计学会成立时所做的《开展我国会计理论研究的几点意见——兼论会计学的科学属性》报告中提出了"会计是人们从事管理的一种活动"的观点。

不管是会计信息系统论也好,管理活动论也好,不是相互对立的,而是相互补充,从不同角度包含了会计的基本特征。所以,通常定义为:会计是一个信息系统,是经济管理活动的重要组成部分,其目的是提供经济信息、提高经济效益。它以货币为主要计量单位,采用一系列专门的程序和方法,对社会再生产过程中的资金运动进行反映和监督。

1.3.2 会计的职能

会计的职能是指会计作为一种经济管理活动,客观上所能发挥的功能。

会计的基本职能有两个:可归纳为核算职能与监督职能。会计的核算职能也被称之为反映职能。

1) 会计的核算职能

会计的核算职能是指按照会计准则的要求,运用一定的程序和方法,全面、系统、及时、准确地核算会计主体发生的经济业务,为会计信息使用者进行决策提供信息。

会计核算职能有3个显著特征:

(1) 会计是以货币作为主要计量单位,以实物量、劳动量等为辅助计量单位——体现了会计的基本特征。

(2) 会计主要是反映过去已经发生的经济业务。也就是说,经济业务或者交易事项发生在前,会计的反映在后。

(3) 会计反映具有连续性、系统性和全面性——体现了会计的管理要求。

那么会计反映职能的基本内容是什么呢? 就是传统意义上的记账、算账、报账,现在通常表述为确认、计量和报告。因此,会计的反映职能非常重要,能够形成会计信息系统,为会计信息的使用者进行经济决策提供服务。

2) 会计的监督职能

会计的监督职能是指会计按照一定的目的和要求,以及有关的法规和计划等,对企业经济业务(交易或事项)进行监督,使之达到预定的目标。

会计监督职能有3个显著特征:

(1) 会计监督具有强制性和严肃性。

(2) 会计监督具有连续性。

(3) 会计监督具有完整性。

会计的监督职能与会计信息系统有机结合,确保经济活动的合理合法。

会计的两个基本职能之间的关系:会计的反映职能是监督职能的基础,监督职能是反映职能的保证。

3) 会计基本职能的外延

随着社会的发展和技术的进步,经济关系的复杂化和经济管理水平的提升,会计的基本职能得到了不断的完善,会计的新职能不断出现。除了上述两个基本职能以外,会计还具有控制经济过程、分析经济效果、预测经济前景、参与经济决策等职能。

1.4 会计信息是如何产生的?——会计的方法

1.4.1 会计的方法体系

会计的方法是核算和监督会计对象、实现会计目标的手段。会计的方法也是随着经济的发展、管理要求的提高以及科技的进步而不断改进和发展的。会计主要通过确认、计量和报告等核算和监督方法进行预测、决策、控制、分析等管理活动,因此,会计的方法体系包括会计核算方法、会计分析方法和会计检查方法。

(1) 会计核算方法 是对各单位已经发生的经济活动进行连续、系统、完整的反映和监督所应用的方法。

(2) 会计分析方法 主要是利用会计核算的资料,考核并说明各单位经济活动的效果,在分析过去的基础上,提出指导未来经济活动的计划、预算和备选方案,并对他们的报告结果进行分析和评价。

(3) 会计检查方法 主要是根据会计核算提供的数据及其他有关资料,检查各单位的经济活动是否合理、合法,会计核算资料是否真实、正确,计划和预算是否可行和有效等。

上述各种会计方法紧密联系、相互依存、相辅相成,形成了一个完整的会计方法体系。其中,会计核算方法是基础,会计分析方法是会计核算方法的继续和发展,会计检查方法是会计核算方法和会计分析方法的保证。会计分析方法和会计检查方法分别列入"管理会计""审计学"等有关课程讲解,本书只介绍会计核算工作所运用的一系列数据处理的技术方法。

1.4.2 会计核算方法

会计核算方法一般包含7种方法:设置账户、复式记账、填制和审核凭证、登记账簿、成本计算、财产清查和编制财务报告。

1) 设置账户

账户是对会计对象的具体内容分门别类地进行记录和反映的工具。设置账户就是根据国家统一规定的会计科目和经济管理的要求,科学地建立账户体系的过程。会计核算之前,首先应将多种多样错综复杂的会计对象的具体内容进行科学的分类,通过分类反映和监督,才能提供管理所需要的各种指标。一般情况下,先将会计对象按其经济性质划分为若干个会计要素,然后再针对每个会计要素的具体内容规定其会计科目,并据此设置相应的账户进行记录和核算。

2) 复式记账

复式记账就是对每笔经济业务都以相等的金额在相互关联的两个或两个以上有关账户中进行登记的一种方法。任何一项经济业务的发生,都会引起资金的增减变动,而且这种变动涉及两个或两个以上相互对应的账户。例如:从银行提取1 000元现金。这笔经济业务,要在库存现金账户中登记增加1 000元,同时又要在银行存款账户中减少1 000元。这样既可以了解这笔经济业务的具体内容,又可以反映该项经济活动的来龙去脉,能够完整、系统地记录资金运动的过程和结果。

3) 填制和审核凭证

会计凭证是记录经济业务、明确经济责任的书面证明,是登记账簿的重要依据。任何一项经济业务都要由经办人员或有关单位填制凭证,所有凭证都要经过会计部门和有关部门的审核,只有经过审核无误的凭证才能作为记账的依据。填制和审核凭证,能为账簿记录提供真实可靠的原始数据,保障会计核算的质量。

4) 登记账簿

账簿是具有一定格式,用来全面、连续、系统地记录各项经济业务的簿籍。登记账簿,就是把所有的经济业务按其发生的顺序分门别类地计入有关账簿,并定期进行结账和对账,为编制财务报告提供完整而系统的会计数据。

5) 成本计算

成本计算是指按照一定对象归集和分配生产经营过程中所发生的各种费用,据此确定该对象的总成本和单位成本的一种专门方法。

6) 财产清查

财产清查就是通过定期、不定期的盘点实物和核对往来款项,以查明各项财产和资金实有数额,保障账实相符的一种专门方法。通过财产清查,能够加强财产的管理,提高会计记录的正确性。

7) 编制财务报告

财务报告是企业对外提供的,反映企业某一特定时期财务状况和某一会计期间经营成果、现金流量的文件。一般包括资产负债表、利润表、现金流量表、所有者权益变动表和附注。编制财务报告，是对日常会计核算资料的总结，即将账簿记录的内容定期地加以分类、整理和汇总，形成会计信息使用者所需要的各种指标，再报送给会计信息使用者，以便其据此做出决策。

上述 7 种方法，相互联系、相互依存，构成了一个完整的会计核算方法体系。在实际工作中，会计机构和会计人员通常是根据企业的具体情况，按照统一规定的会计科目开设账户；对日常发生的经济业务事项，要取得或填制凭证并经审核无误后运用复式记账法在账簿的有关账户中登记；对生产经营过程中发生的各项费用应区别成本计算对象进行成本计算；期末在财产清查和账目核对相符的基础上，根据账簿记录编制财务报告。在会计习惯上，往往将"会计凭证→会计账簿→财务报告"的过程称为一个会计循环。应当指出，在实际工作中，这些专门的会计核算方法并不是完全按照固定的顺序来进行的，往往可以交叉使用。

1.5 未来，会计会消失吗？——大智移云时代会计面临的挑战

当下人工智能、机器人、大数据、云计算、区块链等新技术被大规模应用，哪些工作是机器人做不了的？未来，会计会消失吗？

德勤、普华永道、安永和毕马威现在是世界上的四大会计师事务所，德勤在 2017 年推出了财务智能机器人——"小勤人"，"小勤人"几分钟就能完成会计几十分钟才能完成的基础工作，并且可以 7×24 小时不间断工作，会计人员的工作地位可以说是岌岌可危。

现如今，德勤智能机器人中心已经与多家企事业单位建立合作，提供会计自动化流程解决方案。机器人为会计部门的工作带来效率的提升，帮助会计人员完成大量重复规则化的工作。

智能机器人究竟有多厉害？以下是一些工作案例：

（1）往来结转和盘点新玩法——1 天做完 40 多人的工作　某餐饮集团当前门店数量近 200 家，随着业务持续扩张，报销、收入确认、往来结转和月末盘点等流程的处理难度不断加大，效率较低，人力成本逐年增加。门店和共享服务中心会计人员合计近 200 人，由于还未形成统一标准化的管理，报销审核、收入对账的流程周期长，异常处理滞后。引入"小勤人"之后，月结周期开始的第一天，会计人员将收集到的门店盘点结果放在了公共盘，维护好了公司代码主数据，并且给机器人专用邮箱发送了作业开始的指令，5 分钟后第一家门店的结转已经完成，15 分钟后第一家门店的盘点已经被标记为已完成。机器人在工作日结束的时候发来了邮件，告知任务结束，附件包含了所有生成的凭证。

（2）开票新玩法——75% 效率提升　对于一些大型企业，随着企业规模不断扩大、销售业务不断拓展，现有的会计部门开票会感受到日益增长的工作压力。每月需要收集全国数百余家销售客户的数万份销售记录，按照客户的需求开具五千余张增值税发票。繁重的日常工作经常压得开票人员喘不过气，到了月末更是需要夜以继日地加班加点。引入"小勤人"之后，通过机器人流程自动化技术的运用，提高了会计部门人员配置的合理性和有效性。

（3）增值税发票管理——三四个小时完成一个会计人员一天的工作　"小勤人"可以将会计人从重复劳动中解放出来。只需要会计人员把增值税发票放入扫描仪中进行扫描，剩下的工作全部由"小勤人"完成。配合 OCR 技术和 Insight Tax Cloud 发票查验云助手，不

到一分钟的时间,"小勤人"已经成功查验了一张发票并在 Excel 表中登记了结果。会计人员可以把精力放到日常沟通和分析的工作中去了。

德勤认为,通过机器人技术的实现,高技能和受过培训的会计员工可以根据自己的能力被重新定位。未来,机器人处理基础业务+人力员工审计或检查的人机交互和服务交付新模式将被广泛应用于企业。所以被取代的,不是所有会计人员! 会计人员必须转型。那么,未来的会计,需要具备哪些能力? 至少需要具备 4 个方面的能力:

(1) 分析能力 机器人处理完的一堆数据和报表,只有通过人的思考分析,解读出数据背后的信息,才能转化为对企业经营有用的决策。这些决策包括计划预测、内部控制、投资分析等。多维度、多层面思考能力,是机器人没有的。

(2) 具备跨领域复合知识的能力 如今会计圈反复强调业财融合是大势所趋,会计人员不只要懂会计知识,更要懂业务、了解行业。只有成为优秀的业务伙伴,才能有的放矢地帮助企业经营决策。同时,为了在未来能和会计机器人"并肩作战",IT 知识、程序算法化的思维也成了会计人员的一项必修课。

(3) 全局观 会计早已不是账房先生的角色,作为企业中相对独立的部门,会计必须要站在全局的角度,客观公正地看待一切经营问题。不拘泥于报表数据,会计要结合宏观经济、行业情况,站在更高的视野、更长远的眼光去分析决策,做到资源的合理配置。

(4) 学习能力 活到老学到老,会计尤其如此。会计领域继续教育的内容非常多,会计人必须时刻保持学习新知识、新技能的热情,通过学习不断提高,才能摆脱被淘汰的危机。CPA、CMA、ACCA 等证书类的学习大家已非常熟悉,其他如投资并购、IPO 等实务技能也可以通过继续教育来获得。当下流行的 Python 等知识会计人员也需要及时掌握。

当然,适应未来社会的会计人员所需要具备的能力远远不止这 4 项,还需要具备沟通能力、团队合作能力、领导力等。

【拓展阅读】

会计、金融、经济专业必看的 20 本书籍

作为一名金融、经济专业的大财经领域人士,无论你多么聪明或者才华横溢,无论你是大学生、还是职场人士,拥有财经梦想的你,不仅需要在工作中磨炼自己、提升自己,更需要在业余时间自我补充、养精蓄锐。根据豆瓣、知乎等相关网站的素材,整理了大财经人士必看的 20 本书籍,希望会计、金融、经济专业的人士在闲暇时间过得更充实有意义。

1) 会计类必看的 7 本书

(1)《公司理财》 作者:[美]斯蒂芬·A.罗斯;[美]伦道夫·W.威斯特菲尔德;[美]布拉德福德·D.齐丹 豆瓣评分:9.3

这本书是财务管理学的权威著作,赢得了世界范围的声誉。书中几乎涵盖了公司理财的所有问题,包括资产定价、融资工具和筹资决策、资本结构和股利分配政策、长期财务规划和短期财务管理、收购兼并、国际理财和财务困境等,并且在最新的版本中增加了股票和债券的内容,是非常有名的国外公司理财书籍。

(2)《让数字说话》 作者:金十七 豆瓣评分:9.0

这本书的副标题是:审计,就这么简单,从副标题就可以看出这是一本专门讲审计的书籍。审计作为财务工作的一部分,是对数字进行再鉴定的行业。这本书让你发现数字工作的乐趣,通过审计挖掘到数字背后的故事。

(3)《公司财务原理》 作者:[英]理查德·A.布雷利;[英]斯图尔特·C.迈尔斯[美]弗兰克林·艾伦 豆瓣评分:8.9

这本书是一本公司财务理论和实务相结合的书籍,书中内容包括风险及风险管理、价值、资本预算的实务问题、财务计划与短期财务管理、公司兼并与治理等。这本书既可以作为财会类专业学生的教材,又可以作为财会职场人士床边案头的实务参考书,书中语言诙谐有趣,是可以引人入胜的权威著作。

(4)《手把手教你读财报》 作者:唐朝 豆瓣评分:8.9

本书的作者是一位久经沙场的老股民,有多年的投资经历,明白财务分析的意义,知道投资者读财报的目的。书的内容从财务的三大报表说起,从资产负债表、利润表、现金流量表一一谈起,并以贵州茅台的财务报告为例。因为作者不是专业会计出身,文中没有难懂的晦涩术语,可以让零基础的人轻松读懂财务报告,读懂财务报告背后的密码,对于投资领域人士和企业财务经营者而言,都是难得的佳作。

(5)《世界上最简单的会计书》 作者:[美]达雷尔·穆利斯;[美]朱迪丝·奥洛夫 豆瓣评分:8.7

这是一本会计入门书籍,非常简单。书籍开头以一个小男孩开设柠檬汁摊为场景,用小男孩做生意经历资金的起起落落,来介绍公司财务、处理情况,在一个个小故事中就学到了会计的资产、负债、盈余等专业术语,浅显易懂、层层深入,不知不觉之间就学到了很多知识。

(6)《审计学:一种整合方法》 作者:[美]阿尔文·阿伦斯;[美]兰德尔·埃尔德;[美]马克·比斯利 豆瓣评分:8.6

这本书是美国最经典的审计学教材之一,为全球很多著名大学采用。书籍从审计职业、审计过程、审计过程在销售与收款循环中的应用、审计过程在其他循环中的应用、完成审计工作、其他保证和非保证服务六个方面入手,主要关注财务报表审计和财务报告的决策过程,书中首次提出"切块审计",备受审计理论界、教育界和实务界推崇。

(7)《小艾上班记》 作者:陈艳红 豆瓣评分:8.6

这本书的副标题是:真账实操教你学会计。这是一本有趣且实用的会计书,记载了一个会计在职场的成长过程,有做会计的经历,有创业的经历,职场、生活和爱情穿插其中。

2)金融类必看的7本书:

(1)《摩根财团》 作者:[美]罗恩·彻诺 豆瓣评分:9.4

这本书的副标题是:美国一代银行王朝和现代金融业的崛起。有人说这是一本恢宏而壮美的华尔街史诗。以摩根财团的视角,看整个华尔街、现代金融业的兴衰更替过程。可以说,摩根财团150年的发展过程其实就是一部资本市场发展过程的活教材,可以帮助金融从业者提升金融分析能力,企业家可以从中学到如何把握政治格局和市场变化,规避风险,监管部门可以从中研究如何加强金融界和实业的管理,并且让他们保持持久的活力。

(2)《穷查理宝典》 作者:[美]彼得·考夫曼 豆瓣评分:9.0

这本书的副标题:查理·芒格的智慧箴言录。这本书收集了查理在过去的20年里的公开演讲。查理·芒格虽然没有巴菲特那么有名,但同样对伯克希尔·哈撒韦的业绩做出了重要的贡献。这本书全面展现了这个传奇人物的聪明才智,查理·芒格同巴菲特一样,能引领你做出最好的投资和决策。

(3)《聪明的投资者》 作者:[美]本杰明·格雷厄姆 豆瓣评分:9.0

巴菲特说,这本书是有史以来,关于投资的最佳著作。如果你的一生,只读一本关于投资的书,那么毫无疑问是这本书。这本书是格雷厄姆专门为业余投资者所著的书籍,为投资人提供了一个投资决策的正确思维方式,就像书中的核心观点一样,想要获得投资的成功,不需要顶级的智商、超凡的商业头脑或者秘密的信息,而是需要一个稳妥的知识体系作为投资决策的基础,并且能控制好自己的情绪,不要对这个体系造成侵蚀。

(4)《股票大作手回忆录》 作者:[美]埃德温·勒菲弗 豆瓣评分:9.0

这是一本非常精彩的人物传记,讲述了一位金融市场交易与投资天才杰西·利弗莫尔的传奇故事,作者将众多经典做空表演娓娓道来,非常精妙。在梦想、事业、财富的故事中,一个好的投机家该如何做?一个好的投资者该如何战胜人性的弱点?文中主人公以交易为事业追求成功,情节跌宕起伏,非常好看。不管在投资交易的哪个阶段看这本书,都会发现新的共鸣。

(5)《货币金融学》 作者:[美]弗雷德里克·S.米什金 豆瓣评分:8.7

这本书是一本很经典的金融经济学读物。这本书有点厚,但是读起来不难,很多读者表示简明易懂。文章阐述了宏观经济的基本原理,基础的金融知识,对利率、金融机构、金融市场、货币政策等有详细而深刻的介绍。

(6)《投资中最简单的事》 作者:邱国鹭 豆瓣评分:8.7

投资本来是一件复杂的事情,宏观上涉及政治、经济等,微观上涉及公司战略、财务状况、公司治理等。本书化繁为简,直接追问投资的本质。作者从多年的投资经验说起,表达了对于大部分人而言,只有价值投资才是真正可学、可用、可掌握的观点,并且也分享了一些普通投资者学习和操作的投资方法。这是一本去繁就简,阐明"投资中最简单的事"的诚意之作。

(7)《富爸爸穷爸爸》 作者:[美]罗伯特·清崎 豆瓣评分:8.2

很多人都知道这本书,也知道这本书中的两种爸爸。这本书是一个真实的故事,作者的父亲与朋友的父亲对金钱的看法截然不同,这使他对金钱产生了浓厚的兴趣,并且最终接受了富爸爸的观念。不做金钱的奴隶,要让金钱为我们工作,并且最终成长为一名具有传奇色彩的投资家。

3) 经济类必看的6本书:

(1)《经济学原理》 作者:[美]N.格里高利·曼昆 豆瓣评分:9.4

这本书的副标题:微观经济学分册。可以说,这本书是世界上最流行的经济学教材了。书中充满了浓厚的人文情怀,没有复杂的数学公式,并且将图形和曲线用到了极致。如果是非金融专业在校大学生,建议一定要选修经济学课程,了解宏观经济学和微观经济学的常识。曼昆教授的著作让无数有志青年自然会对经济学心向往之。

(2)《国富论》 作者:[英]亚当·斯密 豆瓣评分:9.0

《国富论》远远不是一般人认为的经济学术书籍,是了解资本主义的基础读本,讲述国民的财富,并非国家财富。亚当·斯密并不是经济学说的最早开拓者,但首次提出了系统而全面的经济学说,是经济学的主要创立者。

(3)《凯恩斯传》 作者:[英]罗伯特·斯基德尔斯基 豆瓣评分:8.8

这是一本经济学家的人物传记。书中详细记载了20世纪最著名的经济学家凯恩斯的传奇一生。书中重点讲述了凯恩斯在公共生活中对经济学的贡献,但同时包括了他的家庭、朋友、个人兴趣爱好以及人生哲学。凯恩斯对西方的经济学造成了巨大的冲击和影响,他的创新精神激励着无数后人。

(4)《金融炼金术》 作者:[美]乔治·索罗斯 豆瓣评分:8.4

作者乔治·索罗斯也许是知名度最高的金融大师,这本书是索罗斯的投资日记,书中分享了索罗斯对于个股的选择,对市场机遇转变的把握,面对不利市场的调整等,通过一系列手段,教你在风云变幻的市场中立于不败之地。

(5)《激荡三十年》 作者:吴晓波 豆瓣评分:8.8

本书分为上下两册,讲述了中国企业1978—2008年从计划经济到市场经济的转变。上册记载了从1978—1992年间的企业变革,重点描述"文革"后,在新的经济大环境中,企业和个人命运的沉浮。下册记载了1993—2008年的时间段里,中国国企和民企在改革中崛起,中间讲述了一些成功案例和悲剧人物。书中生动地介绍了经济体制改革中,民营企业的突围与奋斗,是一本可以看出中国经济三十年变迁的书籍。

(6)《大败局》 作者:吴晓波 豆瓣评分:8.3

这本书讲述了中国第一批明星民营企业,在最好的日子里,却一个一个的轰然倒塌。那些企业曾经给人们带来了最好的产品,却没能活得更长久。在令人激动的年代,很多企业在冒险和风险中,做出举世的成绩,但却逐渐膨胀,让成功在瞬间便灰飞烟灭,这是一部警世之作。

阅读是一种智慧的选择,对于会计、金融、经济专业的学生,更要多读一些让人终身受益的好书,不要让忙碌成为拒绝读书的借口。

(资料来源:载于高顿教育,https://www.gaodun.com)

习 题

一、单项选择题

1. 以下属于会计基本职能的是(　　)。
   A. 反映和考核　　B. 预测和决策　　C. 核算和监督　　D. 分析和管理
2. 下列各项中,不属于会计核算方法的是(　　)。
   A. 成本计算　　B. 财产清查　　C. 会计分析　　D. 编制财务报告
3. 会计在反映各单位经济活动时主要使用的是(　　)。
   A. 货币度量和劳动度量　　B. 劳动度量和实物度量
   C. 实物度量和其他度量　　D. 货币度量和实物度量
4. 会计循环的起点是(　　)。
   A. 登记会计账簿　　B. 财产清查　　C. 填制和审核凭证　　D. 复式记账

二、多项选择题

1. 下列关于会计职能的说法中,正确的有(　　)。
   A. 核算和监督是会计的基本职能　　B. 会计监督是会计核算质量的保障
   C. 会计核算是会计监督的基础　　D. 核算和监督相辅相成,辩证统一
2. 会计核算方法包括(　　)。
   A. 成本计算　　B. 财产清查　　C. 会计分析　　D. 编制财务报告
3. 会计的反映职能具有(　　)。
   A. 连续性　　B. 系统性　　C. 全面性　　D. 主观性

三、判断题

1. 1494年,意大利数学家卢卡·帕乔利通过其著作《算术、几何、比及比例概要》系统揭示了复式记账。（   ）
2. 货币是会计核算的唯一计量单位。（   ）
3. 复式记账是对每一项经济业务,都以相等的金额在两个或两个以上账户中进行记录的一种专门方法。（   ）
4. 会计核算方法是指对企业会计对象进行连续、系统、全面、综合的确认、计量和报告所采用的方法。（   ）
5. 财产清查,就是通过定期、不定期的盘点实物和核对往来款项,以查明各项财产和资金实有数额,保障账实相符的一种专门方法。（   ）

2 会计假设与会计基础

【思维导图】

会计假设与会计基础,思维导图如图 2.1 所示。

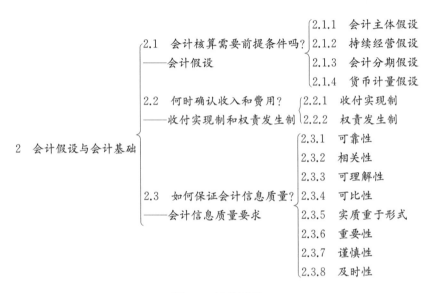

图 2.1　思维导图

【学习目的】

通过本章的学习,要求掌握会计假设;掌握收付实现制、权责发生制;理解会计信息的质量要求。

【引导案例】

提起世界上赫赫有名的富翁,我们会想到比尔·盖茨、沃伦·巴菲特等,但是世界上第一个亿万富翁是已故的石油大亨保罗·盖蒂,他在20世纪50年代的时候,资产就已经远远超过了十亿美元。保罗·盖蒂曾接受一群商学院学生的采访。一个学生要求盖蒂估计一下他的利润。保罗·盖蒂回答道:"大约11 000美元。"他停了很长时间,以便让学生们对这个表面看起来较低的数字表示惊讶,然后,他完成了他的句子,"……一个小时。"(可以类推,每小时11 000美元,按一天24小时,一年为1亿美元。)

这个案例告诉我们,当我们想知道一个企业的利润是多少的时候,必须给这个企业一个时间的限定:一个月,一个季度,半年,或者1年。这里的1个月、半年、1年就是会计的假设之一,即会计分期假设。同时,1亿美元,就是货币计量假设。保罗·盖蒂没有说利润是100栋大楼或者100辆劳斯莱斯。

2.1 会计核算需要前提条件吗?——会计假设

会计假设也称会计核算的基本前提,是指会计人员面对变化不定的社会经济环境,所做出的一些合理假定。具体是指对会计核算所处的空间范围、时间范围、核算程序、计量单位等做出的合理设定。在市场经济环境条件下,存在着诸多不确定的因素,如市场物价的波动、企业的倒闭等,都有可能影响会计工作的正常进行。因此,为了及时向内部管理当局和外部有关各方提供对决策有用的会计信息,发挥会计的作用,有必要对某些不确定因素进行合乎逻辑和事物发展规律的判断、提出假设,从而为会计工作顺利开展提供必要的前提条件。否则,会计工作将无所适从,难以进行。

按照国际会计准则和惯例,结合我国实际情况,企业应遵循的会计假设主要包括会计主体假设、持续经营假设、会计分期假设和货币计量假设。

2.1.1 会计主体假设

《企业会计准则——基本准则》第五条规定:"企业应当对其本身发生的交易或者事项进行会计确认、计量和报告。"这是对会计主体假设的描述。

会计主体又称会计实体、会计个体,是指会计人员所服务的特定单位,即独立会计核算单位。会计主体要求会计人员只能核算和监督所在主体的经济活动(就企业类主体而言,其经济活动就是所发生的交易或事项,下同)。这一基本前提的主要意义在于:一是将特定主体的经济活动与该主体所有者本人及职工个人的经济活动区别开来;二是将该主体的经济活动与其他单位的经济活动区别开来,从而界定了从事会计工作和提供会计信息的空间范围,同时说明某会计主体的会计信息仅与该会计主体的整体活动和成果相关。企业在主体范围内组织会计工作,可以正确计算企业所拥有的资产和承担的债务,正确计算和反映企业的经营成果和财务状况。

会计主体与法律主体(法人)并非是对等的概念,所有的企业法人都是会计主体,但会计主体不一定是企业法人。会计主体可以是一个有法人资格的企业,也可以是由若干家企业通过控股关系组织起来的集团公司,还可以是企业下属的二级核算单位,独资、合伙形式的企业,都可以作为会计主体,但都不是法人。

会计主体假设确定了会计核算的空间范围,是持续经营假设、会计分期假设和其他会计核算基础的基础。

2.1.2 持续经营假设

《企业会计准则——基本准则》第六条规定:"企业会计确认、计量和报告应当以持续经营为前提。"这是对持续经营假设的描述。

持续经营是指会计主体的生产经营活动会无限期地、持续正常地进行下去,即在可预见的未来,该会计主体不会破产清算,而持有的资产将正常营运,所负有的债务将正常偿还。这一基本前提的主要意义在于:它可使会计原则建立在非清算基础之上,从而为解决很多常见的资产计价和收益确认问题提供了基础。持续经营假设是在会计主体假设的基础上,对会计工作时间范围所做的限定。

企业将持续经营作为前提,才能对资产负债按流动性进行分类,并对历史成本计价提供可能;才能按权责发生制原则对费用进行分配和对收益进行确认,才能对所承担的债务在正常经营过程中清偿。

2.1.3　会计分期假设

《企业会计准则——基本准则》第七条规定:"企业应当划分会计期间,分期结算账目和编制财务会计报告。期间分为年度和中期,中期是指短于一个完整的会计年度的报告期间。"这是对会计分期假设的描述。

会计分期假设,是指将会计主体持续不断的生产经营活动人为地划分为首尾衔接、等间距的期间。根据《企业会计制度》的规定,会计期间分为年度、半年度、季度和月度,按公历日期从每年的1月1日至12月31日作为一个会计年度。这一基本前提的主要意义在于:界定了会计信息的时间段落,为分期结算账目和编制财务会计报告,贯彻落实会计核算的一般原则奠定了理论与实务的基础。

企业将会计期间作为前提,就是要求企业对各项费用在各会计期间进行合理分配,对营业收入按各会计期间进行合理确认,同时要求各会计期间采用的会计处理方法应保持一致,以便进行比较分析。

2.1.4　货币计量假设

《企业会计准则——基本准则》第八条规定:"企业会计应当以货币计量。"这是对货币计量假设的描述。

货币计量是指会计信息主要以货币作为统一的计量尺度,并假设币值稳定。《企业会计制度》规定,会计核算以人民币为记账本位币。业务收支以外币为主的企业,也可以选择某种外币作为记账本位币,但编制的财务会计报告应当折算为人民币反映。在境外设立的中国企业向国内报送的财务报告,应当折算为人民币。这一基本前提的主要意义在于:确认了以货币为主要的、统一的计量单位,同其他三项基本前提一起,为各项会计原则的确立奠定了基础。

企业将货币计量作为前提,才能对会计主体发生的经济活动按历史成本进行连续、系统的记录、计算和综合汇总,才能对不同会计期间的会计信息进行比较、分析和评价。在会计核算中也会涉及实物量度和劳动量度,但只是作为辅助量度使用。

上述会计四项基本前提,具有相互依存、相互补充的关系。会计主体确立了会计核算的空间范围,持续经营与会计分期确立了会计核算的时间范围,而货币计量则为会计核算提供了必要手段。没有会计主体,就不会有持续经营;没有持续经营,就不会有会计分期;没有货币计量,就不会有现代会计。

2.2　何时确认收入和费用?——收付实现制和权责发生制

2020年2月6日晚间,IT职业教育机构兄弟连教育创始人李超发布《致兄弟连全体学员、员工、股东的一封信》,正式宣告品牌"破产"。李超在信中写道:大家好!我是李超,兄弟连的创办人。今天北京下雪,很冷!我特别难过告诉大家,因公司现金流问题,即日起兄弟连北京校区停止招生,同时员工全部遣散……

兄弟连2016年5月获得华图教育1.25亿元投资,同年营业收入破亿,并成功挂牌新三板(股票代码839467)。2020年突如其来的疫情,让这家教育企业没能撑下去。

一家新三板上市的培训机构因为现金流的问题倒下去了,那些规模小的企业,或者即使企业规模很大但现金流断裂的时候,有多少能够撑得下去?所以,在关注企业销售收入和利润的同时,也应该关注企业的现金流。现金流,是企业生存下去至关重要的武器。

企业生产经营活动是连续的,而会计期间是人为划分的,所以往往有一部分收入和费用出现收支期间和应归属期间不一致的情况。为保证相关的收入与其相关的费用合理进行配比,应确定按照什么基础确认收入和费用问题。可供选择的会计处理基础包括收付实现制和权责发生制两种。

2.2.1 收付实现制

收付实现制,也称现收现付制,是以款项是否实际收到或实际支付作为确认收入和费用的依据。凡是本期实际收到的款项,不论其是否属于本期实现的收入,都作为本期的收入处理;凡是本期付出的款项,不论其是否属于本期负担的费用,都作为本期的费用处理。反之,凡本期没有实际收到的款项和付出的款项,即使应归属本期也不作为本期收入和费用处理。

【例2-1】 清泉有限责任公司(以下简称清泉公司)1月1日销售商品30 000元,收到货款20 000元存入银行,其余10 000元未收到。

分析:这笔业务当中,企业1月份实现的销售收入是30 000元,但是1月份只收到了20 000元,所以按照收付实现制的处理标准,应当将20 000元作为1月份的销售收入入账。

【例2-2】 清泉公司1月10日用银行存款支付1—6月份的租金48 000元。

分析:这笔业务当中,企业每个月的租金费用是8 000元,但是企业在1月份支付了6个月的租金费用48 000元,按照收付实现制的处理标准,应当将48 000元全部作为1月份的费用入账。

【例2-3】 清泉公司1月15日计提本月份银行短期借款利息2 000元,该利息将于3月份支付。

分析:这笔业务当中,企业该月的利息费用是2 000元,但是本月份并未支付该笔款项,按照收付实现制的处理标准,应当在实际支付该笔利息的3月份作为费用入账。

【例2-4】 清泉公司1月20日收到购货单位预付货款20 000元,合同约定9月份交货。

分析:这笔业务当中,企业1月份只是预收了货款,实际销售收入在本月并未得到确认,要等到9月份货物发出后才能确认销售收入,但是1月份收到货款20 000元,所以按照收付实现制的处理标准,应当将20 000元作为1月份的销售收入入账。

【例2-5】 清泉公司1月31日计提职工薪酬50 000元,将于下月15号支付。

分析:这笔业务当中,企业1月份的工资薪酬费用是50 000元,但是本月份并未支付该笔款项,按照收付实现制的处理标准,1月份不确认为费用,应当在实际支付职工薪酬的2月份作为费用入账。

上面的例子可以看出,在收付实现制下,无论收入的权利和支出的义务归属哪一期,只要在本期收到款项,就确认为本期的收入,只要在本期付出款项,就确认为本期的费用。收付实现制核算简单,强调财务状况的切实性,但不符合收入与费用配比的要求,且处理结果缺乏可比性。

2.2.2 权责发生制

权责发生制,也称应收应付制,凡是当期已经实现的收入和已经发生或应当负担的费用,无论款项是否收付,都应当作为当期的收入和费用;凡是不属于当期的收入和费用,即使款项已在当期收付,也不应当作为当期的收入和费用。

同样以前面所举的例子,在权责发生制下,应确认的收入、费用如下:

[例 2-1]中,清泉公司尽管在 1 月只收到了 20 000 元货款,但是实现的销售收入是 30 000 元,所以,应当在 1 月份确认 30 000 元的销售收入。

[例 2-2]中,清泉公司应当确认 1 月份的租金费用为 8 000 元。

[例 2-3]中,清泉公司应当确认 1 月份的利息费用为 2 000 元。

[例 2-4]中,清泉公司 9 月份交货时才能确认收入的实现,本月份不能确认为收入。

[例 2-5]中,清泉公司应当确认 1 月份的职工薪酬费用为 50 000 元。

采用权责发生制,核算比较复杂,但符合收入与费用配比以及可比性的要求,所以这种会计处理基础适合于企业,因此,《企业会计准则——基本准则》第九条规定:"企业应当以权责发生制为基础进行会计确认、计量和报告。"

2.3 如何保证会计信息质量？——会计信息质量要求

会计作为一项管理活动,其主要目的之一是向企业的利益相关者提供反映经营者受托责任和供投资者做决策的会计信息。要达到这个目的,就必须对会计信息具有一定的要求。会计信息质量要求是对企业财务报告中所提供会计信息质量的基本要求,是使财务报告中所提供会计信息对投资者等使用者决策有用应具备的基本特征,它主要包括可靠性、相关性、可理解性、可比性、实质重于形式、重要性、谨慎性和及时性等。

2.3.1 可靠性

《企业会计准则——基本准则》第十二条规定:"企业应当以实际发生的交易或者事项为依据进行确认、计量和报告,如实反映符合确认和计量要求的各项会计要素及其他相关信息,保证会计信息真实可靠、内容完整。"

可靠性也称客观性、真实性,是对会计信息质量的一项基本要求。因为会计所提供的会计信息是投资者、债权人、政府及有关部门和社会公众的决策依据,如果会计数据不能客观、真实地反映企业经济活动的真实情况,就无法满足各有关方面了解企业财务状况和经营成果以进行决策的需要,甚至可能导致错误的决策。可靠性要求会计确认、计量、记录和报告,必须力求真实客观,必须以实际发生的经济活动及表明经济业务发生的合法凭证为依据。

2.3.2 相关性

《企业会计准则——基本准则》第十三条规定:"企业提供的会计信息应当与财务会计报告使用者的经营决策需要相关,有助于财务会计报告使用者对企业过去、现在或者未来的情况做出评价或者预测。"

相关性也称有用性,它是会计信息质量的一项基本要求。信息要成为有用的,就必须与使用者的决策需要相关,这就要求企业做到以下几点:

（1）向使用者提供相关的会计信息。如企业的财务状况、经营成果和现金流量信息是与经济决策直接相关的信息，企业应当如实地报告这些信息，以利于使用者分析比较，做出合理的经济决策。

（2）向使用者提供具有反馈价值的会计信息。相关的会计信息应当能够帮助使用者评价企业的过去和现在，证实或修正原来的决策方案，即具有反馈价值。

（3）向使用者提供具有预测价值的会计信息。相关的会计信息应当能够帮助使用者根据财务报告所提供的会计信息预测其未来的财务状况、经营成果和现金流量，即具有预测价值，以便做出是否继续向投资企业投资等方面的决策。

2.3.3 可理解性

《企业会计准则——基本准则》第十四条规定："企业提供的会计信息应当清晰明了，便于财务会计报告使用者理解和使用。"

理解性也称明晰性，是对会计信息质量的一项重要要求。提供会计信息的目的在于使用，要使用就必须了解会计信息的内涵，明确会计信息的内容。信息是否被使用者所理解，取决于信息本身是否易懂，也取决于信息使用者理解信息的能力。会计人员应尽可能传递、表达容易被人理解的会计信息，而使用者也应设法提高自身的综合素养，以增强理解会计信息的能力。

2.3.4 可比性

《企业会计准则——基本准则》第十五条规定："企业提供的会计信息应当具有可比性。"

可比性主要包括两层含义：

1) 同一企业不同时期可比

为了便于投资者等财务报告使用者了解企业财务状况、经营成果和现金流量的变化趋势，比较企业在不同时期的财务报告信息，全面、客观地评价过去、预测未来，从而做出决策，会计信息质量的可比性要求同一企业不同时期发生的相同或者相似的交易或者事项，应当采用一致的会计政策，不得随意变更。但是，满足会计信息可比性要求，并非表明企业不得变更会计政策，如果按照规定或者在会计政策变更后可以提供更可靠、更相关的会计信息的，可以变更会计政策。有关会计政策变更的情况，应当在附注中予以说明。

2) 不同企业相同会计期间可比

为了便于投资者等财务报告使用者评价不同企业的财务状况、经营成果和现金流量及其变动情况，会计信息质量的可比性要求不同企业同一会计期间发生的相同或者相似的交易或者事项，应当采用规定的会计政策，确保会计信息口径一致、相互可比，以使不同企业按照一致的确认、计量和报告要求提供有关会计信息。

2.3.5 实质重于形式

《企业会计准则——基本准则》第十六条规定："企业应当按照交易或者事项的经济实质进行会计确认、计量和报告，不仅仅以交易或者事项的法律形式为依据。"

经济实质是指交易或事项所具有的经济特质。企业发生的交易或事项，会影响企业的资产、负债和所有者权益等会计要素发生某些方面的变动，这说明交易或事项总是体现资产、负债和所有者权益的会计要素所具有的经济性质。法律形式是指交易或事项所引发的所有权、使用权和处置权等方面的权利或义务。如资产是企业所拥有或控制的经济资源，表明企业对其资产的所有权、使用权和处置权等方面的权利;负债则是企业对于其负债应当承担的义务,须以企业的资产或劳务进行清偿等。

一般而言,交易或事项的经济实质与法律形式是统一的。如企业用自用的资金购入设备,其经济性质属于预期能够为企业带来经济利益的资产。从法律形式来看,企业对其具有所有权、使用权和处置权。但在有些情况下,交易或事项的经济性质和法律形式会产生一定程度的分离。如企业采用融资租赁方式租入固定资产时,从形式上看,该项固定资产的所有权在出租方,企业只是拥有使用权和控制权,也就是说该项固定资产并不是企业购入的固定资产,因此不能将其作为企业的固定资产加以核算。但是,由于融资租入固定资产的租赁期限一般都占据了固定资产可使用期限的大部分,而且到期企业可以非常低的价格购买该项固定资产。因此,为了正确地反映企业的资产和负债状况,对于融资租入的固定资产,一方面应当作为企业的自有资产加以核算;另一方面应当作为企业的一项长期应付款加以反映。

2.3.6 重要性

《企业会计准则——基本准则》第十七条规定:"企业提供的会计信息应当反映与企业财务状况、经营成果和现金流量有关的所有重要交易或者事项。"

企业发生的各种交易或事项,都会对企业的财务状况、经营成果和现金流量的某个方面产生影响,因此凡涉及企业的财务状况、经营成果和现金流量发生变动的交易或事项,企业都应该如实报告。但在提供相关信息时应判断项目的重要性。具体来说,对重要的经济业务,应单独核算、分项反映,力求准确,并在财务报告中重点说明;对不重要的经济业务,在不影响会计信息真实性的情况下,可适当简化会计核算或合并反映。

重要性具有相对性,并不是同样的业务对不同的企业都是重要或不重要的事项。对某项会计事项判断其重要性在很大程度上取决于会计人员的职业判断。一般来说,重要性可以从质和量两个方面进行判断。从性质方面来说,如果某会计事项发生可能对决策产生重大影响,则该事项属于具有重要性的事项;从数量方面来说,如果某会计事项的发生达到一定数量或比例,可能对决策产生重大影响,则该事项属于具有重要性的事项。

2.3.7 谨慎性

《企业会计准则——基本准则》第十八条规定:"企业对交易或者事项进行会计确认、计量和报告应当保持应有的谨慎,不应高估资产或者收益、低估负债或者费用。"

谨慎性,又称稳健性,是指在处理具有不确定性的经济业务时,应持谨慎态度。处于市场经济环境中的企业,其生产经营活动面临诸多风险,其交易或事项也具有极大的不确定性。对于具有不确定性的交易或事项,如应收账款中可能收不回来的坏账、各类固定资产的使用寿命、售出产品可能发生的退货或返修等,都需要根据企业在以往经营过程中实际发生的情况等进行合理的判断或估计。在判断或估计的过程中需要保持应有的谨慎。具体地说,就是不应高估资产或者收益,也不应低估负债或者费用。

企业计提坏账准备、存货跌价准备、固定资产采用加速折旧等都是谨慎性的体现。

2.3.8 及时性

《企业会计准则——基本准则》第十九条规定:"企业对于已经发生的交易或者事项,应当及时进行确认、计量和报告,不得提前或者延后。"

企业提供会计信息的价值在于其能够帮助财务报告使用者做出相关的经济决策,因而具有很强的实效性。即使是具有可靠性、相关性、可理解性和可比性的会计信息,如果不能及时提供给会计信息的使用者,也会因信息的延误而失去时效性。为确保会计信息提供的及时性,企业应当做到:第一、及时收集会计信息;第二、及时处理会计信息;第三、及时报告会计信息。

在实务中,常常需要在上述8项会计信息质量特征之间权衡或取舍。其目的一般是为了达到质量特征之间的适当平衡,以便实现财务报告的目标。质量特征在不同情况下的相对重要性,属于会计人员职业判断问题。

【拓展阅读】

人类已经无法阻止会计人的思维了

有三个人去投宿,三人房一晚300元,每人掏了100元,凑够300元交给老板,后来老板说今天优惠只要250元就够了,拿出50元让服务生退还给他们,服务生私藏了20元,然后把剩下30元给了那三个人,每人分到10元,这样一开始每人掏了100元,现在又退回10元,每人只花了90元,三个人每人90元,3×90=270元,再加上服务生私藏的20元=290元,那么,还有10元去了哪里?

这个问题可以用会计分录来这样解释:

1)老板
　　借(增):库存现金250元
　　　　贷(增):主营业务收入250元
2)服务生
　　借(增):库存现金20元
　　　　贷(增):营业外收入20元
3)客人
　　借(增):房费270元
　　　　贷(减):库存现金270元
4)对账后的两个平衡关系:
（1）库存现金的借贷都是270元,是平衡的。
（2）房租费用＝主营业务收入＋营业外收入＝270元,也是平衡的。

客人付的是270元,分别为老板所得250元,服务生私藏的20元,也就是说服务生私藏的20元已经包括在客人消费的270元中了。因此,300元的去向是,3人的30元＋老板250元＋伙计20元。题目属于偷换概念,用现金300元去比较房费270元＋营业外收入20元,肯定是错误的了。这道题,只要搞清楚会计主体,用会计的思维方法,就很容易解答了。

(资料来源:载于《马靖昊说会计》,https://www.163.com)

习　题

一、单项选择题

1. 确定会计核算工作空间范围的前提条件是(　　)。
　　A. 会计主体　　　B. 持续经营　　　C. 会计分期　　　D. 货币计量

2. 会计主体是（　　）。
   A. 企业单位　　　　　　　　　　B. 法律主体
   C. 企业法人　　　　　　　　　　D. 会计为之服务的特定单位
3. 对存货在会计期末提取存货跌价准备,这一做法体现的原则是（　　）。
   A. 配比原则　　B. 重要性原则　　C. 谨慎性原则　　D. 可靠性原则
4. 各企业单位处理会计业务的方法和程序,在不同会计期间要保持前后一致,不得随意变更,这符合（　　）。
   A. 相关性　　　B. 可比性　　　　C. 可理解性　　　D. 可靠性
5. 会计基本假设中,界定了会计确认、计量和报告空间范围的是（　　）。
   A. 会计主体　　B. 持续经营　　　C. 会计分期　　　D. 货币计量
6. 企业会计的确认、计量和报告应当以（　　）为基础。
   A. 持续经营　　　　　　　　　　B. 会计基本假设
   C. 权责发生制　　　　　　　　　D. 收付实现制

二、多项选择题

1. 一个会计主体可以是（　　）。
   A. 一个营利性组织　　　　　　　B. 法人资格的实体
   C. 车间　　　　　　　　　　　　D. 分公司
2. 下列属于会计基本假设的有（　　）。
   A. 会计分期　　B. 持续经营　　　C. 货币计量　　　D. 会计主体
3. 会计期间可以分为（　　）。
   A. 月度　　　　B. 季度　　　　　C. 半年度　　　　D. 年度
4. 会计主体前提条件解决并确定了（　　）。
   A. 会计核算的空间范围　　　　　B. 会计核算的时间范围
   C. 会计核算的计量问题　　　　　D. 会计为谁记账的问题
5. 下列属于会计信息质量要求的有（　　）。
   A. 相关性　　　B. 可比性　　　　C. 可理解性　　　D. 可靠性

三、判断题

1. 所有的会计主体都是法律主体。（　　）
2. 谨慎性会计信息质量要求企业不仅要核算企业可能发生的收入,也要核算可能发生的费用和损失,以对未来的风险进行充分核算。（　　）
3. 实质重于形式原则表明企业的会计活动可以超出法律的监管。（　　）
4. 收付实现制和权责发生制的主要区别是确认收入和费用的标准不同。（　　）
5. 及时性原则要求企业尽可能地提前对经济业务进行确认、计量和报告。（　　）
6. 融资租入的固定资产,因为所有权不属于企业,故不能确认为企业的资产。（　　）
7. 我国所有企业的会计核算都必须以人民币作为记账本位币。（　　）
8. 权责发生制,也称应收款应付制,凡是当期已经实现的收入和已经发生或应当负担的费用,无论款项是否收付,都应当作为当期的收入和费用。（　　）

3 会计要素与会计等式

【思维导图】

会计要素与会计等式,思维导图如图3.1所示。

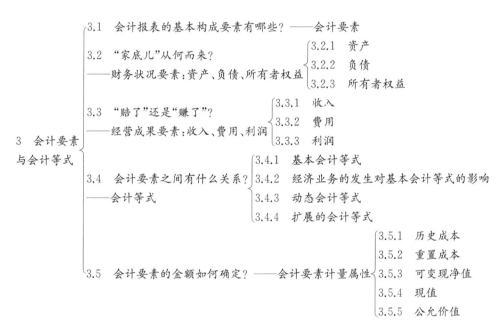

图3.1 思维导图

【学习目的】

通过本章的学习,要求掌握会计六要素;掌握会计等式;理解会计要素计量属性。

【引导案例】

2020年5月10日,贵州茅台上榜"2020中国上市公司品牌价值榜"总榜TOP100,排名第6位,品牌价值3 449亿元。

2021年3月30日,贵州茅台发布2020年度财务报告。该报告显示的公司的财务状况如下:资产2 133.96亿元,与资产相对应的负债是456.75亿元,所有者权益是1 677.21亿元。贵州茅台品牌价值3 449亿元并未出现在该公司的财务报告中。同时,该公司的利润表显示:2020年度,该公司产生了466.97亿元的净利润(收入超过费用的差额)。

由此我们想知道:会计报表的基本组成要素有哪些?这些要素之间的关系如何?为何

品牌价值没有显示在公司的资产中？在确定会计要素的金额时,应遵循哪些原则?

3.1 会计报表的基本构成要素有哪些？——会计要素

会计要素,是对会计对象内容,也就是企业资金运动的基本分类,是会计对象的具体化。

那么,什么是会计对象？企业的资金运动是怎样的？

所谓会计对象,是会计所反映和监督的内容,而会计所反映和监督的内容,也就是社会再生产过程中的资金运动。

我们以制造业企业为例,来看资金运动的整个过程。

制造业企业资金运动有三个阶段:投入阶段、使用阶段和退出阶段。完整的生产经营过程由供应过程、生产过程和销售过程三个过程组成。企业为了进行生产经营活动,必须拥有一定数量的经营资金,而经营资金都是从一定的渠道取得的。这些渠道主要包括接受投资者投资和向债权人借入各种款项。

资金筹集完成后,开始进入到供应过程。供应过程是产品生产的准备过程,在这个过程中,企业用货币资金购买机器设备、原材料等,为生产产品做好准备。

供应过程完成以后,企业进入到生产过程。生产过程是制造业经营过程的中心环节。在生产过程中,劳动者借助劳动资料对劳动对象进行加工,生产出各种各样适销对路的产品。

产品生产完工以后,企业要对其进行销售,进入到销售过程。在销售过程中,企业通过销售产品,收回货款,完成一次资金的循环。另外,销售过程中,会发生各种广告费、包装费等销售费用。

企业在生产经营过程中所获得的各项收入抵偿了各项成本、费用之后的差额,形成了企业的经营成果,即利润。如果收入大于费用,企业就实现了盈利;反之收入小于费用,企业就发生了亏损。当企业实现盈利以后,一部分要以所得税形式上交给国家,税后利润要按照规定的程序在各有关方面进行合理的分配。这就是财务成果的形成与分配过程。

综合上述内容可以看出,制造业企业在经营过程中发生的主要经济业务包括:资金进入企业的过程、供应过程、生产过程、销售过程、财务成果形成与分配过程。在这些过程里,伴随着资金的运动,周而复始,循环往复。因此,要对资金运动进行具体的分类。比如,投资者以一栋厂房投入到企业,对于企业来说,意味着厂房的增加,如何对厂房增加进行核算和监督？用资产这个要素来描述。同样的,当企业把生产出来的产品销售出去之后,收入会增加,收入就是另一个会计要素。而企业从银行里取得借款的时候,负债会增加,负债也就成了一个会计要素。因此,会计要素是会计对象内容,也就是资金运动的基本分类,是会计对象的具体内容的组成项目。会计要素又是主要会计报表的基本框架内容,因而又称为会计报表要素。

我国的《企业会计准则——基本准则》定义了资产、负债、所有者权益、收入、费用和利润六大会计要素。这六大会计要素又可以划分为两大类:反映财务状况的要素(又称资产负债表要素)和反映经营成果的会计要素(又称利润表要素)。资产、负债和所有者权益这三个要素是反映财务状况的会计要素,是静态会计要素,反映的是某个时点企业的财务状况,比如3月31日企业的资产有多少,负债有多少,所有者权益有多少。收入、费用和利润这三个要素是反映经营成果的会计要素,是动态要素,反映的是企业某一个时期的经营成果,比如3月份企业的经营成果,通过收入、费用和利润这三个要素,能知道企业在3月份的收入、费用和最终盈利、亏损状态。

3.2 "家底儿"从何而来?——财务状况要素:资产、负债、所有者权益

3.2.1 资产

1) 资产的定义及其特征

资产是指过去的交易、事项形成并由企业拥有或控制的资源,该资源预期会给企业带来经济利益。

资产具有如下三个特点:

(1) 资产是由过去的交易或事项形成的。也就是说,资产必须是现实的资产,而不能是预期的资产,是由于过去已经发生的交易或事项所产生的结果。至于将来的交易或事项以及未发生的交易或事项可能产生的结果,则不属于现在的资产,不得作为企业的资产确认。

(2) 资产是为企业所拥有的,或者即使不为企业所拥有,也是企业所控制的。企业拥有资产,就能够排他性地从资产中获取经济利益。有些资产虽然不为企业所拥有,如融资租入的固定资产,但是企业能够控制这些资产,因此同样能够排他性地从资产中获取经济利益。

(3) 资产能够直接或间接地给企业带来经济利益。所谓经济利益,是指直接或间接地流入企业的现金或现金等价物。资产之所以成为资产,就在于其能够为企业带来经济利益。如果某项目不能给企业带来经济利益,那么就不能确认为企业的资产。

2) 资产的分类

资产按照流动性大小进行分类,可以分为流动资产和非流动资产。流动资产是指可以在1年或者超过1年的一个营业周期内变现或耗用的资产。需要注意的是,有些企业经营活动比较特殊,经营周期可能长于1年,如造船企业、大型机械制造企业等,其从购买原材料至建造完工,从销售实现到收回货款,周期比较长,往往超过1年,此时,就不能以1年内变现作为流动资产的划分标准,而是将经营周期作为流动资产的划分标准。

流动资产主要包括库存现金、银行存款、交易性金融资产、应收及预付款、存货等。

库存现金是指存放在企业准备随时支用的现款,主要用于企业日常经营中发生的小额零星支出。

银行存款是指企业存放在开户银行的款项。企业的银行存款主要来自投资者投入资本的款项、负债融入的款项、销售商品的货款等。

应收及预付款项是指企业在日常生产经营过程中形成的各种债权,泛指企业拥有的将来获取现款、商品或劳务的权利,包括应收款项和预付款项。应收款项是指企业应该收取而尚未收到的各种款项,包括应收账款、应收票据和其他应收款等;预付款项是指企业预先支付,以后应收回或分摊的各种款项,如预付账款。

存货是指企业在正常生产经营过程中持有以备出售,或者仍处于生产过程,或者在生产或提供劳务过程中将消耗的材料、物料等。为销售而储备的存货包括企业的各种库存商品、产成品等。仍处于生产过程中的存货包括在产品、半成品等。为了生产或提供劳务而储备的存货包括原材料、辅助材料、包装物、低值易耗品等。

非流动资产是指不能在1年或者超过1年的一个营业周期内变现或者耗用的资产,主要包括长期股权投资、固定资产、无形资产等。

长期股权投资是指持有时间超过1年(不含1年)、不能变现或不准备随时变现的股权和其他投资。企业进行长期股权投资的目的,是为了获得较为稳定的投资收益,或者对被投资企业实施控制或影响。

固定资产,是指为生产商品、提供劳务、出租或经营管理而持有、使用寿命超过1年的有形资产,包括房屋、建筑物、机器、运输工具等。

无形资产是指企业拥有或者控制的,没有实物形态的可辨认非货币性资产,主要包括专利权、非专利技术、商标权、著作权、土地使用权等。

3.2.2 负债

1) 负债的定义及其特征

负债是指过去的交易、事项形成的现时义务,履行该义务预期会导致经济利益流出企业。以上定义强调负债的两个基本特征:一是负债是"现时义务";二是偿付债务会导致"经济利益流出"。这样界定有利于防止利用负债类账户(如"应付账款""其他应付款"等账户)隐藏利润、转移资金等造假行为。

2) 负债的分类

企业的负债一般可按流动性的大小或偿还期的短长,分为流动负债和非流动负债。

流动负债是指将在1年(含1年)或者超过1年的一个营业周期内偿还的债务,包括短期借款、应付及预收款项等。

短期借款是指企业向银行或其他金融机构等借入的期限在1年(含1年)以下的各种借款。

应付以及预收款项是指企业在日常生产经营过程中发生的各种债务,主要包括应付款项(应付票据、应付账款、应付职工薪酬、应交税费、应付利息、应付股利、其他应付款等)和预收账款。应付账款是指企业在生产经营过程中,因购买材料物资或接受劳务而发生的,尚未支付给供应单位的款项。上述业务以外的应付款项,如应付租金、暂收的押金、应付赔偿款等应列作其他应付款。预收账款是指企业在生产经营过程中发生的,预收购货单位的货款。预收账款是企业的一项负债,但无须用现金偿还,而是以商品或劳务抵偿。

非流动负债主要包括长期借款、应付债券、其他长期应付款等。

长期借款是指企业向银行或其他金融机构等借入的期限在1年以上(不含1年)的各项借款。长期借款应按实际发生的借款数额确认和记录。

应付债券是指企业为筹集长期资金而实际发行的长期债券。

其他长期应付款是指除长期借款和应付债券以外的其他长期应付款项,包括应付引进设备款、融资租入固定资产应付款等。

3.2.3 所有者权益

1) 所有者权益的定义及其特征

企业必须拥有一定数量的资产,才能进行正常的生产经营活动。企业取得资产的途径有两种:一种是由投资者投资;另一种是由债权人提供。两者都向企业提供了资产,同时对于企业的资产以及运用资产所取得的经济利益就有了相应的要求权,这种要求权被称为权益。属于投资者部分的权益,称为所有者权益;属于债权人部分的权益,称为债权人权益。因此,便形成了"资产=负债+所有者权益"这一会计等式。

所有者权益,是指资产扣除负债后,由所有者享有的剩余权益,其金额为资产减去负债后的余额。其实质是企业从投资者手中所吸收的投入资本及其增值,同时也是企业进行经济活动的"本钱"。

2) 所有者权益的构成

在我国现行的会计核算中,所有者权益的来源包括所有者投入的资本、直接计入所有者权益的利得和损失、留存收益等,具体表现为实收资本(或股本)、资本公积(含资本溢价或股本溢价、其他资本公积)、盈余公积和未分配利润。

实收资本是指投资者按照企业章程,或合同、协议的约定,实际投入企业的资本。它是企业注册成立的基本条件之一,也是企业承担民事责任的财力保证。

资本公积是指归企业所有者共有的资本,主要来源于资本在投入过程中所产生的溢价和其他资本公积。资本公积主要用于转增资本。

盈余公积是指企业按照法律、法规的规定,从净利润中提取的留存收益,包括法定盈余公积和任意盈余公积。企业的盈余公积金可以用于弥补亏损、转增资本等。

未分配利润是指企业留待以后年度分配的利润。未分配利润与盈余公积属于企业的留存收益。

3.3 "赔了"还是"赚了"？——经营成果要素:收入、费用、利润

3.3.1 收入

1) 收入的定义及其特征

在市场经济条件下,追求利润最大化已成为企业经营的主要目标之一。收入是利润的来源,因此,获取收入是企业日常经营活动中最主要的目标之一,通过获得的收入补偿为此而发生的支出,以获得一定的利润。收入的概念有广义和狭义之分。广义的收入就是我国企业会计制度中的"收益"概念,即企业在会计期间内增加的除所有者投资外的经济利益。收益包括收入和利得。收入是企业在日常活动中形成的,会导致所有者权益增加的,与所有者投入资本无关的经济利益的总流入。包括商品销售收入、劳务收入、利息收入、使用费收入、股利收入等,但不包括为第三方或者客户代收的款项。利得是指收入以外的其他收益,通常从偶发的经济业务中取得,属于那种不经过经营过程就能取得或不曾期望获得的收益,如政府补助取得的资产,因其他企业违约收取的罚款,处理固定资产净损益等。狭义的收入仅指营业收入。本章所述收入只涉及狭义收入,即营业收入。

收入通常具有如下特点:

(1) 收入从企业的日常经营活动中产生,而不是从偶发的交易或事项中产生,如企业销售商品、提供劳务的收入等。

(2) 收入可能表现为企业资产的增加,如增加银行存款、应收账款等;也可能表现为企业负债的减少,如以商品或劳务抵偿债务;或两者兼而有之,例如,商品销售的货款中部分抵偿债务,部分收取现金。

（3）收入能导致企业所有者权益的增加,如上所述,收入能增加资产或减少负债或二者兼而有之。因此根据"资产＝负债＋所有者权益"的公式,企业取得收入一定能增加所有者权益。

（4）收入只包括本企业经济利益的流入,不包括为第三方或客户代收的款项,如增值税、代收利息等。

2）收入的构成

收入主要包括主营业务收入、其他业务收入和投资收益等。

主营业务收入是指企业从事主要经营业务所取得的收入。如工业企业销售商品、提供工业性劳务等取得的收入。主营业务收入一般占企业收入的比重较大,对企业的经济效益可产生较大的影响。

其他业务收入是指企业从事主营业务以外的其他零星业务所取得的收入,如工业企业从材料销售、包装物出租、固定资产出租、技术转让等业务中取得的收入。其他业务收入一般占企业收入的比重较小,对企业经济效益的影响较小。

投资收益,是指企业对外投资所取得的收益减去发生的投资损失后的净额。

上面所说的收入是指狭义的收入。广义的收入还包括直接计入当期利润的利得及营业外收入,其中营业外收入是企业发生的与生产经营没有直接关系的各项收入,包括处置固定资产净收益、处置无形资产净收益、罚款净收入、固定资产盘盈等。

3.3.2 费用

1）费用的定义及其特征

费用是指企业在日常活动中发生的、会导致所有者权益减少的、与向所有者分配利润无关的经济利益的总流出。费用具有如下特征:

（1）费用产生于过去的交易或事项。

（2）费用可能表现为资产的减少,也可能表现为负债的增加,或者二者兼而有之。

（3）费用能导致企业所有者权益的减少,但与向所有者分配利润无关。

2）费用的构成

费用包括两方面内容:成本和费用。

（1）成本 是指企业为生产产品、提供劳务而发生的各种耗费,包括为生产产品、提供劳务而发生的直接材料费用、直接人工费用和各种间接费用。

（2）费用 一般是指企业在日常活动中发生的营业税费、期间费用和资产减值损失。

营业税费是指企业在营业活动应当负担,并根据有关计税基数和税率确定的各种税费,如消费税、城市维护建设税、教育费附加等。

期间费用包括销售费用、管理费用和财务费用。销售费用是企业在销售商品过程中发生的各项费用以及为销售本企业产品而专设销售机构的经营费用。商品流通企业在购买商品过程中发生的进货费用也包括在销售费用中。销售费用一般包括运输费、装卸费、包装费、保险费、广告费、展览费、委托代销费用等；管理费用是企业行政管理部门为组织和管理生产经营活动而发生的各项费用,包括管理人员的工资和福利费、工会经费、职工教育经费、劳动保险费、技术转让费、无形资产摊销、业务招待费等；财务费用是企业为筹措资金所发生的各项费用,包括利息支出、汇兑损失、金融机构手续费等。

资产减值损失是指企业计提的坏账准备、存货跌价准备和固定资产减值准备等所形成的损失。

成本与费用既有联系又有区别,成本是和产品相联系的,而费用是和期间相联系的。成本是由费用构成的,是对象化的费用。

上面所定义的费用是狭义上的概念。广义上的费用还包括直接计入当期利润的损失和所得税费用。直接计入当期利润的损失即营业外支出。营业外支出是企业发生的与生产经营活动没有直接关系的各项支出,包括固定资产盘亏、处理固定资产净损失、罚款支出、捐赠支出、非常损失等。

所得税费用是指企业按照企业所得税法的规定向国家缴纳的所得税。

3.3.3 利润

利润就是按照配比原则,将一定时期内存在因果关系的收入与费用进行配比而产生的结果,收入大于费用的差额部分为利润,反之为亏损。正确计算财务成果的关键在于正确计算一个会计期间的收入和费用,通过收入与费用的配比来确定该会计期间的盈亏。财务成果核算业务包括两个内容:确定企业实现的利润和对利润进行分配。

利润也称净利润或净收益。利润是指企业在一定会计期间所取得的经营成果,收入和费用的差额,以及其他直接计入损益的利得、损失。利润是企业投入产出效率和经济效益的综合反映,也是衡量企业经营状况和获利能力的重要指标。利润确认的基础是一定会计期间的收入与费用。企业利润的确认包括营业利润、利润总额和净利润三个层次。

(1) 营业利润　是指主营业务收入加上其他业务收入减去主营业务成本、其他业务成本、税金及附加、销售费用、管理费用、研发费用、财务费用、资产减值损失,再加上投资收益等后的金额(备注:营业利润的其他构成项目,如公允价值变动收益、净敞口套期收益、资产处置收益和其他收益等的会计处理,留待后续课程介绍)。营业利润是企业利润构成中最主要的内容,但不是最终的经营成果。

营业利润＝营业收入－营业成本－税金及附加－销售费用－管理费用－研发费用－财务费用－资产减值损失＋投资收益

其中,营业收入＝主营业务收入＋其他业务收入

营业成本＝主营业务成本＋其他业务成本

(2) 利润总额　是指企业一定期间的营业利润加上营业外收入减去营业外支出后的数额。

利润总额＝营业利润＋营业外收入－营业外支出

(3) 净利润　是指企业的利润总额减去应缴纳的所得税费用后的余额。企业在一定期间内实现的利润,可以先用于弥补以前年度(5年内)发生的亏损,按照国家有关税法规定进行纳税调整后,再计算与缴纳所得税费用。

以上利润的形成与确认过程用公式表示如下:

$$净利润＝利润总额－所得税费用$$

3.4　会计要素之间有什么关系?——会计等式

会计等式是表明各会计要素之间基本关系的恒等式。企业发生的每一笔经济业务都是

资金运动的一个具体过程,每个资金运动过程都必然涉及相应的会计要素,从而使全部资金运动所涉及的会计要素之间存在一定的相互联系。会计要素之间的这种内在关系,可以通过数学表达式予以描述,这种表达会计要素之间基本关系的数学表达式就叫会计等式。

3.4.1 基本会计等式

企业从事经济活动必须拥有资产,即过去的交易、事项形成并由企业拥有或控制的、能带来未来经济利益的资源,它来源于所有者的投入资本和债权人的借入资金。其中,所有者投入的资本形成所有者权益,债权人投入的资金形成债权人权益(即企业的负债)。因此,资产来源于权益(包括所有者权益和债权人权益),两者必然相等,可用等式表示如下:

$$资产 = 权益$$

或

$$资产 = 负债 + 所有者权益$$

上述会计等式是最基本的会计等式,是资金运动的静态表现,也称为静态会计等式,表明了某一会计主体在某一特定时点拥有的各种资产,同时也表明了这些资产的归属关系。它是设置账户、复式记账以及编制资产负债表的理论基础,在会计核算体系中有着举足轻重的地位。

3.4.2 经济业务的发生对基本会计等式的影响

各企业在日常经济活动中发生的经济业务是千变万化、多种多样的,但不管发生什么类型的经济业务引起会计要素的增减变化,都不会影响上述平衡关系,资产的总量必定等于负债与所有者权益之和。当经济业务发生,可能引起资产、负债和所有者权益三者增减变化的具体情况分析,一般可概括为以下九种类型:

(1) 一项资产增加,同时一项负债等额增加;
(2) 一项资产减少,同时一项负债等额减少;
(3) 一项资产增加,同时一项所有者权益等额增加;
(4) 一项资产减少,同时一项所有者权益等额减少;
(5) 一项资产增加,同时另一项资产等额减少;
(6) 一项负债增加,同时另一项负债等额减少;
(7) 一项所有者权益增加,同时另一项所有者权益等额减少;
(8) 一项负债增加,同时一项所有者权益等额减少;
(9) 一项所有者权益增加,同时一项负债等额减少。

现对上述增减变化情况举例说明如下:

清泉公司3月初的资产、负债及所有者权益的简明情况如下:

资产		=	负债		+	所有者权益	
库存现金	2 000		短期借款	52 000		实收资本	480 000
银行存款	150 000					盈余公积	100 000
应收账款	50 000					未分配利润	50 000
原材料	80 000						
固定资产	400 000						
	682 000	=		52 000	+		630 000

该公司3月份发生下列经济业务:

业务①:向供货单位购入原材料50 000元,货款暂欠(增值税略)。

这笔经济业务,使资产方增加原材料50 000元,同时使负债方增加应付账款50 000元。这时,会计平衡公式为:

资产		=	负债		+	所有者权益	
库存现金	2 000		短期借款	52 000		实收资本	480 000
银行存款	150 000		应付账款	+50 000		盈余公积	100 000
应收账款	50 000					未分配利润	50 000
原材料	80 000						
	+50 000						
固定资产	400 000						
	732 000	=		102 000	+		630 000

业务②:以银行存款归还短期借款20 000元。

这笔经济业务,使资产方减少银行存款20 000元,同时使负债方减少短期借款20 000元。这时,会计平衡公式为:

资产		=	负债		+	所有者权益	
库存现金	2 000		短期借款	52 000		实收资本	480 000
银行存款	150 000			-20 000		盈余公积	100 000
	-20 000		应付账款	50 000		未分配利润	50 000
应收账款	50 000						
原材料	130 000						
固定资产	400 000						
	712 000	=		82 000	+		630 000

业务③:国家投入流动资金80 000元,款存银行。

这笔经济业务,使资产方增加银行存款80 000元,同时使所有者权益方增加实收资本80 000元。这时,会计平衡公式为:

资产		=	负债		+	所有者权益	
库存现金	2 000		短期借款	32 000		实收资本	480 000
银行存款	130 000		应付账款	50 000			80 000
	+80 000					盈余公积	100 000
应收账款	50 000					未分配利润	50 000
原材料	130 000						
固定资产	400 000						
	792 000	=		82 000	+		710 000

业务④:某投资者收回投资的一台设备,计价100 000元。

这笔经济业务,使资产方减少固定资产100 000元,同时使所有者权益方减少实收资本100 000元。这时,会计平衡公式为:

资产		=	负债		+	所有者权益	
库存现金	2 000		短期借款	32 000		实收资本	560 000
银行存款	210 000		应付账款	50 000			−100 000
应收账款	50 000					盈余公积	100 000
原材料	130 000					未分配利润	50 000
固定资产	400 000						
	−100 000						
	692 000	=		82 000	+		610 000

业务⑤:企业从银行取出 1 000 元现金。

这笔经济业务,使资产方减少银行存款 1 000 元,同时使资产方增加库存现金 1 000 元。这时,会计平衡公式为:

资产		=	负债		+	所有者权益	
库存现金	2 000		短期借款	32 000		实收资本	460 000
	+1 000		应付账款	50 000		盈余公积	100 000
银行存款	210 000					未分配利润	50 000
	−1 000						
应收账款	50 000						
原材料	130 000						
固定资产	300 000						
	692 000	=		82 000	+		610 000

业务⑥:开出一张 30 000 元的商业承兑汇票,偿还欠款。

这笔经济业务,使负债方减少应付账款 30 000 元,同时使负债方增加应付票据 30 000 元。这时,会计平衡公式为:

资产		=	负债		+	所有者权益	
库存现金	3 000		短期借款	32 000		实收资本	460 000
银行存款	209 000		应付账款	50 000		盈余公积	100 000
应收账款	50 000			−30 000		未分配利润	50 000
原材料	130 000		应付票据	+30 000			
固定资产	300 000						
	692 000	=		82 000	+		610 000

业务⑦:经批准,将 40 000 元盈余公积转增资本。

这笔经济业务,使所有者权益增加实收资本 40 000 元,同时使所有者权益减少盈余公积 40 000 元。这时,会计平衡公式为:

资产		=	负债		+	所有者权益	
库存现金	3 000					实收资本	460 000
银行存款	209 000		短期借款	32 000			+40 000
应收账款	50 000		应付账款	20 000		盈余公积	100 000
原材料	130 000		应付票据	30 000			−40 000
固定资产	300 000					未分配利润	50 000
	692 000	=		82 000	+		610 000

业务⑧:按照有关政策和公司章程,将未分配利润 20 000 元分配给投资者。

这笔经济业务,使所有者权益减少未分配利润 20 000 元,同时使负债增加应付利润 20 000 元。这时,会计平衡公式为:

资产		=	负债		+	所有者权益	
库存现金	3 000		短期借款	32 000		实收资本	500 000
银行存款	209 000		应付账款	20 000		盈余公积	60 000
应收账款	50 000		应付利润	+20 000		未分配利润	50 000
原材料	130 000		应付票据	30 000			−20 000
固定资产	300 000						
	692 000	=		102 000	+		590 000

业务⑨：根据协议，某债权人将 30 000 元的商业承兑汇票转作对该公司的投资。

这笔经济业务，使所有者权益增加实收资本 30 000 元，同时使负债减少应付票据 30 000 元。这时，会计平衡等式为：

资产		=	负债		+	所有者权益	
库存现金	3 000		短期借款	32 000		实收资本	500 000
银行存款	209 000		应付账款	20 000			+30 000
应收账款	50 000		应付票据	30 000		盈余公积	60 000
原材料	130 000			−30 000		未分配利润	30 000
固定资产	300 000		应付利润	20 000			
	692 000	=		72 000	+		620 000

3.4.3 动态会计等式

企业的目标是从生产经营活动中获取收入，实现盈利。企业在取得收入的同时必然要发生相应的费用。将一定期间的收入与费用相比较，收入大于费用的差额为利润；反之收入小于费用的差额则为亏损，因此收入、费用和利润三要素之间的关系可以用公式表示为：

$$收入－费用＝利润$$

这一等式也称为第二会计等式、增量会计等式、动态会计等式，反映了企业某一时期收入、费用和利润的恒等关系，表明了企业在某一会计期间所取得的经营成果，是编制利润表的理论依据。

3.4.4 扩展的会计等式

企业的生产经营成果必然影响所有者权益，即企业获得利润将使所有者权益增加，资产也会随之增加；反之，企业发生亏损将使所有者权益减少，资产也会随之减少。因此企业生产经营活动产生收入、费用、利润后，基本会计等式就会演变为：

$$资产＝负债＋所有者权益＋利润$$
$$＝负债＋所有者权益＋（收入－费用）$$

或者：
$$资产＋费用＝负债＋所有者权益＋收入$$

上述等式称为扩展的会计等式。企业经济业务的发生对该等式的影响如下：

（1）企业收入的取得，或者表现为资产要素和收入要素同时、同等金额的增加，或者表现为收入要素的增加和负债要素同等金额的减少,结果,等式仍然保持平衡。

(2) 企业费用的发生,或者表现为负债要素和费用要素同时、同等金额的增加,或者表现为费用要素的增加和资产要素同等金额的减少,结果,等式仍然保持平衡。

(3) 在会计期末将收入与费用相减得出企业的利润。利润在按规定程序进行分配以后,留存企业的部分(包括盈余公积和未分配利润)转化为所有者权益的增加(或减少),同时要么是资产要素相应增加(或减少),要么是负债要素相应减少(或增加),结果等式仍然保持平衡。

收入、费用和利润这三个要素的变化,实质上都可以表现为所有者权益的变化,因此上述三种情况都可以归纳到前面我们总结的九种业务类型中去,也正因为如此,上述扩展的会计等式才会始终保持平衡。

以上分析说明,资产、负债、所有者权益、收入、费用和利润这六大会计要素之间存在着一种恒等关系,会计等式反映了这种恒等关系,因而它始终成立,任何经济业务的发生都不会破坏会计等式的平衡关系。

3.5 会计要素的金额如何确定？——会计要素计量属性

会计要素计量属性反映的是会计要素金额的确定基础,主要包括历史成本、重置成本、可变现净值、现值、公允价值等。

3.5.1 历史成本

历史成本又称实际成本,就是取得或制造某项财产物资时所实际支付的现金或现金等价物。成本计量要求对会计要素的计量基于经济业务的实际交易成本,而不考虑随后市场价格变动的影响。

3.5.2 重置成本

重置成本又称为现行成本,是指按照当前市场条件重新取得同样一项资产所需支付的现金或现金等价物。重置成本是现在时点的成本。在实务中,重置成本大多应用于盘盈固定资产的计量等。例如:盘盈一台七成新的设备,该设备当前的市场价为 100 000 元,则盘盈的这台设备的重置成本就是 $100\ 000 \times 70\% = 70\ 000$ 元。

3.5.3 可变现净值

可变现净值是指在正常的生产经营过程中,以预计售价减去进一步加工成本和预计销售费用以及相关税费后的净值。例如:库存商品 A 采购时的成本是 100 000 元,预计下月末的市场售价为 90 000 元,估计销售该存货尚需要发生 5 000 元的销售费用,则库存商品 A 的可变现净值就是 $90\ 000 - 5\ 000 = 85\ 000$ 元。

3.5.4 现值

现值是指对未来现金流量以恰当的折现率进行折现后的价值,是考虑货币时间价值的一种计量属性。例如:假设未来 1 年后有 1 000 000 元应收账款收回,如果按 8% 的折现率,则折现后的现值就是 925 900 元[$1\ 000\ 000/(1+8\%)$]。

3.5.5 公允价值

公允价值是指在公平交易中,熟悉市场情况的交易双方,自愿进行资产交换或者债务清偿的金额。常用于金融工具的计量。

我国现行会计准则规定:"企业在对会计要素进行计量时,一般应采用历史成本。采用重置成本、可变现净值、现值、公允价值计量的,应当保证所确定的会计要素金额能够取得并可靠的计量。"

【拓展阅读】

公允价值会计的诞生阶段

公允价值会计的诞生阶段介于1970年至1990年。标志性事件包括:①日益复杂的经济业务对创新性金融工具的广泛运用,迫使美国证券交易委员会(SEC)改变长期以来对公允价值的偏见,不再将历史成本作为唯一可接受的计量属性;②1973年取代会计原则委员会(APB)的财务会计准则委员会(FASB)在概念框架研究中提出资产负债观优于收入费用观的观点,为公允价值会计的诞生,扫清了思想障碍,奠定了理论基础;③20世纪80年代发生的储蓄与贷款危机,暴露了历史成本会计的诸多缺陷,凸显了公允价值会计的比较优势,公允价值计量的运用水到渠成。

1) SEC立场转变:公允价值会计迎来转机

如前所述,1929年至1933年的大萧条导致SEC对偏离历史成本的资产重估做法深恶痛绝,公允价值会计噤若寒蝉。到了20世纪70年代,这种现象发生逆转。人事变动更迭是促使这一变化的催化剂,时任SEC主席William J.Casey主席决定从SEC之外遴选一位首席会计师,以配合其求新求变的改革。

1972年,John C. Burton成为SEC第一位从外部遴选的首席会计师后,SEC内部对公允价值会计经历着从反对、反感到支持、拥抱的转变。来自学术界的伯顿思想开明,不受SEC推崇历史成本会计反对公允价值会计文化氛围的影响,伯顿就读于哈弗福德学院并接受贝尔教授的教诲,而贝尔是现行成本会计的主要倡导者(Zeff,2005)。更重要的是,作为哥伦比亚大学会计与财务学教授,伯顿本来就是一个热衷于变革传统会计模式的活跃分子。上任伊始,伯顿就与凯西主席配合默契,一改其前任对公允价值会计讳莫如深的态度,利用70年代居高不下的通货膨胀使历史成本会计信息严重失真而广受指责的有利机会,引入现行成本和公允价值等计量属性。

1973年10月爆发的第四次中东战争和欧佩克在石油产量和定价政策采取一致行动,引发了第一次石油危机,通货膨胀成为全球性焦点问题。通货膨胀造成基于历史成本的财务信息严重失真,投资者、债权人等信息使用者强烈要求监管部门和准则制定机构采取措施根治信息失真问题。在这种时代背景下,SEC发布第190号会计系列文告(ARS 190),要求上市公司在历史成本财务报告之外,补充披露现行成本或重置成本等信息,客观上为公允价值会计的诞生提供了宽松的监管环境。此外,这次石油危机促使SEC于1976年要求石油天然气上市公司采用现值会计确认石油天然气储备,这既是对历史成本会计应对物价变动先天不足的补救措施,也在一定程度上凸显公允价值会计因应物价变动的比较优势。

2) FASB乘势而为:公允价值计量加快引进

得益于SEC态度的转变,FASB乘势而为,主动作为,加快引入公允价值计量的步伐。

与其前任 APB 摇摆不定的态度不同，FASB 成立后就义无反顾地推动公允价值会计在金融工具领域的推广运用。1975 年 10 月，FASB 发布第 12 号财务会计准则（SFAS 12），要求按公允价值对证券投资进行计量，并将流动性证券投资的公允价值变动计入当期损益，将非流动性证券投资的公允价值变动计入股东权益。SFAS 12 是 FASB 发布的第一个运用公允价值的准则，开启了将公允价值作为证券投资主要计量属性的先河。

1974 至 1975 年，因无力偿还银行债务而陷于破产边缘的纽约市进入债务重组程序。银行被迫修改债务契约，同意纽约市将债务展期。为此，FASB 认真斟酌应否要求参与债务重组的银行在出现债务延期支付导致风险增加时，将应收款（贷款）的面值减记至现行价值，因为当时这些贷款的现值大大低于面值。1976 年 5 月，FASB 发布了讨论稿，要求银行改按公允价值对重组债权（贷款）进行重估值。此举将导致银行的资本充足率因贷款减记而下降，限制其放贷能力。银行向 FASB 递交了数百封反对信，表示强烈抗议。迫于银行业的巨大压力，FASB 在 1977 年 6 月发布的 SFAS15《债权债务人对债务重组的会计处理》中做出让步，债权人不一定要减记重组债权（贷款），但必须披露预期的减记损失。尽管如此，SFAS15 可视为 FASB 将公允价值用于债务重组的尝试，为扩大公允价值会计运用范围做了铺垫。

20 世纪 70 年代末，石油危机引发的通货膨胀进一步加剧，历史成本会计的不足暴露无遗。1979 年 9 月，FASB 发布了 SFAS 33《财务报告和物价变动》，要求上市公司补充披露按物价指数对非金融资产的历史成本进行调整的现行成本信息，这是 FASB 将公允价值用于非金融资产的又一重大尝试。

3）金融危机引发反思：公允价值会计凸显优势

20 世纪 80 年代前，对历史成本与公允价值的辩论更多是停留在理论层面，到了 80 年代，随着金融创新尤其是衍生金融产品的大量涌现，这种争论已经开始进入实务层面，因为衍生金融产品根本就没有历史成本，公允价值是唯一可行的计量属性。为此，FASB 在 1984 年 12 月颁布了第 5 号财务会计概念公告（SFAC5），在历史成本之外，正式承认了现行成本（重置成本）、现行市价（脱手价值）、可实现净值和未来现金流量现值等四种计量属性。尽管这四种计量属性还算不上是严格意义上的公允价值，但 SFAC5 的颁布，彰显了 FASB 对历史成本的背离并逐步向公允价值靠拢的决心，在概念层面上为公允价值会计的推广运用提供了强大的理论支持。

如果说金融创新促使 FASB 颁布虽有利于公允价值会计但还比较克制的概念公告，那么，80 年代爆发的储蓄与贷款危机，无疑坚定了 FASB 将公允价值会计付诸实施的决心。危机发生前，储蓄与贷款机构基于历史成本的财务报表，显示出良好的资产质量和稳固的资本基础，而危机爆发后，1 300 多家储蓄与贷款机构濒临破产境地，资本充足率跌破监管底线，不得不接受贷款保险机构的救助。美国国会因此介入调查，严厉问责。监管部门和机构投资者向国会反映的情况显示，基于历史成本的财务报表，具有明显的时滞性，储蓄与贷款机构的不良信贷资产和劣质金融产品，其风险和潜亏在处置或出售前都不会体现在财务报表上，导致监管部门不能及时采取措施去防范和化解金融风险，投资者也不能及时辨识储蓄与贷款机构的金融风险。为此，美国国会要求 SEC 责成 FASB 从准则层面进行反思和纠错，尽快解决历史成本既不能反映金融机构真实情况也不能向监管部门提供及时预警信息的核心问题。在国会和 SEC 的双重压力下，FASB 痛下决心，加快制定按公允价值对债务类和权益类证券投资进行计量的准则。可以说，储蓄与贷款危机加深了监管部门和会计界对历史成本存在不足的反思和对公允价值比较优势的认识，从根本上撼动了历史成本统驭会计计量的根基,为公允价值会计在金融资产的运用奠定了强大的舆论基础。

4) 概念框架革新理念:公允价值会计清除障碍

获得SEC背书的FASB,比其前任APB和CAP在准则制定方面具有更高的自由度和裁量权。FASB充分利用天时地利,投入大量资源用于制定一套结构严谨、逻辑一致的财务报告概念框架,用于指导会计准则的制定和会计人员的专业判断。1978年,FASB颁布了第1号财务会计概念公告(SFAC 1),确立了决策有用观,指出财务报告的第一个目标在于向现有和潜在投资者、债权人以及其他使用者提供有助于他们做出投资、信贷和其他决策的信息。决策有用观更加重视财务信息的相关性,只要能够提供与使用者决策相关的信息,计量属性的选择可以不拘一格。在很多领域(如金融资产和金融负债)里,按公允价值计量的信息对于使用者的决策,显然比历史成本更具相关性。概念框架所倡导的决策有用观,从理论上打破了会计界唯历史成本是瞻的思想禁锢,为FASB在制定准则时更多地推广运用公允价值计量提供了正当性。

FASB颁布的SFAC1将财务报告的第二个目标确定为:提供有助于投资者、债权人和其他使用者对企业预期净现金流量的金额、时间分布和不确定性进行评估的信息。FASB在概念框架中强调现金流量,与会计界长久以来强调净收益的传统形成鲜明的对比,从另一个侧面为公允价值会计提供了更加直截了当的理论支持,因为历史成本的计量与现金流量关联度不大,甚至相互脱节,而公允价值计量在多数情况下与现金流量密不可分,不论在理论还是在实务层面上,现金流量的金额、时间分布和不确定性,都是确定公允价值的最重要变量之一。

(资料来源:载于《云顶财说》,https://www.sohu.com)

习 题

一、单项选择题

1. 对会计对象的具体划分称为( )。
   A. 会计科目 B. 会计原则 C. 会计要素 D. 会计方法
2. 下列选项中属于反映企业财务状况的会计要素是( )。
   A. 收入 B. 所有者权益 C. 费用 D. 利润
3. 下列选项中属于反映企业经营成果的会计要素是( )。
   A. 收入 B. 所有者权益 C. 资产 D. 负债
4. 预付账款属于会计要素中( )。
   A. 资产 B. 负债 C. 所有者权益 D. 收入
5. 下列选项中属于流动资产的是( )。
   A. 长期股权投资 B. 固定资产 C. 应收账款 D. 无形资产
6. 下列项目中,符合资产定义的是( )。
   A. 购入的某项专利权 B. 经营租入的设备
   C. 待处理的财产损失 D. 计划购买的某项设备
7. 企业会计的确认、计量和报告应当以( )为基础。
   A. 持续经营 B. 会计基本假设
   C. 权责发生制 D. 收付实现制

8. 下列选项中属于流动负债的是（　　）。
   A. 存货　　　　B. 预付账款　　　C. 应收账款　　　D. 预收账款
9. 所有者权益从数量上来看是（　　）。
   A. 流动资产减去流动负债的余额　　B. 长期资产减去长期负债的余额
   C. 全部资产减去流动负债的余额　　D. 全部资产减去全部负债的余额
10. 企业收入的增加会引起（　　）。
    A. 负债增加
    B. 资产减少
    C. 资产增加
    D. 所有者权益减少
11. 下列选项中属于静态会计等式的是（　　）。
    A. 收入－费用＝利润
    B. 资产＝负债＋所有者权益
    C. 资产＝负债＋所有者权益＋利润
    D. 资产＝负债＋所有者权益＋收入－费用
12. 以银行存款5万元偿还企业前欠货款，这项经济业务所引起的会计要素变动情况属于（　　）。
    A. 一项资产与一项负债同时增加　　B. 一项资产与一项负债同时减少
    C. 一项资产增加，另一项资产减少　　D. 一项负债增加，另一项负债减少
13. 下列会计业务中会使企业月末资产总额发生变化的是（　　）。
    A. 银行提取现金
    B. 购买原材料，货款未付
    C. 购买原材料货款已经支付
    D. 现金存入银行
14. （　　）就是取得或制造某项财产物资时所实际支付的现金或现金等价物。
    A. 历史成本　　B. 公允价值　　C. 可变现净值　　D. 重置成本

二、多项选择题
1. 下列选项中，属于资产要素的是（　　）。
   A. 原材料　　B. 预付账款　　C. 预收账款　　D. 无形资产
2. 企业的资产按照流动性可以分为（　　）。
   A. 流动资产　　B. 非流动资产　　C. 固定资产　　D. 无形资产
3. 下列说法正确的有（　　）。
   A. 负债是企业承担的现时义务
   B. 负债的清偿预期会导致经济利益流出企业
   C. 按其流动性不同分为流动负债和非流动负债
   D. 未来流出的经济利益的金额能够可靠地计量
4. 下列选项中，属于所有者权益组成部分的是（　　）。
   A. 实收资本　　B. 资本公积　　C. 盈余公积　　D. 应付股利
5. 企业的日常经营收入包括（　　）。
   A. 销售商品的收入
   B. 提供劳务的收入
   C. 他人使用本企业资产取得的收入
   D. 出售固定资产的收入
6. 企业的收入具体表现为一定期间（　　）。
   A. 现金的流入
   B. 银行存款的流入
   C. 企业资产的增加
   D. 企业负债的增加

7. 企业的费用具体表现为一定期间（　　）。
   A. 现金的流出　　　　　　　　　　B. 银行存款的流出
   C. 企业负债的减少　　　　　　　　D. 企业负债的增加
8. 以下属于期间费用的是（　　）。
   A. 管理费用　　B. 销售费用　　C. 财务费用　　D. 制造费用
9. 下列等式中属于正确的会计等式的有（　　）。
   A. 收入－费用＝利润
   B. 资产＝负债＋所有者权益
   C. 资产＝负债＋所有者权益＋利润
   D. 资产＝负债＋所有者权益＋收入－费用
10. 下列选项中能引起会计等式左右两边会计要素变动的经济业务有（　　）。
    A. 收到某单位前欠货款2万元存入银行
    B. 以银行存款偿还银行借款
    C. 收到某单位投入机器一台，价值80万元
    D. 购买材料8 000元，以银行存款支付
11. 下列选项中属于只会引起会计等式左边会计要素变动的经济业务有（　　）。
    A. 购买材料8 000元，货款暂欠
    B. 从银行提取现金5 000元
    C. 购买设备一台10万元，以银行存款支付
    D. 接受国家投资200万元
12. 会计要素计量属性主要有（　　）。
    A. 历史成本　　B. 公允价值　　C. 可变现净值　　D. 重置成本

三、判断题

1. 会计六要素中既有反映财务状况的要素，也有反映经营成果的要素。（　　）
2. 会计要素是对会计对象内容（资金运动）的基本分类，是会计对象的具体化。（　　）
3. 会计对象是会计所反映和监督的内容，是社会再生产过程企业的资金运动。（　　）
4. 资产是指由过去的交易或者事项形成的、由企业拥有或控制的、预期会给企业带来经济利益的资源。（　　）
5. 融资租赁的固定资产，因为所有权不属于企业，所以不应该计入企业的资产。（　　）
6. 非流动负债的偿还期均在1年以上，流动负债的偿还期均在1年以内。（　　）
7. 所有者权益是指企业投资人对企业资产的所有权。（　　）
8. 与所有者权益相比，负债一般有规定的偿还期，而所有者权益没有。（　　）
9. 收入的特点之一是企业在日常活动中形成的经济利益的总流入，所以企业处置固定资产、无形资产产生的经济利益流入不构成收入。（　　）
10. 期间费用是资产的耗费，它与一定的会计期间相联系，而与生产哪一种产品无关。（　　）
11. 制造费用、税金及附加、销售费用、管理费用、财务费用均属于期间费用。（　　）
12. 净利润是指营业利润减去所得税后的金额。（　　）

13. 不管是什么企业发生任何业务,会计等式的左右两方金额永不变,故永相等。（　　）
14. 发生资金退出企业的经济业务,会使资产和权益同时减少。（　　）
15. 企业在对会计要素进行计量时,一般应采用历史成本。（　　）
16. 采用重置成本、可变现净值、现值、公允价值计量的,应当保证所确定的会计要素金额能够取得并可靠的计量。（　　）

四、实务题

（一）目的：练习经济业务对会计要素的影响。

（二）资料：清泉公司3月1日的资产负债表显示资产总计400 000元,负债总计200 000元,该公司3月份发生如下经济业务：

1. 用银行存款购入设备一台,价值30 000元；
2. 收到投资人投入原材料价值100 000元；
3. 以银行存款偿还所欠供应单位账款50 000元；
4. 收到供货单位欠款80 000元存入银行；
5. 从银行提取现金8 000元；
6. 取得短期借款90 000元存入银行。

（三）要求：根据3月份发生的经济业务,说明经济业务对会计要素的影响。并计算3月末清泉公司的资产总额、负债总额和所有者权益总额。

4 会计科目与账户

【思维导图】

会计科目与账户,思维导图如图4.1所示。

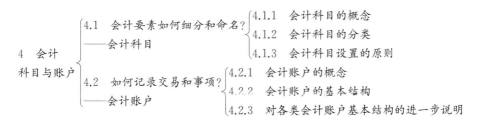

图 4.1 思维导图

【学习目的】

通过本章的学习,要求掌握会计科目的概念、设置原则及其分类;掌握会计账户的概念和各类账户的基本结构;理解会计科目和账户之间的联系和区别。

【引导案例】

3月20日,清泉公司用银行存款30 000元购买了一台机器设备。这项经济业务的发生,涉及资产这个会计要素,若只使用资产这一个会计要素描述,就是资产减少了30 000元,资产增加了30 000元。很显然,这样的描述无法对该项经济业务做出正确的反映和监督。为了全面、系统、详细地反映和监督各项经济业务的发生情况,就需要对会计要素的具体内容和增减变动情况进行反映。在该案例中,分别用"银行存款""固定资产"科目来反映和监督资产。同时,要用"银行存款"账户来反映资金的减少,用"固定资产"账户来反映设备的增加。因此,会计科目就是对会计要素具体内容进行分类核算的项目,而账户还具有一定的结构,能反映会计要素的增减变动情况。

4.1 会计要素如何细分和命名?——会计科目

4.1.1 会计科目的概念

会计科目简称科目,是对会计对象的具体内容进行分类核算的项目。会计要素是对会计对象的基本分类,而第3章所述六项会计要素仍显得过于粗略,难以满足各有关方面对会计信息的需要。为了全面、系统、详细地反映和监督各项经济业务的发生情况,以及由此而引起的各项会计要素具体内容的增减变动情况,就有必要按照各项会计对象分别设置会计科目。例如,为了反映和监督各项资产的增减变动,设置了"库存现金""银行存款""原材料""固定资产""无形资产"等科目;为了反映和监督各项负债和所有者权益的增减变动,设置了"短期借款""长期借款""应付账款"和"实收资本""资本公积""盈余公积""本年利润"等科目。设置会计科目就是对会计对象的具体内容加以科学归类、进行分类反映和监督的一种方法。

企业设置会计科目,是设置账户、进行账务处理的依据,是正确组织会计核算的一个重要条件。它可以将会计主体发生的繁杂的经济业务按其对会计要素增减变动的影响,分门别类地进行核算,提供经济管理所必需的一系列完整的会计信息资料,便于投资人、债权人以及其他会计信息使用者掌握和分析企业的财务情况、经营成果和现金流量。

4.1.2 会计科目的分类

会计科目按照不同的标准,可作不同的分类,而每一个会计科目都明确地反映特定的经济内容。下面以工业企业为例来说明会计科目的分类。

1) 按会计科目所反映的经济内容不同

按会计科目所反映的经济内容不同,可以分为资产类、负债类、所有者权益类、成本类、损益类等五大类。

(1) 资产类科目　是对资产要素的具体内容进行分类核算的项目,按资产的流动性分为反映流动资产的科目和反映非流动资产的科目。典型的资产科目包括"库存现金""银行存款""交易性金融资产""应收账款""其他应收款""原材料""库存商品""长期股权投资""固定资产""无形资产"等。

(2) 负债类科目　是对负债要素的具体内容进行分类核算的项目,按负债的偿还期限分为反映流动负债的科目和反映非流动负债的科目。典型的负债科目包括"短期借款""应付账款""应付职工薪酬""应交税费""应付股利""长期借款""应付债券"等。

(3) 所有者权益类科目　是对所有者权益要素的具体内容进行分类核算的项目,按所有者权益的形成和性质可分为反映资本的科目和反映留存收益的科目。典型的所有者权益科目包括"实收资本""股本""资本公积""盈余公积""利润分配"等。

(4) 成本类科目　是对可归属于产品生产成本、劳务成本等的具体内容进行分类核算的项目,按成本的内容和性质的不同可分为反映制造成本的科目、反映劳务成本的科目等。典型的成本类科目包括"生产成本""制造费用"等。

(5) 损益类科目　是对收入、费用等的具体内容进行分类核算的项目。典型的损益类科目包括"主营业务收入""其他业务收入""投资收益""公允价值变动损益""营业外收入"等收入类科目,也包括"管理费用""财务费用""销售费用""所得税费用"等费用类科目。

2) 按照会计科目所反映会计信息的详细程度不同分类

按照会计科目所反映会计信息的详细程度不同,可以分为一级会计科目、二级会计科目和三级会计科目。

(1) 一级会计科目　也称总分类会计科目,是对会计要素进行总括分类的科目,是设置总分类账户的依据,如"固定资产""原材料"等科目。

(2) 二级会计科目　也称子目,是对有关一级会计科目的进一步分类,如在"原材料"一级会计科目下,可根据需要设置"钢材""铝材"等二级科目。

(3) 三级会计科目　也称细目,是对有关二级会计科目的进一步分类,如在"钢材"二级会计科目下,可根据需要按照钢材的具体型号、规格再设置三级会计科目。二级会计科目和三级会计科目统称为明细分类科目,是设置明细分类账户的依据。

4.1.3 会计科目设置的原则

各单位由于经济业务活动的具体内容、规模大小与业务繁简程度等情况不尽相同,在具体设置会计科目时,应考虑其自身特点和具体情况,但设置会计科目时都应遵循以下原则:

1) 合法性原则

合法性原则是指设置的会计科目应当符合国家统一的会计制度规定,以保证会计信息的规范、统一和相互可比。

企业应当参照会计制度中统一规定的会计科目,根据自身的实际情况设置会计科目,但其设置的会计科目不得违反现行会计制度的规定。

对于国家统一会计制度规定的会计科目,企业可以根据自身的生产经营特点,在不影响会计核算质量和对外提供统一的会计报告的前提下,自行增设、减少或合并某些会计科目。

2) 相关性原则

相关性原则指所设置的会计科目应为提供有关各方所需的会计信息服务,满足对外报告与对内管理的要求。根据企业会计准则的规定,企业财务报告提供的信息必须满足对内对外各方面的需要,而设置会计科目必须服务于会计信息的提供,必须与财务报告的编制相协调,相关联。

3) 实用性原则

实用性原则指所设置会计科目应符合单位自身特点,满足单位实际需要。企业的组织形式、所处行业、经营内容及业务种类等不同,在会计科目的设置上亦应有所区别。在合法性的基础上,企业应根据自身特点,设置符合企业需要的会计科目。

我国会计科目名称及核算内容是由财政部统一规定的,为了便于掌握和运用会计科目,一般在其分类和编号的基础上编制会计科目表,常用的工业企业会计科目表如表 4.1.1 所示。

表 4.1.1　企业会计科目表

顺序号	编号	科目名称	顺序号	编号	科目名称
一、资产类			9	1241	坏账准备
1	1001	库存现金	10	1401	材料采购
2	1002	银行存款	11	1402	在途物资
3	1015	其他货币资金	12	1403	原材料
4	1101	交易性金融资产	13	1404	材料成本差异
5	1121	应收票据	14	1406	库存商品
6	1122	应收账款	15	1407	发出商品
7	1123	预付账款	16	1461	存货跌价准备
8	1231	其他应收款	17	1601	固定资产

续　表

顺序号	编号	科目名称	顺序号	编号	科目名称
18	1602	累计折旧	36	4002	资本公积
19	1603	固定资产减值准备	37	4101	盈余公积
20	1604	在建工程	38	4103	本年利润
21	1606	固定资产清理	39	4104	利润分配
22	1701	无形资产			四、成本类
23	1901	待处理财产损溢	40	5001	生产成本
		二、负债类	41	5101	制造费用
24	2001	短期借款			五、损益类
25	2201	应付票据	42	6001	主营业务收入
26	2202	应付账款	43	6051	其他业务收入
27	2205	预收账款	44	6111	投资收益
28	2211	应付职工薪酬	45	6301	营业外收入
29	2221	应交税费	46	6401	主营业务成本
30	2231	应付股利	47	6402	其他业务成本
31	2232	应付利息	48	6405	税金及附加
32	2241	其他应付款	49	6601	销售费用
33	2601	长期借款	50	6602	管理费用
34	2801	长期应付款	51	6603	财务费用
		三、所有者权益类	52	6711	营业外支出
35	4001	实收资本（或股本）	53	6801	所得税费用

4.2　如何记录交易和事项？——会计账户

4.2.1　会计账户的概念

会计账户是根据会计科目开设的，具有一定的结构，用来系统、连续地记载各项经济业务的一种工具。

账户与会计科目是既有联系又有区别的两个概念。其联系是：会计科目是设置账户的依据，会计科目的名称就是账户的名称，会计科目反映的经济内容决定了按会计科目设置的账户所要核算和监督的经济内容。其区别是：会计科目仅仅是指账户的名称，而账户除了有名称（会计科目）外，它还具有一定的结构，具体表现为若干账页，是用来记录经济业务的载体；会计科目是会计核算前事先确定的对经济业务分类核算的项目，账户是经济业务发生之后，进行分类连续登记的一种手段。

设置账户是会计核算的一种专门方法。账户提供的资料是编制会计报表的重要依据。账户的开设应与会计科目的设置相适应,会计科目分为总账科目、二级明细科目和三级明细科目,账户也应相应地分为总分类账(一级账户)和明细分类账(二、三级账户)。

4.2.2 会计账户的基本结构

任何经济业务的发生,都会引起相关的会计要素发生增减变动。为了反映会计要素增减变动的过程及其结果,就需要在有关账户上进行记录。账户的结构是指账户应由哪几部分组成,如何在账户上记录会计要素数额的增加、减少和结余情况。

不同的记账方法,具有不同的账户结构;同一记账方法下不同性质的账户,其账户结构也不尽相同。无论采用何种记账方法、账户属于何种性质,其基本结构都是由左右两方组成的,一方记录增加额,一方记录减少额。

在实际工作中,账户的结构即格式设计一般包括以下内容:
(1) 账户的名称 即会计科目。
(2) 日期和摘要 即经济业务发生时间和内容。
(3) 凭证号数 即账户的来源和依据。
(4) 金额 增加、减少的金额及余额。

账户结构如表 4.2.1 所示。

表 4.2.1 账户名称(会计科目)

2021年		凭证号数	摘要	左方	右方	余额
月	日					

表中账户左右两方记录的主要内容是增加额和减少额,增减相抵后的差额,即为账户余额。余额按其表示的时间不同,分为期初余额和期末余额。因此在账户中所记录的金额有期初余额、本期增加发生额、本期减少发生额和期末余额。上述四项金额的关系可以用公式表示如下:

$$期末余额 = 期初余额 + 本期增加发生额 - 本期减少发生额$$

在借贷记账法下,账户的左方称为"借"方,右方称为"贷"方。借贷是记账符号,分别反映资产、负债、所有者权益的增减变化。为了便于教学,通常用简化了的"T"形账户来表示,如表 4.2.2 所示。

表 4.2.2 账户的基本结构
账户名称(会计科目)

借方	贷方

4.2.3 对各类会计账户基本结构的进一步说明

1) 资产类账户的基本结构

资产类账户是按照资产类会计科目设置的,它核算企业各类资产的增减变化及其结存情况,包括"库存现金""原材料""固定资产"等账户。该类账户的借方登记有关资产的增加额,贷方登记有关资产的减少额,期初、期末余额一般在借方,反映企业期初、期末有关资产的结存数。其结构如表4.2.3所示。

表 4.2.3　资产类账户基本结构

××账户

借方		贷方	
期初余额	×××		
本期发生额(增加额)	×××	本期发生额(减少额)	×××
本期发生额合计	×××	本期发生额合计	×××
期末余额	×××		

2) 负债类账户的基本结构

负债类账户是按照负债类会计科目设置的,它核算企业各类负债的增减变化及其结存情况,包括"短期借款""应付账款""应交税费""长期借款"等账户。该类账户的借方登记有关负债的减少额,贷方登记有关负债的增加额,期初、期末余额一般在贷方,反映企业期初、期末有关负债的结存数。其结构如表4.2.4所示。

表 4.2.4　负债类账户基本结构

××账户

借方		贷方	
		期初余额	×××
本期发生额(减少额)	×××	本期发生额(增加额)	×××
本期发生额合计	×××	本期发生额合计	×××
		期末余额	×××

3) 所有者权益类账户的基本结构

所有者权益类账户是按照所有者权益类会计科目设置的,它核算企业有关所有者权益类项目的增减变化及其结存情况,包括"实收资本""资本公积""盈余公积""本年利润"和"利润分配"等账户。该类账户的借方登记有关所有者权益项目的减少额,贷方登记有关所有者权益项目的增加额,期初、期末余额一般在贷方,反映企业期初、期末有关所有者权益项目的结存数。其结构如表4.2.5所示。

表 4.2.5　所有者权益类账户基本结构

××账户

借方		贷方	
		期初余额	×××
本期发生额(减少额)	×××	本期发生额(增加额)	×××
本期发生额合计	×××	本期发生额合计	×××
		期末余额	×××

4）成本类账户的基本结构

成本类账户是按照成本类会计科目设置的,它核算企业在产品生产过程中发生的成本费用的归集和分配情况,主要包括"生产成本"和"制造费用"两个账户。"制造费用"账户核算企业各车间本期在产品生产过程中发生的、应由该车间生产的几种产品共同负担的间接生产成本,如车间管理人员的工资及福利费、车间的厂房折旧费、机物料消耗、办公费等。平时有关制造费用发生时,应记入"制造费用"账户的借方;期末一般将该账户借方归集的全部制造费用在该车间生产的各种产品之间进行分配,从贷方结转入"生产成本"账户。因此,"制造费用"账户一般没有期初、期末余额。

"生产成本"账户核算企业各种产品在生产过程中发生的直接费用(如材料费、人工费等)和期末分配转入的间接费用(即制造费用)。平时发生直接生产费用和期末转入制造费用时,记入该账户的借方;期末如有在产品,应将该账户借方归集的全部生产成本,在完工产品和期末结存的在产品之间进行分配;期末借方余额表示结存的在产品的价值。其结构如表4.2.6所示。

表 4.2.6 成本类账户基本结构

××账户

借方		贷方	
期初余额	×××		
本期发生额(增加额)	×××	本期发生额(结转额)	×××
本期发生额合计	×××	本期发生额合计	×××
期末余额	×××		

5）损益类账户的基本结构

损益类账户是根据损益类会计科目设置的,它核算企业在本期实现的各项收入和发生的各项应记入当期损益的各项费用支出。因此,损益类账户又分为收入类账户和费用支出类账户。

（1）收入类账户的基本结构　收入类账户主要包括"主营业务收入""其他业务收入""投资收益""营业外收入"等账户,其贷方登记企业在本期实现的各项收入;期末将贷方汇集的收入总额从借方转入"本年利润"账户的贷方;结转之后,该类账户没有期末余额。其结构如表4.2.7所示。

表 4.2.7 收入类账户基本结构

××账户

借方		贷方	
本期发生额(结转额)	×××	本期发生额(增加额)	×××
本期发生额合计	×××	本期发生额合计	×××

（2）费用支出类账户的基本结构　费用支出类账户主要包括"主营业务成本""销售费用""税金及附加""管理费用""财务费用""营业外支出"等账户,其借方登记企业在本期发生的各项期间费用、支出和损失;期末将借方汇集的费用支出总额从贷方结转入"本年利润"账户的借方;结转之后,该类账户没有期末余额。其结构如表4.2.8所示。

表 4.2.8　费用支出类账户基本结构

××账户

借方		贷方	
本期发生额(增加额)	×××	本期发生额(结转额)	×××
本期发生额合计	×××	本期发生额合计	×××

【拓展阅读】

分析会计科目,规避财务造假

有些财务造假是将费用披上资产"外衣"。造假是需要成本的,所以其目的性都很强。通过对上市公司财务报表的分析,可揭露财务造假。下面就从一些主要的会计科目来看一看财务造假的具体体现,而这些也都是会计人员需要注意的。

1) 应收账款

工业企业会有大量"应收账款",当看到资产负债表上出现大量"应收账款",而现金流量表却没有相应现金净流入时,就应警觉是否存在虚构应收账款现象。

2) 主营业务收入

虚增收入是最严重的财务造假行为之一,如上市公司利用子公司按市场价销售给第三方,再由另一公司从第三方手中购回,将收入提前确认。例如,广东温迪数字传播股份有限公司在 2016 年上半年虚构营业收入,虚增应收账款 3 583.33 万元,占当期披露总资产 14 863.64 万元的 24.11%,虚增营业收入 1 635.22 万元,因财务造假,该公司遭到证监会警告并被罚款 60 万元。

3) 坏账准备

坏账准备金就是假设应收账款中有一定比例的资金无法收回,要特别注意财务报表是否公布应收账款的账龄,以及是否按照账龄确定坏账准备金和及时勾销无法偿还的应收账款。应收账款数额巨大的企业,上市公司的坏账准备金比例应该根据账龄而变化,对于已经肯定无法偿还的账款(比如对方破产),应该尽快予以勾销。

4) 在建工程和固定资产

很多上市公司都需要建设厂房以及购买固定资产,而这些东西的价格难以定价,因此这些非流动性资产科目更隐蔽,也就更容易成为被造假的对象,造成利润和现金流的严重脱节。

5) 应收票据和预付账款

应收票据本身不计提坏账准备,当应收票据的可收回性不确定时,应当转入应收账款后再计提坏账准备。一般情况下,预付账款不应当计提坏账准备,如果有证据表明预付账款已经无望再收到所购货物时,应将原计入预付账款的金额转入其他应收款,并计提坏账准备。

要知道,做假账和编制虚假会计报表的行为是严重违反国家法律法规和准则制度的。虽然中国资本市场的制度还不够完善,但是企业财务会计人员在会计核算过程中,还是"人"的问题更加严重,因此,作为会计,应遵守职业道德,不进行违规操作,不参与财务造假。

(资料来源:载于东奥会计在线,https://www.dongao.com)

习 题

一、单项选择题

1. 下列（　　）科目属于资产类会计科目。
   A. 应收账款　　B. 预收账款　　C. 应付账款　　D. 实收资本
2. 某账户本期期末余额是指（　　）。
   A. 本期增加发生额减本期减少发生额
   B. 本期期初余额减本期减少发生额
   C. 本期期初余额加本期增加发生额
   D. 本期期初余额加本期增加发生额减本期减少发生额
3. 假如某账户本期期初余额为 2 800 元，本期期末余额为 2 850 元，本期减少发生额为 400 元，则该账户本期增加发生额为（　　）元。
   A. 450　　B. 5 250　　C. 350　　D. 6 050
4. 总分类科目与明细分类科目之间有着（　　）的关系。
   A. 金额相等　　B. 名称一致　　C. 统驭和从属　　D. 互相依存
5. 会计科目与账户的联系表现在（　　）。
   A. 两者结构一致
   B. 两者体现的经济内容一致
   C. 两者登记依据一致
   D. 两者均能记录、加工、整理、汇总会计信息
6. 下列各项中，（　　）不属于费用类科目。
   A. 生产成本　　　　　　B. 主营业务成本
   C. 其他业务成本　　　　D. 管理费用
7. 根据会计科目所属会计要素分类，下列各项中，至少有两个科目归属于资产要素的是（　　）。
   A. 应交税费，资本公积，劳务成本，投资收益
   B. 预付账款，预收账款，应收股利，生产成本
   C. 本年利润，应付职工薪酬，制造费用，营业外收入
   D. 盈余公积，其他应付款，待处理财产损溢，主营业务成本
8. 某企业设置了"原材料—燃料—焦炭"会计科目，在此科目中，"燃料"属于（　　）。
   A. 总分类科目　　　　　B. 一级明细科目
   C. 二级明细科目　　　　D. 三级明细科目
9. 企业发生利息费用的核算科目是（　　）。
   A. 财务费用　　B. 销售费用　　C. 管理费用　　D. 制造费用
10. 下列会计科目的表述中，不正确的是（　　）。
    A. 会计科目可反映会计要素的构成及其变化情况
    B. 会计科目是对会计要素具体内容的进一步分类
    C. 所有会计科目均必须按国家统一会计制度的规定设置
    D. 会计科目按所提供信息的详细程度及统驭关系，可以分为总分类科目和明细分类科目

二、多项选择题

1. （　　）属于国家统一规定的会计科目。
   A. 应收款　　　　　　　　　　B. 应付款
   C. 银行存款　　　　　　　　　D. 库存现金
   E. 无形资产

2. 在会计工作中，账户的格式设计一般包括以下内容（　　）。
   A. 账户的名称　　　　　　　　B. 日期
   C. 凭证号数　　　　　　　　　D. 摘要
   E. 增加和减少的金额和余额

3. 在下列账户中与资产账户结构相反的是（　　）账户。
   A. 负债　　　B. 费用　　　C. 收入　　　D. 成本
   E. 所有者权益

4. 按借贷记账法的要求，下列会计事项登记在贷方的是（　　）。
   A. 资产增加　　　　　　　　　B. 负债增加
   C. 所有者权益减少　　　　　　D. 费用增加
   E. 收入增加

5. 在下列账户中，属于所有者权益类的账户有（　　）。
   A. 应收账款　　　　　　　　　B. 实收资本
   C. 资本公积　　　　　　　　　D. 利润分配
   E. 生产成本

6. 在下列账户中，属于损益类的账户有（　　）。
   A. 制造费用　　　　　　　　　B. 管理费用
   C. 营业外收入　　　　　　　　D. 生产成本
   E. 所得税费用

7. 下列各项中，（　　）应当确认为负债。
   A. 向银行借入的款项　　　　　B. 因购买材料应付未付的款项
   C. 因销售商品而预收的定金　　D. 因销售商品而应收的款项

8. 下列关于会计科目设置应遵循的相关性原则的表述中，正确的有（　　）。
   A. 所设置的会计科目应当为提供有关各方所需要的会计信息服务
   B. 所设置的会计科目应当满足对外报告与对内管理的要求
   C. 所设置的会计科目应当符合单位自身特点，满足单位实际需要
   D. 所设置的会计科目应当利于提高会计核算所提供的会计信息相关性

9. 期末一般无余额的账户有（　　）。
   A. 投资收益　　　　　　　　　B. 其他业务收入
   C. 管理费用　　　　　　　　　D. 税金及附加

10. 下列关于明细科目的表述中，正确的有（　　）。
    A. 明细分类科目提供详细、具体的会计信息
    B. 明细分类科目反映各种经济业务的详细情况
    C. 二级科目是对一级明细科目进一步分类的科目
    D. 明细分类科目又称明细科目，是对总分类科目做进一步分类的科目

三、判断题

1. 所有的账户都是根据会计科目开设的。（　）
2. 账户的左边均记录增加额,右边均记录减少额。（　）
3. 会计科目与账户是同义词,两者没有什么区别。（　）
4. 在借贷记账法下,费用支出类账户期末一般无余额。（　）
5. 会计科目按其所反映的经济内容,可分为总分类科目和明细分类科目。（　）
6. "制造费用"账户属于成本类账户,平时有关制造费用发生时,记入该账户的借方。（　）
7. 费用和成本是同一个概念。（　）
8. 会计科目是对会计对象具体内容进行分类的项目,在会计科目中可以登记发生的经济业务。（　）
9. "应交税费——应交增值税(进项税额)"中的"应交税费"属于总分类科目,"应交增值税"属于二级明细科目。（　）
10. 实际工作中,具体会计科目设置,一般是从会计要素出发,将会计科目分为资产、负债、所有者权益、收入、费用、利润六大类。（　）

四、实务题

练习一

(一) 目的:练习常用会计科目的分类。

(二) 资料:① 银行存款　② 实收资本　③ 材料采购　④ 原材料　⑤ 制造费用　⑥ 应付账款　⑦ 应收账款　⑧ 生产成本　⑨ 库存商品　⑩ 主营业务收入　⑪ 主营业务成本　⑫ 库存现金　⑬ 短期借款　⑭ 累计折旧　⑮ 固定资产　⑯ 财务费用　⑰ 利润分配　⑱ 盈余公积　⑲ 销售费用　⑳ 管理费用

(三) 要求:上列会计科目属于哪一类就将其序号填入适当栏内。

资产类	
负债类	
所有者权益类	
成本类	
损益类	

练习二

(一) 目的:练习各账户的期初余额、期末余额与本期发生额的关系。

(二) 资料:见下表。

单位:元

账户名称	期初余额	本期增加发生额	本期减少发生额	期末余额
银行存款		36 000	24 000	45 000
固定资产	34 000	12 000		36 500
应付账款	4 580	2 400	2 600	
实收资本		12 500	3 000	48 500

(三)要求:根据上述资料,计算每个账户的未知数据。

练习三

(一)目的:掌握会计科目的内容和类别。

(二)资料:

1. 由出纳员保管的现金 500 元。

2. 存放在银行里的款项 144 500 元。

3. 向银行借入 3 个月期限的短期借款 600 000 元。

4. 仓库中存放的材料 380 000 元。

5. 仓库中存放的已完工产品 60 000 元。

6. 向银行借入 1 年以上期限的借款 1 450 000 元。

7. 房屋及建筑物 2 400 000 元。

8. 所有者投入的资本 200 000 元。

9. 机器设备 75 000 元。

10. 应收外单位的货款 140 000 元。

11. 应付给外单位的材料款 120 000 元。

12. 以前年度积累的未分配利润 280 000 元。

(三)要求:判断上列各项所涉及的科目名称及所属类别,填入下表。

序号	会计科目	资产	负债	所有者权益
1	库存现金	500		
2				
3				
4				
5				
6				
7				
8				
9				
10				
11				
12				
	总计			

练习四

(一)目的:掌握会计科目的级次。

(二)资料:

1. 某工厂购入生产用钢材一批,其中:A型钢100吨,单价2 500元;B型钢50吨,单价4 500元。

2. 某工厂生产一批产品已完工,经验收入库,其中:甲产品100件,单位成本500元;乙产品80件,单位成本1 500元。

3. 某工厂在采购过程中因资金紧张,货款未付,共欠M公司货款25 000元,N公司货款15 000元。

(三)要求:列明上述资料所涉及的会计科目名称及级次。

5 借贷记账法的平衡之美：有借必有贷，借贷必相等

【思维导图】

借贷记账法的平衡之美：有借必有贷，借贷必相等，思维导图如图5.1所示。

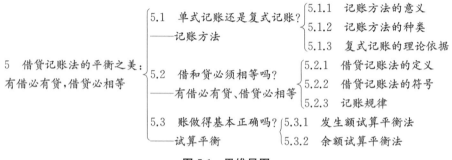

图 5.1　思维导图

【学习目的】

通过本章的学习，理解复式记账法的基本原理；掌握借贷记账法的含义、内容；掌握借贷记账法的规则并能加以运用；掌握借贷记账法的试算平衡。

【引导案例】

每个人或多或少有记流水账的经历，比如花20元买了一本书、100元买了一件T恤、99元吃了一顿自助餐……通常只记载现金或者银行存款的减少，而不会记载书、T恤以及费用等的增加，这样的记账方法就是单式记账法，即只记录资金的增减而对于实物资产的增减则不予记录。资本主义萌芽之前，商人业务不多，单式记账就能够满足需求。随着经济的发展、业务的复杂、规模的扩大，单式记账无法完整、准确地记录交易活动，于是逐渐退出历史舞台，复式记账法成为主流。复式记账法是指对每一项经济业务的发生，都以相等的金额在两个或两个以上的账户中进行登记的一种方法。这种方法能够反映来龙去脉，也便于对账户记录的正确性进行检查。借贷记账法是目前国际通用的复式记账法。

5.1　单式记账还是复式记账？——记账方法

5.1.1　记账方法的意义

记账方法是指对实际发生的经济业务在有关账户中进行记录时所采用的方法。记账

方法一般都是由记账符号、所记账户、记账规则、过账、结账和试算平衡等内容构成。记账方法随着会计的产生和发展，从简单到复杂，从不完善到逐渐完善。从一个国家记账方法的多样化到逐步走向国际趋同化，是适应世界经济发展的必然趋势。不同的记账方法在科学性、严密性和表现的技巧上存在很大的差别，对会计信息的生成和利用有着重要影响。

5.1.2 记账方法的种类

记账方法按照记录方式的不同，可分为单式记账法和复式记账法两大类。

1）单式记账法

单式记账法是最早出现的一种记账方法，它是指对发生的经济业务只在一个账户中进行登记或不予登记的一种记账方法。单式记账法的主要特征是：

（1）账户设置不完整，账户记录没有相互联系，一般只登记现金、银行存款的收付业务和人欠、欠人的往来账项。

（2）在所有账户之间没有数字上的平衡关系，不便于检查账户记录的正确性。

单式记账法的优点是记账过程和方式简单，但存在严重的不完整性，这是与经济不发达相联系的。因此，随着社会经济的发展，经济活动越来越复杂，单式记账法已明显不能适应社会经济发展的需要。

2）复式记账法

复式记账法是从单式记账法发展起来的，它是指对发生的每一项经济业务，都要以相等的金额，同时在相互联系的两个或两个以上的账户中进行登记的一种记账方法。复式记账法的主要特征是：

（1）对每一项经济业务都必须至少在两个账户上相互联系地进行分类记录，并形成科学的记账规则。

（2）对发生的交易或事项必须在相关账户中以相等的金额平衡记录，根据会计等式的平衡关系，可以对一定时期内发生的全部经济业务的会计记录的结果进行试算平衡，以检查账簿记录、计算是否基本正确。

5.1.3 复式记账的理论依据

对发生的交易或事项进行复式记账是有科学的理论依据的，该理论依据就是交易或事项影响会计要素增减变动的内在规律性。一笔交易或事项发生以后，至少要影响会计要素或同一会计要素中的两个项目发生变化，这种变化的规律是：或者同时涉及会计等式双方的要素，双方的要素同时增加或同时减少，并且同增或同减的金额相等；或者只涉及会计等式某一方面会计要素，使该方的会计要素或某一会计要素内部的两个项目发生有增有减的变动，并且增减金额相等。无论是哪种情况都表明交易或事项的发生，至少会使会计要素的两个方面发生变化，这样要在会计上全面、完整地反映一项交易或事项，至少需要运用两个账户进行记录，这种记账方法就是复式记账。

复式记账法是一种科学的记账方法，我国企业、行政事业单位都是采用复式记账法。

复式记账法又可分为借贷记账法、增减记账法和收付记账法三种。

（1）借贷记账法是我国学习借鉴国外的一种国际上通用的记账法。

（2）增减记账法是 20 世纪 60 年代我国商业系统在改革记账方法时提出的一种记

账法。

(3) 收付记账法是在我国传统的单式收付记账法的基础上发展起来的复式记账法。

为了适应改革开放和建设社会主义市场经济的要求,我国自 1993 年 7 月 1 日起,所有企业统一采用了借贷记账法,自 1998 年 1 月起,所有行政事业单位也统一采用了借贷记账法。

5.2 借和贷必须相等吗？——有借必有贷、借贷必相等

5.2.1 借贷记账法的定义

借贷记账法是指以"借""贷"作为记账符号来记录和反映经济业务发生引起会计要素增减变化及其结果的一种复式记账方法。这种方法大约起源于 13 世纪的意大利,当时意大利沿海城市的商品经济,特别是海上贸易已经有很大的发展,在商品交换中为了适应借贷资本和商业资本经营者管理的需要,逐步形成了这种记账方法。

"借"和"贷"两字的含义最初是从借贷资本家的角度来解释的。借贷资本家以经营货币资金为主要业务,对收进来的存款,记在贷主(Creditor)的名下,表示自身的债务的增加;对付出去的放款,则记在借主(Debtor)的名下,表示自身的债权的增加。这样"借""贷"两字分别表示借贷资本家的债权、债务及其增减变化。

随着商品经济的发展,经济活动的内容日趋复杂化,会计记录的经济业务也不再仅限于货币资金的借贷,而逐渐扩展为财产物资、经营损益和经营资本等的增减变化。这样为了求得账簿记录的统一,对非货币资金的借贷运动,也利用"借""贷"两字来说明经济业务的变化情况,这样"借""贷"两字逐渐失去了原来的字面含义,演变为单纯的记账符号。

5.2.2 借贷记账法的符号

借贷记账法是以"借""贷"作为记账符号,"借"(英文缩写为 Dr)表示计入账户的借方;"贷"(英文缩写为 Cr)表示计入账户的贷方。"借"或"贷"是表示增加还是表示减少,只有与不同性质的账户结合在一起,才具有明确的含义。根据以上所列举经济业务的处理,可以总结如表 5.2.1 所示。

表 5.2.1 记账方向与账户结构

借方	贷方
资产的增加	资产的减少
负债的减少	负债的增加
所有者权益的减少	所有者权益的增加
成本费用的增加	成本费用的结转(减少)
收入的结转(减少)	收入的增加
利润的减少	利润的增加

从表 5.2.1 可以看出,"借"和"贷"都具有双重含义,即"借"既表示资产类、成本费用类账户的增加,又表示负债类、所有者权益类、收入类、利润类账户的减少;"贷"既表示负债类、所有者权益类、收入类、利润类账户的增加,又表示资产类、成本费用类账户的减少。

利用会计动态的会计等式可以轻松记住各类账户的结构：

动态的会计等式为：

资产＝负债＋所有者权益＋利润（收入－费用）

或 资产＋费用＝负债＋所有者权益＋收入

会计等式左方的要素（资产、费用），余额在左方（借方），增加时计入左方（借方）。

会计等式右方的要素（负债、所有者权益、收入、利润），余额在右方（贷方），增加时计入右方（贷方）。

5.2.3 记账规律

1) 借贷记账法的记账规律

记账规律是指运用记账方法记录经济业务时应当遵守的规律，是记账方法本质特征的具体表现。记账规律因记账方法不同而不同。借贷记账法的记账规律是由复式记账原理和账户结构所决定的。

现以清泉公司发生的经济业务为例，说明借贷记账法的记账规律。

业务①：从供货单位购入原材料 50 000 元，货款暂欠（增值税略）。

分析：这笔经济业务，属于资产类的"原材料"账户增加 50 000 元，应记入该账户的借方；同时，属于负债类的"应付账款"账户也增加 50 000 元，应记入该账户的贷方。

原材料		应付账款	
借方	贷方	借方	贷方
期初余额　80 000			期初余额　　0
①　　　　50 000			①　　　50 000

业务②：以银行存款归还短期借款 20 000 元。

分析：这笔经济业务，属于负债类的"短期借款"账户减少 20 000 元，应记入该账户的借方；同时，属于资产类的"银行存款"账户减少 20 000 元，应记入该账户的贷方。

银行存款		短期借款	
借方	贷方	借方	贷方
期初余额　150 000	②　　20 000	②　　20 000	期初余额　52 000

业务③：国家投入流动资金 80 000 元，款项存入银行。

分析：这笔经济业务，属于资产类的"银行存款"账户增加 80 000 元，应记入该账户的借方；同时，属于所有者权益类的"实收资本"账户增加 80 000 元，应记入该账户的贷方。

银行存款		实收资本	
借方	贷方	借方	贷方
期初余额　150 000	②　　20 000		期初余额　480 000
③　　　　80 000			③　　　80 000

业务④：某投资者收回投资的一台设备，计价 100 000 元。

分析：这笔经济业务，属于资产类的"固定资产"账户减少 100 000 元，应记入该账户的贷方；同时，属于所有者权益类的"实收资本"账户减少 100 000 元，应记入该账户的借方。

固定资产				实收资本			
借方		贷方		借方		贷方	
期初余额	400 000	④	100 000	④	100 000	期初余额	480 000
						③	80 000

业务⑤：企业从银行取出1 000元现金。

分析：这笔经济业务，属于资产类的"银行存款"账户减少1 000元，应记入该账户的贷方；同时，属于资产类的"库存现金"账户增加1 000元，应记入该账户的借方。

银行存款				库存现金			
借方		贷方		借方		贷方	
期初余额	150 000	②	20 000	期初余额	2 000		
③	80 000	⑤	1 000	⑤	1 000		

业务⑥：开出一张30 000元的商业承兑汇票，偿还欠款。

分析：这笔经济业务，属于负债类的"应付账款"账户减少30 000元，应记入该账户的借方；属于负债类的"应付票据"账户增加30 000元，应记入该账户的贷方。

应付票据				应付账款			
借方		贷方		借方		贷方	
		期初余额	0	⑥	30 000	期初余额	0
		⑥	30 000			①	50 000

业务⑦：经批准，将40 000元盈余公积转增资本。

分析：这笔经济业务，属于所有者权益类的"盈余公积"账户减少40 000元，应记入该账户的借方；同时，属于所有者权益类的"实收资本"账户增加40 000元，应记入该账户的贷方。

盈余公积				实收资本			
借方		贷方		借方		贷方	
⑦	40 000	期初余额	100 000	④	100 000	期初余额	480 000
						③	80 000
						⑦	40 000

业务⑧：按照有关政策和公司章程，将未分配利润20 000元分配给投资者。

分析：这笔经济业务，属于所有者权益类的"利润分配"账户减少20 000元，应记入该账户的借方；同时，属于负债类的"应付利润"账户增加20 000元，应记入该账户的贷方。

利润分配（未分配利润）				应付利润			
借方		贷方		借方		贷方	
⑧	20 000	期初余额	50 000			期初余额	0
						⑧	20 000

业务⑨：根据协议，某债权人将30 000元的商业承兑汇票转作对该公司的投资。

分析：这笔经济业务，属于负债类的"应付票据"账户减少30 000元，应记入该账户的借方；同时，属于所有者权益类的"实收资本"账户增加30 000元，应记入该账户的贷方。

应付票据				实收资本			
借方		贷方		借方		贷方	
⑨	30 000	期初余额	0	④	100 000	期初余额	480 000
		⑥	30 000			③	80 000
						⑦	40 000
						⑨	30 000

从上述举例可以看出，在借贷记账法下，每一项经济业务发生后，都要以相等的金额同时记入相对应的账户，一个记借方，一个记贷方。由此可以归纳出借贷记账法的记账规律：有借必有贷，借贷必相等。

2）会计分录

为了保证账户记录的正确性，对每一项经济业务，在记入有关账户之前，首先应根据经济业务发生时取得或填制的原始凭证编制会计分录。会计分录简称分录，是在记账前对每一项经济业务标明其应借应贷账户及其金额的记录。会计分录是登记账簿的依据，会计分录的正确与否，直接影响到账户记录的正确性，影响到会计信息的质量。

会计分录按照所涉及账户的多少，可分为简单会计分录和复合会计分录。简单会计分录是指只涉及一个账户借方和另一个账户贷方的会计分录，即一借一贷的会计分录；复合会计分录是指由三个或三个以上对应账户所组成的会计分录。为了清晰地反映账户之间的对应关系，便于检查账簿记录的正确性和简化记账手续，可以编制一借多贷或一贷多借的复合会计分录。一般来讲，复合会计分录可以分解为若干简单会计分录。

例如，以银行存款购入一批材料共80 000元，以银行存款支付50 000元，余款暂欠，材料已验收入库（增值税略）。

该项经济业务发生后，库存材料（资产）增加80 000元，银行存款（资产）减少50 000元，同时应付账款（负债）增加30 000元，应编制复合会计分录如下：

借：原材料　　　　　　　　　　　　　　80 000
　　贷：银行存款　　　　　　　　　　　　　　　50 000
　　　　应付账款　　　　　　　　　　　　　　　30 000

以上复合会计分录是由两笔简单会计分录组成的，即：

借：原材料　　　　　　　　　　　　　　50 000
　　贷：银行存款　　　　　　　　　　　　　　　50 000
借：原材料　　　　　　　　　　　　　　30 000
　　贷：应付账款　　　　　　　　　　　　　　　30 000

会计分录习惯上先标借方、后标贷方，每一个账户名称占一行，借方与贷方错位表示，以便醒目、清晰。

根据上述发生的9项经济业务，编制会计分录如下：

① 借：原材料　　　　　　　　　　　　　　50 000
　　贷：应付账款　　　　　　　　　　　　　　　50 000
② 借：短期借款　　　　　　　　　　　　　20 000
　　贷：银行存款　　　　　　　　　　　　　　　20 000

③ 借：银行存款　　　　　　　　　80 000
　　贷：实收资本　　　　　　　　　　　80 000
④ 借：实收资本　　　　　　　　　100 000
　　贷：固定资产　　　　　　　　　　　100 000
⑤ 借：库存现金　　　　　　　　　1 000
　　贷：银行存款　　　　　　　　　　　1 000
⑥ 借：应付账款　　　　　　　　　30 000
　　贷：应付票据　　　　　　　　　　　30 000
⑦ 借：盈余公积　　　　　　　　　40 000
　　贷：实收资本　　　　　　　　　　　40 000
⑧ 借：利润分配　　　　　　　　　20 000
　　贷：应付利润　　　　　　　　　　　20 000
⑨ 借：应付票据　　　　　　　　　30 000
　　贷：实收资本　　　　　　　　　　　30 000

实际工作中，编制会计分录就是编制记账凭证。会计分录中的借方账户与贷方账户存在着对应关系。凡具有对应关系的账户，称为对应账户。通过编制会计分录使登记账簿有了规范的书面依据，同时可以了解账户之间的对应关系，保证每一笔经济业务会计处理的正确性。

5.3　账做得基本正确吗？——试算平衡

试算平衡是指为保证会计账户处理的正确性，依据会计等式及借贷记账法的记账规律，对本期各账户的全部记录进行汇总和测算，以检查账户记录的正确性和完整性的一种方法。它包括发生额试算平衡法和余额试算平衡法两种方法。

5.3.1　发生额试算平衡法

在借贷记账法中，根据"有借必有贷，借贷必相等"的记账规律，每一项经济业务都要以相等的金额，分别记入有关账户的借方和贷方，借贷双方的发生额必然相等。推而广之，一定会计期间内的全部经济业务记入有关账户后，所有账户的借方发生额合计与贷方发生额合计也必然相等。可用公式表示为：

全部账户的本期借方发生额合计＝全部账户的本期贷方发生额合计

清泉公司 2021 年 3 月底结出各账户本期发生额合计、贷方发生额合计如下：

原材料				应付账款			
借方		贷方		借方		贷方	
期初余额	80 000			⑥	30 000	期初余额	0
①	50 000					①	50 000
本期发生额	50 000	本期发生额	0	本期发生额	30 000	本期发生额	50 000

银行存款					短期借款			
借方			贷方		借方			贷方
期初余额	150 000	②		20 000	②	20 000	期初余额	52 000
③	80 000	⑤		1 000				
本期发生额	80 000	本期发生额		21 000	本期发生额	20 000	本期发生额	0

实收资本					固定资产			
借方			贷方		借方			贷方
④	100 000	期初余额		480 000	期初余额	400 000	④	100 000
		③		80 000				
		⑦		40 000				
		⑨		30 000				
本期发生额	100 000	本期发生额		150 000	本期发生额	0	本期发生额	100 000

库存现金					应付票据			
借方			贷方		借方			贷方
期初余额	2 000				⑨	30 000	期初余额	0
⑤	1 000						⑥	30 000
本期发生额	1 000	本期发生额		0	本期发生额	30 000	本期发生额	30 000

盈余公积					利润分配(未分配利润)			
借方			贷方		借方			贷方
⑦	40 000	期初余额		100 000	⑧	20 000	期初余额	50 000
本期发生额	40 000	本期发生额		0	本期发生额	20 000	本期发生额	0

应付利润			
借方			贷方
		期初余额	0
		⑧	20 000
本期发生额	0	本期发生额	20 000

根据上述各账户的本期借方发生额合计和贷方发生额合计,编制发生额试算平衡表如表 5.3.1 所示。

表 5.3.1 总分类账户本期发生额试算平衡表

2021 年 3 月　　　　　　　　　　　　　　　　　　单位:元

账户名称	借方发生额	贷方发生额
库存现金	1 000	
银行存款	80 000	21 000
原 材 料	50 000	
固定资产		100 000
短期借款	20 000	
应付票据	30 000	30 000

续 表

账户名称	借方发生额	贷方发生额
应付账款	30 000	50 000
应付利润		20 000
实收资本	100 000	150 000
盈余公积	40 000	
利润分配	20 000	
合　　计	371 000	371 000

5.3.2　余额试算平衡法

根据余额时间不同,可分为期初余额平衡和期末余额平衡两类。期初余额就是上期期末余额。期初余额平衡是指期初所有账户借方余额合计与贷方余额合计相等;期末余额平衡是指期末所有账户借方余额合计与贷方余额合计相等。公式为:

全部账户的借方期初余额合计＝全部账户的贷方期初余额合计
全部账户的借方期末余额合计＝全部账户的贷方期末余额合计

清泉公司 2021 年 3 月底结出各账户期末余额如下:

原材料

借方		贷方	
期初余额	80 000		
①	50 000		
本期发生额	50 000	本期发生额	0
期末余额	130 000		

应付账款

借方		贷方	
⑥	30 000	期初余额	0
		①	50 000
本期发生额	30 000	本期发生额	50 000
		期末余额	20 000

银行存款

借方		贷方	
期初余额	150 000	②	20 000
③	80 000	⑤	1 000
本期发生额	80 000	本期发生额	21 000
期末余额	209 000		

短期借款

借方		贷方	
②	20 000	期初余额	52 000
本期发生额	20 000	本期发生额	0
		期末余额	32 000

实收资本

借方		贷方	
④	100 000	期初余额	480 000
		③	80 000
		⑦	40 000
		⑨	30 000
本期发生额	100 000	本期发生额	150 000
		期末余额	530 000

固定资产

借方		贷方	
期初余额	400 000	④	100 000
本期发生额	0	本期发生额	100 000
期末余额	300 000		

库存现金				应付票据			
借方		贷方		借方		贷方	
期初余额	2 000			⑨	30 000	期初余额	0
⑤	1 000					⑥	30 000
本期发生额	1 000	本期发生额	0	本期发生额	30 000	本期发生额	30 000
期末余额	3 000					期末余额	0

盈余公积				利润分配（未分配利润）			
借方		贷方		借方		贷方	
		期初余额	100 000	⑧	20 000	期初余额	50 000
⑦	40 000						
本期发生额	40 000	本期发生额	0	本期发生额	20 000	本期发生额	0
		期末余额	60 000			期末余额	30 000

应付利润				应收账款			
借方		贷方		借方		贷方	
		期初余额	0	期初余额	50 000		
		⑧	20 000				
本期发生额	0	本期发生额	20 000	本期发生额	0	本期发生额	0
		期末余额	20 000	期末余额	50 000		

根据上述各账户的期末余额，编制总分类账户期末余额试算平衡表如表5.3.2所示。

表5.3.2 总分类账户期末余额试算平衡表

2021年3月　　　　　　　　　　　　　　　　　　单位：元

账户名称	借方余额	贷方余额
库存现金	3 000	
银行存款	209 000	
应收账款	50 000	
原 材 料	130 000	
固定资产	300 000	
短期借款		32 000
应付票据		
应付账款		20 000
应付利润		20 000
实收资本		530 000
盈余公积		60 000
利润分配		30 000
合　　计	692 000	692 000

在实际工作中，对账户的试算平衡是通过综合编制"总分类账户本期发生额及余额试算

平衡表"来进行的。编制试算平衡表如表 5.3.3 所示。

表 5.3.3 总分类账户本期发生额及余额试算平衡表

2021 年 3 月 单位:元

账户名称	期初余额		本期发生额		期末余额	
	借方	贷方	借方	贷方	借方	贷方
库存现金	2 000		1 000		3 000	
银行存款	150 000		80 000	21 000	209 000	
应收账款	50 000				50 000	
原 材 料	80 000		50 000		130 000	
固定资产	400 000			100 000	300 000	
短期借款		52 000	20 000			32 000
应付票据			30 000	30 000		
应付账款			30 000	50 000		20 000
应付利润				20 000		20 000
实收资本		480 000	100 000	150 000		530 000
盈余公积		100 000		40 000		60 000
利润分配		50 000	20 000			30 000
合 计	682 000	682 000	371 000	371 000	692 000	692 000

可以看出,正确进行试算平衡,必须掌握以下步骤:

(1)将发生的经济业务事项编制会计分录,并全部登记入账。

(2)计算出各账户本期借方发生额合计数和贷方发生额合计数。

(3)结算出各账户的期末余额。

(4)编制"总分类账户本期发生额及余额试算平衡表"。

在编制试算平衡表时,应注意以下几点:

(1)必须保证所有账户的本期发生额和余额均已记入试算平衡表。因为缺少任何一个账户的本期发生额和余额,都会造成试算平衡表计算的错误。

(2)如果试算平衡表借贷不相等,则肯定账户记录、计算有错误,应认真查找原因,以保证试算平衡。

(3)如果试算平衡表实现了平衡,只能说明账户记录、计算基本上正确。因为有些错误并不会影响借贷双方的平衡关系,如"漏记""重记""颠倒记账方向"等。因此在编制试算平衡表之前,应认真核对有关账户记录,以消除上述错误。

【拓展阅读】

卢卡·帕乔利

卢卡·帕乔利(Luca Pacioli,又译:帕西奥里),现代会计之父。他所著的《数学大全》,有一部分篇章是介绍复式簿记的,正是这一部分篇章,成为最早出版的论述 15 世纪复式簿记发展的总结性文献,集中反映了到 15 世纪末期为止威尼斯的先进簿记方法,从而有力地推动了西式簿记的传播和发展。

1) 简介

1445 年,卢卡·帕乔利出生于意大利托斯卡地区的一座名叫博尔戈·圣塞波尔克罗的小镇,26 岁时,他离家远游,并在威尼斯找到一份家庭教师的工作,一住就是 6 年。在此期间,他接触并了解了威尼斯簿记,并逐渐产生了浓厚的兴趣,为他后来在会计学上的杰出贡献打下了基础。1494 年,帕乔利出版了多年的心血结晶——《算术、几何、比及比例概要》(又称《数学大全》)。

卢卡·帕乔利邮票

2) 生平

15 世纪是世界史发生重大转变的一个世纪,文艺复兴冲破了中世纪的黑暗统治,带来了科学的发展、艺术的繁荣以及社会经济的深刻变化。15 世纪末的"地理大发现",强有力地推动了海外贸易的发展,使欧洲成为世界商业的发展中心。在这科学创造艺术、艺术激发新思潮的时代,出现了不少文艺复兴时代的旗手,开创新世纪美好未来的巨人,他们的思想、论著及科学技术成就对人类社会的发展产生了极其深刻的影响。在这些伟大人物中,意大利著名数学家卢卡·帕乔利举起了数学、文艺与经济革新的旗帜,他的巨著《数学大全》开创了世界会计发展史上的新时代——卢卡·帕乔利时代,从而把古代会计推进到近代会计的历史阶段。

1466 年,正当威尼斯式簿记在商业界与金融界运用自如之时,年方 21 岁的帕乔利离开故乡圣塞波尔克罗镇来到威尼斯。这时,他已走进数学王国,并开始在数学教育方面发挥着作用。在威尼斯的德克岛上,他为教授富商安东尼奥的三个儿子撰写了第一部数学手稿。在这册手稿中不仅初次崭露了他在数学方面的才华,而且反映了他从数学与经济管理结合的角度,对威尼斯式簿记进行了比较深入的研究。帕乔利从考察中知道威尼斯式簿记是在佛罗伦萨式、热那亚式簿记的基础上发展起来的,它已在当时的商品经济中发挥着重要作用。他认为,作为一个精明的商人决不可以不熟悉簿记,并应具有数学头脑,使自己成为一名优秀的记账员,以通过簿记洞察经营情况,寻求管理对策,争取良好的效益;而对于一个簿记工作者讲,又不能不掌握数学的基本方法,按照科学的程序进行正确的计量、考核,以进行账日平衡总结,充分发挥簿记在经营管理中的作用。正是从这个时候起帕乔利把簿记看作应用数学之重要组成部分,确定了复式簿记的科学性、系统性与重要性,为其后来从理论与实务两方面研究借贷复式簿记奠定了思想基础。

1475 年是帕乔利一生中发生重大转折的一年,这一年他不仅成为一位知名学者,受聘于佩鲁贾大学,成为该校首席数学讲师,而且毅然走进教堂,拜倒在上帝的面前,成为一名虔诚的修道士。从这时起他一直与教皇保罗三世交往密切,这位教皇希望他用意大利文把数学知识表达出来,并尽可能将一些教学上的概念运用到宗教教义中去。帕乔利在认真对待教皇要求的同时,还深知数学与实际结合的重要性,这种结合不仅表现在数学与艺术、建筑的关系方面,而且还充分体现在数学与经济管理的关系方面。从簿记方面讲,数学研究者应在建立科学的簿记方法体系方面做出努力,只有这样才可能保证经济有效地增长。在 1481 年以前,帕乔利先后发表了他的三部数学论著,为数学基本理论的建设,数学方法在社会实践中的运用,以及数学知识的传播与普及做出了重要贡献。1482年,帕乔利开始在佩鲁贾大学撰写《数学大全》一书,这时他已成为该校的著名教授。他把教学实践作为他致力于研究的最佳场所,把传道授业作为他后半生应尽的社会职责,而又始终以社会经济领域作为他探索应用数学奥秘的基地。帕乔利关于簿记的论著之创作基础来自15世纪发展起来的商品货币经济,来自威尼斯的簿记工作实践,他正是在当时商品货币经济与复式簿记工作实践之间找到了应用数学与经济管理工作的结合点。1482年至1490年这八年间,他往来于罗马、那不勒斯、比萨与威尼斯等城市之间,实地考察了复式簿记在商品货币经济发展中的种种表现,并透过繁荣发展的经济对簿记的需求这一客观事实,观察到经济管理工作中所存在的种种弊病与早期复式簿记在运用中暴露出来的缺陷。固然社会经济越发展,对簿记工作的服务性要求越迫切。然而,正因如此,簿记工作则需不断革新自我,在提高其科学素质的基础上不断完善,力求适应于社会经济发展的需要。只不过这种完善必须通过专家、学者的深入研究,完成由簿记实践向簿记理论的转变,并使簿记方法科学化、系统化,以最终实现簿记理论对实践的指导作用。

到16世纪,帕乔利已成为一位富有神秘色彩的传奇式人物,在这个阶段所出版的11部著作中,不仅有数学、簿记学方面的内容,而且还有军事战略、国际象棋、牌技以及魔方方面的内容,他的渊博学识使世人惊叹不已,他的高尚品德又使世人无限景仰。他既是一位伟大的数学家、会计学家、艺术家及当时意大利一流的教授,又是一名虔诚的修道士;他既信奉上帝为千万人祈祷,希望把他们送进天堂的大门,又坚信科学的力量,力求使科学为促进社会经济发展服务;他历经了人世的艰辛,领略了世间的险恶,在与大风大浪拼搏中度过了一生。到桑榆暮景之年,他悄然回到圣塞波尔克罗小镇。1517年帕乔利与世长辞,安葬于圣·约翰教堂里,丧钟频频敲响,人们默哀祈祷,并歌颂他一生所从事的伟大事业。帕乔利虽辞世而去,然而他所开创的事业却犹如日月,永远光照人间。1543年,《数学大全》先后译成荷兰文、德文、法文、英文、俄文传遍了整个欧洲,其后又传遍整个世界。他所建立的簿记学说,为后世学者所继承、发展,并逐步把帕乔利时代推进到一个新的历史时期。

3) 成就

迄今为止,现代会计离不开复式簿记,而复式簿记则离不开卢卡·帕乔利。其1494年11月10日发表的名著《算术、几何、比及比例概要》的第三卷第九部第十一篇题为《计算与记录要论》是世界会计理论研究之起点,也是近代经济理论研究方面的一个重要突破。在关于复式簿记的36章论述中,帕乔利使账簿组织与记账程序规范化与系统化,构建了簿记信息系统的基础,使优化簿记信息的取得成为可能。在他确定的账簿组织系统中,分录账在备忘性记录与分类记录之间起着转换作用,从这一点出发,帕乔利进一步从理论上明确了分录账在确定"借主"与"贷主"记账地位中的重要性,并把以往人格化的"借主"与"贷主"抽象为使簿记记录得以规范化的记账标号,这是会计理论建设中的一个重要突破。记账规则的建立是会计事项处理达到规范化的前提条件。论著从经济事项性质的明确与对应账项处理规律方面描述了有借必有贷,借贷必相等这一借贷复式记录处理规则,并从形式上明确了"两侧型账户"在借贷账项左右对照布局中的重要作用。在帕乔利之前,会计方程式的建设尚处于原始阶段,人们尚未认识到从平衡原理方面分析方程式中各要素之间内在关系的必要性与账目平衡的客观必然性,而帕乔利在其著作中首次明确了这一问题,他不仅明确了建立平衡关系对于勾稽账目之重要性,而且建立了借贷复式簿记的第一方程式——"一人所有之财产＝其人所有权之总值",从本质上揭示了资产与资本、负债三要素在企业经济活动中的内在关系,这一理论成为以后各会计学派理论建设之基础;通过建立经济平衡关系,定期进行平衡试算,以勾稽全部账目,达到会计测试与监督的目的,这对于会计实务的规范化运作和会计理论的建设都是关键性问题。帕乔利在著作中确定了建立平衡关系的原则,揭示了与平衡试算、测试各相关要素之间的关系,并对借贷平衡试算方法进行了具体介绍,从而奠定了复式簿记理论体系的基础。帕乔利对于簿记学建设的贡献还在于他建立了世界上最早的簿记准则,推动了当时公司会计及其跨国公司会计的发展。此外,帕乔利还解决了簿记原理中的基本理论问题,如簿记的地位与作用、账户的设置与账户体系、定期结算与转账关系的确定,以及现金管理之重要性及其方法等,这些都成为复式簿记理论建设之精华。

4）评论

只要有一点会计史常识的人们都懂得:卢卡·帕乔利的名字,是同复式簿记和建立在复式簿记基础上的现代会计紧紧连在一起的。正如美国几位会计学家对他的评价:

——"牢记1494年,会计人员应当不会感到困难,因为这个年代紧靠1492年。而1492年是哥伦布发现新大陆的一年。在会计的发展史上,1494年是一个具有重要意义的年代——不是因为它表示簿记的产生,而是因为在这一年意大利出版了第一部有关簿记的论著。"

——"1494年在威尼斯由卢卡·帕乔利出版的《算术、几何、比及比例概要》是一部描述复式簿记制度和提供会计记录论据的著作","虽然卢卡·帕乔利不是复式簿记的创始人,而他的著作却把复式簿记的利用推广到全欧洲。"

——"卢卡·帕乔利被认为现代会计之父是因为他(描述)的威尼斯方法随后就变成好教科书的模式,为期超过了两百多年。"

——"不用说,卢卡·帕乔利1494年在威尼斯出版的关于《算术、几何、比及比例概要》一书,对复式簿记来讲,具有里程碑的性质。"

(资料来源：载于百度百科,https://baike.baidu.com)

习　题

一、单项选择题

1. 借贷记账法的理论依据是(　　)。
   A. 资产＝负债－所有者权益　　B. 收入－费用＝利润
   C. 借方发生额＝贷方发生额　　D. 资产＝负债＋所有者权益
2. 在借贷记账法下,资产类账户的期末余额一般在(　　)。
   A. 借方　　　　B. 贷方　　　　C. 增加方　　　　D. 减少方
3. 在我国,企业、行政事业单位采用的记账方法是(　　)。
   A. 单式记账法　　　　B. 复式记账法
   C. 借贷记账法　　　　D. 收付记账法
4. 期末余额一定在贷方的账户是(　　)。
   A. 管理费用　　B. 实收资本　　C. 应收票据　　D. 应收账款
5. 下列经济业务中,会引起资产和负债同时增加的是(　　)。
   A. 以银行存款购买材料　　　　B. 以银行存款对外投资
   C. 以银行存款清偿前欠货款　　D. 取得借款存入银行

6. 某资产类账户月初借方余额 60 000 元,本月借方发生额 120 000 元,贷方发生额 150 000 元,则该账户月末余额为( )元。
   A. 借方余额 30 000　　　　　　　　B. 借方余额 90 000
   C. 贷方余额 180 000　　　　　　　　D. 贷方余额 30 000
7. 至于哪一方登记增加,哪一方登记减少,既取决于所记录的交易或事项,也取决于账户的( )。
   A. 结构　　　　B. 格式　　　　C. 摘要　　　　D. 性质
8. 账户分为左方、右方两个方向,当某一账户左方登记增加时,则该账户的右方( )。
   A. 登记增加数　　　　　　　　　　B. 登记减少数
   C. 登记增加数或减少数　　　　　　D. 不登记任何数
9. 某企业原材料账户月初为借方余额 165 000 元,本月借方发生额为 235 000 元,期末借方余额为 128 000 元。则其本月贷方发生额为( )元。
   A. 58 000　　　B. 107 000　　　C. 272 000　　　D. 400 000

二、多项选择题

1. 下列各项中,不会引起借贷不平衡的有( )。
   A. 漏记一张记账凭证未登记入账
   B. 记录销售的业务中,仅仅将主营业务收入登记入账
   C. 存货被高估 4 000 元,应收账款被低估 4 000 元
   D. 从银行提出现金被登记了两次
2. 下列账户中,期末无余额的有( )。
   A. 库存现金账户　　　　　　　　　B. 财务费用账户
   C. 生产成本账户　　　　　　　　　D. 管理费用账户
3. 下列属于复式记账法的有( )。
   A. 借贷记账法　　B. 增减记账法　　C. 收付记账法　　D. 单式记账法
4. 以下各项中,通过试算无法发现的错误有( )。
   A. 漏记或重记某项经济业务　　　　B. 方向正确但一方金额少写了
   C. 借贷记账方向彼此颠倒　　　　　D. 方向和金额正确,但记错账户
5. 账户的金额要素包括( )。
   A. 期初余额　　　　　　　　　　　B. 期末余额
   C. 本期增加发生额　　　　　　　　D. 本期减少发生额
6. 下列交易或事项中,应作借记有关资产账户、贷记有关负债账户处理的有( )。
   A. 从银行取得 6 个月短期借款,存入银行
   B. 购入材料一批尚未支付货款
   C. 采购材料一批验收入库,开出并承兑商业汇票
   D. 按规定预收购货单位货款
7. 在借贷记账法下,科目的借方应登记( )。
   A. 费用的增加　　　　　　　　　　B. 所有者权益的减少
   C. 收入的增加　　　　　　　　　　D. 负债的减少
8. 下列账户在借方登记增加数,在贷方登记减少数的有( )。
   A. 坏账准备　　B. 无形资产　　C. 预付账款　　D. 累计折旧

9. 下列各项中,应在账户借方登记的有( )。
   A. 资产增加
   B. 成本费用增加
   C. 费用减少
   D. 负债减少
10. 某企业生产车间为生产产品领用了原材料 90 000 元,关于这一事项,下列说法中正确的有( )。
   A. 应借记生产成本 90 000 元
   B. 应贷记原材料 90 000 元
   C. 资产减少 90 000 元
   D. 企业资产总额不变

三、判断题

1. 复式记账法是以"借"和"贷"作为记账符号的一种记账方法。( )
2. 有借必有贷,借贷必相等是借贷记账法的记账规则。( )
3. 在借贷记账法下,借和贷只是记账符号,至于表示增加还是减少,取决于账户的结构。( )
4. 根据借贷记账法下账户的结构特点,只要是资产类账户,其期末余额一定在借方。( )
5. 如果试算平衡表借贷不相等,则肯定账户记录.计算有错误。( )
6. 资产与权益的恒等关系是复式记账法的理论基础和企业编制资产负债表的依据。( )
7. 根据借贷记账法的记账规则,每个账户的借方发生额与贷方发生额必定相等。( )
8. 一定会计期间内的全部经济业务记入有关账户后,所有账户的借方发生额合计与贷方发生额合计也必然相等。( )
9. 账户的基本结构分为左方、右方两个方向,左方登记增加,右方登记减少。( )
10. 损益类账户主要包括收入类账户和费用类账户。( )

四、实务题

练习一

(一) 目的:练习登记资产类科目的 T 型账户。

(二) 资料:清泉公司 3 月份发生下列经济业务:

1. 向交行借入 3 个月期限的短期借款 200 000 元,款项已存入银行;
2. 从银行提取现金 10 000 元;
3. 归还期初余额中向建行借入的 6 个月期限的短期借款 100 000 元;
4. 用银行存款支付购头材料款 30 000 元;
5. 销售产品收到货款 50 000 元,已存入银行。

(三) 要求:假设本月"银行存款"的期初余额为 50 000 元。

根据以上业务,登记本月"银行存款"的 T 型账户。

练习二

(一) 目的:练习登记负债类科目的 T 型账户。

(二) 资料:清泉公司 3 月份发生下列经济业务:

1. 向交行借入期限为 3 个月的短期借款 200 000 元,款项存入银行;
2. 归还期初余额中向建行借入的 6 个月期限的短期借款 100 000 元;
3. 向中行借入期限为 6 个月的短期借款 300 000 元,款项存入银行。

（三）要求：假设本月"短期借款"的期初余额为向建行借入的短期借款 100 000 元。根据以上业务，登记本月"短期借款"的 T 型账户。

练习三

（一）目的：练习编制会计分录。

（二）资料：清泉公司 3 月份发生下列经济业务：

1. 向交行借入 3 个月期限的短期借款 200 000 元，款项已存入银行；
2. 从银行提取现金 10 000 元；
3. 归还期初余额中向建行借入的 6 个月期限的短期借款 100 000 元；
4. 用银行存款支付购买材料款 30 000 元；
5. 用银行存款支付购买不需要安装的设备 50 000 元；
6. 销售 A 产品，收到货款 50 000 元，已存入银行；
7. 销售 B 产品，收到货款 90 000 元，已存入银行；
8. 发生广告费 2 000 元，用银行存款支付；
9. 发生产品展览费 2 000 元，用银行存款支付；
10. 用资本公积转增实收资本 500 000 元。

要求：根据以上业务，编制会计分录。

练习四

（一）目的：练习编制会计分录，登记账户并试算平衡。

（二）资料：清泉公司 2021 年 4 月的总账账户期初余额如下：

1. 库存现金 2 000 元；
2. 银行存款 180 000 元；
3. 应收账款 30 000 元；
4. 原材料 55 000 元；
5. 固定资产 150 000 元；
6. 短期借款 80 000 元；
7. 应付账款 37 000 元；
8. 实收资本 300 000 元。

本月发生以下业务：

1. 借入短期借款 100 000 元，款项已存入银行；
2. 从银行提取现金 5 000 元；
3. 用银行存款归还短期借款 50 000 元；
4. 购买原材料 30 000 元，材料入库，货款暂未支付；
5. 收到 B 公司所欠货款 20 000 元，存入银行；
6. 收到投资者投入资本 100 000 元，款项存入银行。

（三）要求：根据以上业务编制会计分录，登记账户并试算平衡。

6 资金筹集业务的核算

【思维导图】

资金筹集业务的核算,思维导图如图 6.1 所示。

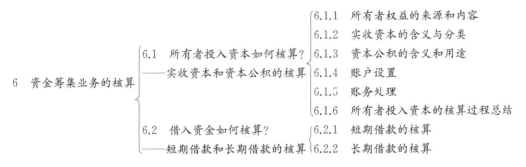

图 6.1 思维导图

【学习目的】

通过本章的学习,要求了解制造企业的主要经济业务,企业筹集资金的主要方式;重点掌握所有者权益的内容、所有者投入资本的账务处理以及借入短期借款、预提短期借款利息、归还短期借款本金和支付短期借款利息的账务处理;熟悉借入长期借款、预提长期借款利息、归还长期借款本金和支付长期借款利息的账务处理,注意长期借款和短期借款会计处理的差异。

【引导案例】

万科和贵州茅台 2020 年的权益结构对比表和财务费用明细对比表分别如表 6.1 和表 6.2 所示。

表 6.1 万科和贵州茅台 2020 年权益结构对比表(部分)

金额单位:元

项目	万科	贵州茅台
负债合计	1 519 332 620 662.33	45 675 127 426.18
其中:短期借款	25 111 536 842.11	—
长期借款	132 036 783 089.92	—

续 表

项目	万科	贵州茅台
应付债券	43 576 223 200.25	—
股东权益合计	349 844 473 343.22	167 720 683 101.28
其中:股本	11 617 732 201.00	1 256 197 800.00
资本公积	18 554 497 034.24	1 374 964 415.72
盈余公积	97 466 324 513.51	20 174 922 608.93
未分配利润	98 416 772 021.20	137 594 403 807.99
负债及股东权益总计	1 869 177 094 005.55	213 395 810 527.46
负债占比	81.28%	21.40%
股东权益占比	18.72%	78.60%

表 6.2　万科和贵州茅台 2020 年财务费用明细对比表

金额单位:元

项目	万科	贵州茅台
贷款、债券及应付款项的利息支出	15 835 663 839.21	—
租赁负债的利息支出	985 635 384.39	—
减:资本化利息	8 063 719 298.18	—
净利息支出	8 757 579 925.42	—
减:利息收入	4 680 643 358.10	278 697 733.32
利息收支净额	4 076 936 567.32	−278 697 733.32
汇兑损益	663 865 470.65	—
其他	404 300 698.20	44 087 150.88
合计	5 145 102 736.17	−234 610 582.44

通过表 6.1 和表 6.2 中万科和贵州茅台的财务数据对比,您觉得企业筹集资金的方式主要有哪些?万科和贵州茅台的资金筹集方式有什么不同?财务费用和负债有什么关系?利息费用应如何进行账务处理?

企业要在市场经济的竞争中谋求生存和发展,需要通过对各种资源的组合和处理向其他单位或个人提供需要的产品和服务,获取利润,实现资产的保值增值。制造企业完整的生产经营过程包括资金筹集业务、采购业务、生产业务、销售业务、财务成果的形成与分配业务。本教材的第 6 章到第 10 章,将以制造业企业为例,介绍企业主要经济业务的核算。

资产是企业开展经营活动的物质基础。因此,企业要开展经营活动,首先要筹集到取得资产所需要的资金。从资金运动过程来看,资金筹集是企业资金运动过程的起点。企业资金筹集的渠道主要有两个:一是所有者投入的资本及其增值,为企业的所有者权益;二是在金融市场取得的金融性负债或在生产经营过程中形成的经营性负债。本章主要介绍所有者权益中所有者投入的资本和向金融机构借入的短期借款与长期借款。

6.1 所有者投入资本如何核算?——实收资本和资本公积的核算

6.1.1 所有者权益的来源和内容

所有者权益的来源包括所有者投入的资本、直接计入所有者权益的利得和损失、留存收益。所有者投入的资本包括实收资本(或股本)和资本公积中的资本溢价;直接计入所有者权益的利得和损失,是指不计入当期损益的、会导致所有者权益发生增减变动的、与所有者投入资本或者向所有者分配利润无关的经济利益的利得或损失,包括其他综合收益和资本公积中的其他资本公积;留存收益是企业实现的利润留存于企业的部分,包括盈余公积和未分配利润。由于直接计入所有者权益的利得和损失的内容较为复杂,将在《财务会计》课程中介绍;留存收益和财务成果的形成与分配有关,将在第 10 章中介绍。本章重点介绍所有者投入资本的核算。

6.1.2 实收资本的含义与分类

1) 实收资本的含义

实收资本是指企业的投资者按照企业章程或合同、协议的约定,实际投入企业的资本以及按照有关规定由资本公积、盈余公积转为资本的资金。实收资本的构成比例通常是确定所有者在企业所有者权益中所占份额和参与企业经营决策的基础,也是企业进行利润分配的依据,同时还是企业清算时确定所有者对净资产要求权的依据。企业在开始创办时,一般会由所有者投入一部分资金作为启动资金,这时投入的资金会全部计入实收资本。随着企业的发展,可能会由现有的所有者追加投资或有新的所有者加入,企业在接受追加投资时,导致实收资本增加的同时,还会导致资本公积的产生。另外企业也可以将资本公积和盈余公积转增资本,发生这些业务时,实收资本增加,但所有者权益总额不变,只是内部结构发生变化。

我们会看到企业的营业执照上写着公司的注册资本金额,需要注意的是,注册资本和实收资本是两个不同的概念。注册资本是公司的法定资本,而实收资本是公司已经实际收缴的资本。我国目前实行注册资本认缴制,即注册资本不需要在一开始就全部缴纳完成,只要在承诺的时限内缴完即可,这极大地降低了公司注册时的资金压力。尽管我国已经实行了注册资本认缴制,但注册资本并非越大越好,注册资本越大,承担的风险就越大。比如一家注册资本为 50 万元的有限责任公司,后来由于经营不善,欠了 100 万元的外债,则投资者只需以 50 万元的出资额来承担责任,超出的部分就和投资者没关系了。但如果这家公司的注册资本是 100 万元,那么投资者就要承担全部 100 万元的责任。

2) 实收资本的分类

按照投资主体的不同,企业的实收资本可以分为国家资本、集体资本、法人资本、个人资本和外商资本等。我国《公司法》规定,股东可以用货币出资,也可以用实物、知识产权、土地使用权等可以用货币估价并可以依法转让的非货币财产作价出资,但是法律、行政法规规定不得作为出资的财产除外。因此,按照投资者投入资本的不同物资形态,企业的资本金又可以分为货币资金出资和非货币资金出资。

6.1.3 资本公积的含义和用途

资本公积是指投资者或者他人投入到企业、所有权归属于投资者并且投入金额上超过法定资本部分的资本,是企业所有者权益的重要组成部分。从本质上讲,资本公积是一种准资本,是资本的一种储备形式,其主要来源是所有者投入资本中的超过法定资本份额的部分和直接计入资本公积的各种利得和损失。不同来源形成的资本公积归所有者共同享有。资本公积主要用于转增资本,办理转增手续后,按所有者原有投资比例增加投资者的实收资本。按照《公司法》的规定,资本公积转增资本时,留存的资本公积不得少于转增前公司注册资本的25%。

6.1.4 账户设置

为了核算所有者投入的资本,需要设置"实收资本"和"资本公积"账户。

1) "实收资本"账户

"实收资本"账户属于所有者权益类账户,用于核算所有者投入企业的资本金增减变动及结存情况。该账户的贷方登记实收资本的增加额,借方登记实收资本的减少额,期末余额在贷方,表示所有者投入企业资本金的结存额。"实收资本"账户应按投资者设置明细分类账户进行明细分类核算。

"实收资本"账户的结构如下:

实收资本

借方	贷方
本期按法定程序减少的资本	期初余额:期初实收资本的实有额 本期收到的所有者投入的资本中增加注册资本的部分
	期末余额:期末实收资本的实有额

2) "资本公积"账户

"资本公积"账户属于所有者权益类账户,用于核算资本公积的增减变动及结存情况。该账户的贷方登记资本公积的增加额,借方登记资本公积转增资本等资本公积的减少额,期末余额在贷方,表示资本公积的结存额。根据资本公积的不同来源,资本公积应设置"资本溢价(或股本溢价)"和"其他资本公积"明细账户进行明细核算。"资本溢价(或股本溢价)"的来源是所有者投入的资本中超过注册资本份额的部分,"其他资本公积"的主要来源是直接计入所有者权益的利得和损失。本章主要介绍"资本溢价(或股本溢价)"明细账户。

"资本公积——资本溢价"账户的结构如下:

借方	资本公积——资本溢价	贷方
本期资本公积转增资本的金额	期初余额:期初资本溢价的结余额 本期资本溢价的增加额	
	期末余额:期末资本溢价的结余额	

6.1.5 账务处理

所有者向企业进行投资时,出资方式可以是货币资金,也可以是实物资产、知识产权、土地使用权等可以用货币估价并可以依法转让的非货币资产。如果以非货币资产出资,则应以投资各方确认的价值入账。

1) 初始投资

【例6-1】 2019年1月20日,甲、乙、丙共同投资设立清泉公司,注册资本为3 000 000元,甲、乙、丙分别用货币资金、设备和专利技术出资。甲用货币资金出资1 500 000元,款项已通过银行存款划转;乙用一套设备出资,评估价值为1 000 000元,设备投入使用;丙用一项专利技术出资,评估价值为500 000元,已办理完各种手续。(暂不考虑增值税)

这项经济业务的发生,一方面使得公司的银行存款增加1 500 000元,固定资产增加1 000 000元,无形资产增加500 000元;另一方面使得实收资本增加3 000 000元。各项资产的增加应分别记入"银行存款""固定资产"和"无形资产"账户的借方,实收资本的增加应记入"实收资本"账户的贷方。该项经济业务应编制的会计分录如下:

借:银行存款　　　　　　　　　　　　1 500 000
　　固定资产　　　　　　　　　　　　1 000 000
　　无形资产　　　　　　　　　　　　　500 000
　　贷:实收资本　　　　　　　　　　　3 000 000

2) 追加投资

【例6-2】 2021年12月1日,清泉公司接受丁投资者投入的资金1 200 000元,其中增加注册资本1 000 000元,款项已收存银行。

这项经济业务的发生,使得银行存款增加1 200 000元,应记入"银行存款"的借方;增加注册资本的部分应贷记"实收资本"1 000 000元,投入资金超过注册资本增加部分的200 000元形成了资本溢价,应记入"资本公积——资本溢价"的贷方。这项业务应编制的会计分录如下:

借:银行存款　　　　　　　　　　　　1 200 000
　　贷:实收资本　　　　　　　　　　　1 000 000
　　　　资本公积——资本溢价　　　　　　200 000

3) 资本公积转增资本

【例6-3】 经批准,清泉公司于2022年1月20日将资本公积100 000元转增资本。

资本公积转增资本导致所有者权益内部结构的变化,所有者权益总额不变。这项经济业务的发生,一方面使公司的资本公积减少100 000元,应借记"资本公积——资本溢价",同时使实收资本增加100 000元,应贷记"实收资本"。该项经济业务应编制的会计分录如下:

借：资本公积——资本溢价　　　　　　　　　　　100 000
　　贷：实收资本　　　　　　　　　　　　　　　　　100 000

6.1.6　所有者投入资本的核算过程总结

根据例 6-1—例 6-3,可将所有者投入资本的核算过程总结为图 6.1.1 所示。

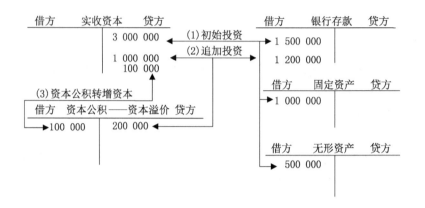

图 6.1.1　所有者投入资本的核算过程示意图

【拓展阅读】

什么是 IPO？什么是上市？为什么要上市？

　　IPO 即首次公开募股(Initial Public Offerings),指一家企业第一次将它的股份向公众出售。上市(Listing,通常也翻译为挂牌)是指已经发行的股票经证券交易所(我国大陆目前有上海证券交易所、深圳证券交易所和北京证券交易所)批准后,在交易所公开挂牌交易的法律行为,第一个交易日,就是上市日。IPO 是不是就是上市呢？实际上,并不是！但两者又是紧密联系的,IPO 是整个公司上市流程的其中一环。我国的《证券法》规定,公司上市之前必须要进行公开发行,没有公开发行的企业是不能上市的。因此,IPO 和上市是两个环节,公开发行即 IPO 在先,上市在后,企业在公开发行之后一般都会上市。

　　上市可以为公司带来以下好处:

　　(1) 可融资:上市融资可以为企业带来大量的资金,帮助企业发展。股票上市后,公司估值、企业价值迅速提升,有利于公司扩大生产规模,同时提高生产效率,缩减成本,降低经营风险,从而提高市场竞争力,获得更好的盈利。在公司有了更好的发展,并且有了更好的盈利之后,又有利于股价的提升,从而形成一种良性循环,实现多方共赢。

　　(2) 完善公司制度:IPO 上市有利于建立和完善企业的内控制度,提高企业管理水平。上市有利于规范公司的规章制度、组织架构,打破传统管理模式和经营机制,公司受公众监督,有利于科学化管理,对公司发展来说大有益处。

　　(3) 增加知名度:IPO 上市有利于扩大知名度,增加公司或者企业的竞争优势,获得消费者的信任。

(资料来源：载于搜狐网,https://www.sohu.com)

6.2 借入资金如何核算?——短期借款和长期借款的核算

企业从债权人那里筹集到的资金形成企业的负债,表示企业的债权人对企业资产的要求权,即债权人权益。一部分负债是在企业生产经营过程中由于暂时没有付款、预收款项或收取临时性款项而形成的经营性负债,如应付账款、应付票据、应付职工薪酬、应交税费、预收账款和其他应付款等,这部分内容将在后面相关章节介绍。还有一部分负债是在金融市场中取得的,如短期借款、长期借款和应付债券等。应付债券的核算较为复杂,将在《财务会计》课程中详细介绍。本章重点介绍短期借款和长期借款的核算。

6.2.1 短期借款的核算

1) 短期借款的含义

短期借款是指企业为了满足其生产经营活动对资金的临时需要而向银行或其他金融机构借入的偿还期限在1年以内(含1年)的各种借款。企业取得短期借款时,应遵守银行或其他金融机构的有关规定,根据企业的借款计划及确定的担保形式,经贷款单位审批并订立借款合同后方可取得借款。每笔借款在取得时,根据借款合同上的金额确认和计量。

2) 短期借款利息的确认与计量

取得短期借款的目的一般是为了维持正常的生产经营活动需要,其利息支出属于企业在理财活动中为筹集资金而发生的一项耗费,应将其作为财务费用加以确认。短期借款利息的支付方式和支付时间不同,会计处理方式也会不同。如果短期借款到期还本付息,或者按季或半年等较长时间计收利息,则需要按照权责发生制的要求按月预提利息,确认财务费用和应付利息,当实际支付利息时再冲销应付利息。如果银行按月计收利息,则企业在实际支付利息时直接将其确认为当月财务费用。

银行提供的贷款利率一般是年利率,按月计算利息费用时注意除以12计算出月利率。如果是在月内的某一天取得的借款,则将该日作为计息的起点时间计算实际经历天数,并将利率转化为日利率。为简化起见,一个月一般按30天计算,一年按360天计算。短期借款利息的计算公式为:

$$短期借款利息 = 借款本金 \times 利率 \times 时间$$

3) 账户设置

为了核算短期借款本金的借入和归还情况,应设置"短期借款"账户,按实际发生的借款金额进行确认和计量。另外,企业借入的短期借款,除了按期归还本金外,还应按规定的利率支付利息。金融机构一般按季结算利息,而企业应按权责发生制原则,在实际支付利息前按月预提利息,计入预提月份的财务费用。因此,为了核算短期借款利息,还应设置"财务费用"和"应付利息"账户。

(1) "短期借款"账户 该账户属于负债类账户,用于核算企业向银行或其他金融机构借入的短期借款本金的增减变动及结存情况。该账户的贷方登记短期借款本金的增加额,即取得的短期借款;借方登记短期借款本金的减少额,即归还的短期借款;期末余额在贷方,表示尚未归还的短期借款本金结余额。"短期借款"账户应按债权人设置明细分类账户,并按借款种类进行明细分类核算。

"短期借款"账户的结构如下：

短期借款

借方	贷方
本期归还的短期借款本金	期初余额：期初尚未归还的短期借款本金 本期取得的短期借款本金
	期末余额：期末尚未归还的短期借款本金

(2)"财务费用"账户　该账户属于费用类账户，用于核算企业为筹集生产经营所需资金而发生的各种筹资费用，包括利息支出、利息收入（冲减财务费用）、佣金、汇兑损失（减汇兑收益）以及相关的手续费等。该账户的借方登记发生的财务费用，贷方登记应冲减财务费用的利息收入、汇兑收益以及期末转入"本年利润"账户的财务费用净额，结转后，该账户期末没有余额。"财务费用"账户应按费用项目设置明细分类账户进行明细分类核算。

"财务费用"账户的结构如下：

财务费用

借方	贷方
本期发生的利息支出、汇兑损失和手续费等	本期利息收入、汇兑收益等以及期末转入"本年利润"账户的财务费用

(3)"应付利息"账户　该账户属于负债类账户，用于核算企业已经发生但尚未实际支付且需要在1年内（含1年）支付的利息。如果短期借款按季支付利息或到期还本付息，按照权责发生制，需要按照合同规定的利率预先计提利息，记入该账户的贷方。该账户的借方登记实际支付的已预提利息，期末余额在贷方，表示已经预提但尚未支付的利息。

"应付利息"账户的结构如下：

应付利息

借方	贷方
本期支付的已预提利息	期初余额：期初已预提尚未支付的利息 预提本期利息
	期末余额：期末已预提尚未支付的利息

4) 账务处理

【例6-4】因生产经营的临时性需要，清泉公司于2021年10月1日向招商银行取得200 000元的借款，款项已经存入银行。根据贷款协议规定：贷款期限为3个月，年利率为6%，到期一次还本付息。

(1)取得短期借款　清泉公司2021年10月1日取得借款时，使得银行存款增加200 000元，应记入"银行存款"账户的借方。由于这笔借款的期限为3个月，在1年之内，属于短期借款，短期借款增加应记入"短期借款"账户的贷方。取得短期借款时应编制的会计分录如下：

借：银行存款　　　　　　　　　　　　　　　　　200 000
　　贷：短期借款　　　　　　　　　　　　　　　　　　200 000

(2) 预提短期借款利息　由于这笔借款是到期还本付息,2021年10月末、11月末和12月末都不需要支付利息,但根据权责发生制,需要在10月末、11月末和12月末分别计算当月的利息费用,一方面确认财务费用的增加,记入"财务费用"账户的借方,另一方面确认应付利息的增加,记入"应付利息"账户的贷方。

每月的利息＝200 000×6%÷12＝1 000(元)

根据计算结果,应在10月末、11月末和12月末分别预提当月利息1 000元,记入"财务费用"账户的借方和"应付利息"账户的贷方。

① 10月31日预提10月份利息时应编制的会计分录如下：
借：财务费用　　　　　　　　　　　　　　　　　1 000
　　贷：应付利息　　　　　　　　　　　　　　　　　　1 000

② 11月30日预提11月份利息时应编制的会计分录如下：
借：财务费用　　　　　　　　　　　　　　　　　1 000
　　贷：应付利息　　　　　　　　　　　　　　　　　　1 000

③ 12月31日预提12月份利息时应编制的会计分录如下：
借：财务费用　　　　　　　　　　　　　　　　　1 000
　　贷：应付利息　　　　　　　　　　　　　　　　　　1 000

(3) 到期还本付息　2022年1月1日,短期借款到期,清泉公司还本付息,共以银行存款支付203 000元,其中本金200 000元,3个月利息共3 000元。归还短期借款本金使得短期借款减少200 000元,应记入"短期借款"账户的借方;支付的3 000元利息已经预提,其实是在偿还2021年10月份、11月份和12月份的应付利息,所以应付利息减少3 000元,记入"应付利息"账户的借方;用银行存款支付203 000元使得银行存款减少,应记入"银行存款"账户的贷方。2022年1月1日还本付息时应编制的会计分录如下：
借：短期借款　　　　　　　　　　　　　　　　　200 000
　　应付利息　　　　　　　　　　　　　　　　　　3 000
　　贷：银行存款　　　　　　　　　　　　　　　　　　203 000

5) 短期借款的核算过程总结

根据例6-4,可将短期借款的核算过程总结为图6.2.1所示。

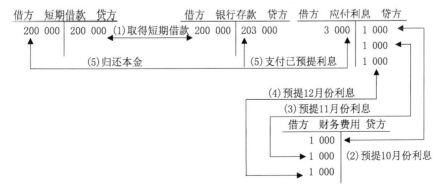

图 6.2.1　短期借款的核算过程示意图

6.2.2 长期借款的核算

1) 长期借款的含义

长期借款是指企业向银行或其他金融机构借入的偿还期限在1年以上或超过1年的一个营业周期以上的各种借款。一般来讲,企业借入长期借款的目的是为了购建大型设备、地产和厂房。按照付息方式与本金的偿还方式不同,可将长期借款分为分期付息到期还本长期借款、到期一次还本付息长期借款、分期偿还本息长期借款。

2) 账户设置

为了核算长期借款本金的借入和偿还情况以及到期还本付息的长期借款的利息计提和支付情况,应设置"长期借款"账户。

"长期借款"属于负债类账户,用于核算长期借款的增减变动及结存情况。该账户的贷方登记长期借款的增加额,包括长期借款的本金及到期还本付息长期借款的未付利息;借方登记长期借款的减少额,即归还的长期借款本金;期末余额在贷方,表示尚未偿还的长期借款本息结余额。"长期借款"账户应按贷款单位设置明细分类账户,并按贷款种类进行明细分类核算。

"长期借款"账户的结构如下:

长期借款

借方	贷方
本期长期借款本息偿还数	期初余额:期初尚未偿还的长期借款本息数 本期取得的长期借款本金和到期还本付息的长期借款当期预提利息数
	期末余额:期末尚未偿还的长期借款本息数

3) 账务处理

企业取得长期借款时,按实际发生的借款金额,借记"银行存款"账户,贷记"长期借款"账户。另外,企业借入的长期借款,除了按期归还本金外,还应按规定的利率支付利息。按照权责发生制的要求,长期借款的利息费用应按期计算提取计入所购建资产的成本(资本化)或者直接计入当期损益(费用化)。对于分期付息的长期借款,预提利息时,贷记"应付利息"账户;对于到期一次还本付息的长期借款,预提利息时,贷记"长期借款——应计利息"账户。

【例6-5】清泉公司2020年1月1日借入3年期借款500 000元,年利率为8%,2023年1月1日到期,一次还本付息。该项借款为建造固定资产的专项借款,固定资产的建造期为2020年1月1日到2021年12月31日。

(1) 取得长期借款 清泉公司在2020年1月1日取得借款时,使得银行存款增加500 000元,应记入"银行存款"账户的借方。由于这笔借款的期限为3年,超过1年,属于长期借款,长期借款增加应记入"长期借款"账户的贷方。取得长期借款时应编制的会计分录如下:

借:银行存款　　　　　　　　　　　　　500 000
　　贷:长期借款——本金　　　　　　　　　　　500 000

(2) 预提长期借款利息　由于这笔借款是到期还本付息,2020年、2021年和2022年都不需要支付利息,但根据权责发生制,需要预提利息费用。由于该项借款为建造固定资产的专项借款,所以在固定资产建设期的利息费用应该予以资本化,记入"在建工程"账户的借方;固定资产建设期满后的利息费用,应记入"财务费用"账户的借方。同时,由于利息尚未支付,应贷记"长期借款"账户。

每年的利息＝500 000×8％＝40 000(元)

① 2020年12月31日预提2020年利息时应编制的会计分录如下:

借：在建工程　　　　　　　　　　　　　　　　40 000
　　贷：长期借款——应计利息　　　　　　　　　　　　40 000

② 2021年12月31日预提2021年利息时应编制的会计分录如下:

借：在建工程　　　　　　　　　　　　　　　　40 000
　　贷：长期借款——应计利息　　　　　　　　　　　　40 000

③ 2022年12月31日预提2022年利息时应编制的会计分录如下:

借：财务费用　　　　　　　　　　　　　　　　40 000
　　贷：长期借款——应计利息　　　　　　　　　　　　40 000

(3) 到期还本付息　2023年1月1日,长期借款到期,清泉公司还本付息,共以银行存款支付620 000元,其中本金500 000元,利息120 000元。归还长期借款本金使得长期借款本金减少500 000元,应记入"长期借款——本金"账户的借方;支付的120 000元利息已经预提,其实是在偿还2020年、2021年和2022年的长期借款利息,记入"长期借款——应计利息"账户的借方;用银行存款支付620 000元使得银行存款减少,应记入"银行存款"账户的贷方。2023年1月1日还本付息时应编制的会计分录如下:

借：长期借款——本金　　　　　　　　　　　　500 000
　　　　　　——应计利息　　　　　　　　　　120 000
　　贷：银行存款　　　　　　　　　　　　　　　　　620 000

4) 长期借款的核算过程总结

根据例6-5,可将长期借款的核算过程总结为图6.2.2所示。

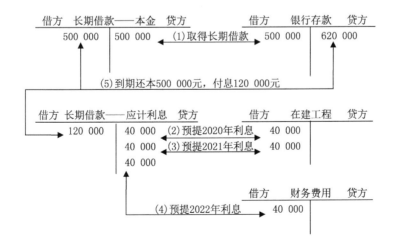

图6.2.2　长期借款的核算过程示意图

【拓展阅读】

长期借款和应付债券利息费用的处理

短期借款是为了满足临时性经营需要而借入的款项,其利息费用全部作为收益性支出计入财务费用,而长期借款和应付债券的利息费用还需要确定是予以资本化,计入相关资产的成本,还是费用化,计入当期损益(财务费用)。长期借款和应付债券的利息费用可以直接归属于符合资本化条件的资产购建或者生产的,应予以资本化,计入相关资产成本;其他利息费用应当在发生时根据其发生额计入当期损益(财务费用)。符合资本化条件的资产是指需要经过相当长时间(通常为1年以上(含1年))的购建或者生产活动才能达到预定可使用状态的固定资产、投资性房地产和存货等资产。利息费用开始资本化必须满足三个条件,即资产支出已经发生、借款费用已经发生、为使资产达到预定可使用或者可销售状态所必要的购建或者生产活动已经开始。购建或者生产符合资本化条件的资产达到预定可使用或者可销售状态时,利息费用应当停止资本化。本章引导案例中的万科为房地产开发与销售企业,符合资本化的资产包括固定资产、投资性房地产和存货,金额较大。同时房地产企业所需资金量大,负债率高,有大额的短期借款、长期借款和应付债券,所以利息费用金额大,予以资本化的利息费用占比高。而贵州茅台的资产中,货币资金占比较高,现金流充足,没有短期借款、长期借款和应付债券等带息负债,因此不仅没有利息支出,反而由于存款利息收入的原因使得财务费用为负数。资本性支出和收益性支出的划分直接影响到资产和利润金额,因此,对房地产等资金占用量大、带息负债比例高的企业,应特别关注利息费用资本化金额的合理性。

习 题

一、单项选择题

1. 股份公司溢价发行股票时,其超过面值的溢价金额应列入( )账户。
   A. 股本　　　　B. 投资收益　　　C. 营业外收入　　D. 资本公积

2. 下列选项中能引起"资本公积"账户借方发生变动的是( )。
   A. 向某灾区捐赠　　　　　　　　B. 资本公积转增资本
   C. 向投资人分派股利　　　　　　D. 溢价发行股票

3. 下列属于留存收益的是( )。
   A. 资本公积　　B. 实收资本　　　C. 股本　　　　　D. 盈余公积

4. 有限责任公司增资扩股时,若有新的投资者加入,则新加入的投资者缴纳的出资额大于按约定比例计算的其在注册资本中所占份额部分,应记入的贷方账户是( )账户。
   A. 实收资本　　B. 股本　　　　　C. 资本公积　　　D. 盈余公积

5. 企业在期末有资产860万元,负债350万元,则期末的所有者权益总额为( )万元。
   A. 510　　　　　B. 860　　　　　C. 350　　　　　　D. 1 210

6. 企业所有者权益中的盈余公积和未分配利润称为( )。
   A. 所有者权益　B. 资本公积　　　C. 留存收益　　　D. 实收资本

7. 下列各项中,不属于所有者权益的是( )。
   A. 资本公积　　　B. 盈余公积　　　C. 实收资本　　　D. 应付股利
8. 有关"实收资本"账户,下列说法错误的是( )。
   A. 其属于所有者权益类账户　　　B. 其借方登记按规定减少的资本
   C. 其贷方登记投资者投入的资本　　　D. 期末无余额
9. 甲公司为有限责任公司,在3年前成立,公司成立时注册资本为1 000万元。乙公司现在欲投入资本800万元,占甲公司全部有表决权资木的1/3,则甲公司接受乙公司投资时,发生的资本溢价为( )。
   A. 400万元　　　B. 300万元　　　C. 500万元　　　D. 200万元
10. 某企业年初所有者权益总额为8 000万元,当年将其中的资本公积250万元转增资本,当年实现净利润1 500万元,提取盈余公积150万元,向投资者分配利润100万元,则该企业年末的所有者权益总额为( )万元。
    A. 9 000　　　B. 9 700　　　C. 9 400　　　D. 9 500
11. 企业预提短期借款利息的账务处理为( )。
    A. 借记"财务费用"账户,贷记"短期借款"账户
    B. 借记"财务费用"账户,贷记"银行存款"账户
    C. 借记"财务费用"账户,贷记"应付利息"账户
    D. 借记"财务费用"账户,贷记"待摊费用"账户
12. 企业长期借款利息支出发生在所购建的固定资产达到预定可使用状态之前,应借记的账户是( )。
    A. 在建工程　　　B. 固定资产　　　C. 财务费用　　　D. 长期借款
13. 某公司2021年10月1日向银行借入资金60万元,期限6个月,年利率为6%,到期还本,按月计提利息,按季付息。该企业10月31应计提的利息为( )万元。
    A. 0.3　　　B. 0.6　　　C. 0.9　　　D. 3.6

二、多项选择题
1. 下列各项中,属于所有者权益来源的有( )。
   A. 所有者投入的资本　　　B. 直接计入所有者权益的利得和损失
   C. 留存收益　　　D. 收入
2. 下列属于所有者权益的有( )。
   A. 实收资本　　　B. 资木公积
   C. 长期股权投资　　　D. 未分配利润
3. 构成留存收益的有( )。
   A. 盈余公积　　　B. 未分配利润　　　C. 股本　　　D. 资本公积
4. 投资者进行投资时,可以采用的投资形式有( )。
   A. 货币　　　B. 土地使用权　　　C. 实物资产　　　D. 知识产权
5. 下列项目中,应计入"财务费用"的有( )。
   A. 汇兑损失　　　B. 相关的手续费　　　C. 汇兑收益　　　D. 利息支出
6. 企业从银行借入的期限为3个月的借款到期,支付该借款利息时所编制的会计分录可能涉及的账户有( )。
   A. 应付利息　　　B. 财务费用　　　C. 短期借款　　　D. 银行存款

三、判断题

1. 经股东大会或类似机构决议,用资本公积转增资本,企业不需作账务处理。（ ）
2. 所有者投入的资本,通常表现为货币资金,有时也表现为存货、固定资产等非货币资产。（ ）
3. 所有者权益在数量上等于企业资产总额扣除负债后的余额,即为企业的净资产,反映所有者在企业资产中享有的经济利益。（ ）
4. 资本公积可以用于转增企业的资本。（ ）
5. 企业的投资者享有企业的经济利益,但不承担企业的经营风险。（ ）
6. 企业的资本公积和未分配利润也可称作留存收益。（ ）
7. 企业每期期末对到期一次还本付息的长期借款计提利息,对其中应当予以资本化的部分,计入"在建工程"等相关账户,而不是"财务费用"。（ ）
8. 短期借款利息在预提或实际支付时均不通过"短期借款"账户核算。（ ）

四、实务题

（一）目的：练习资金筹集业务的核算。

（二）资料：清泉公司2022年发生下列经济业务：

1. 1月1日,从银行借入期限为3个月的短期借款600 000元,年利率为6%,到期还本付息。
2. 1月31日,预提1月份的短期借款利息。（业务1中的短期借款）
3. 2月5日,收到投资者投入资金1 000 000元,其中增加注册资本700 000元,款项已存入银行。
4. 2月28日,预提2月份的短期借款利息。（业务1中的短期借款）
5. 3月20日,经批准,将200 000元资本公积转增资本。
6. 3月31日,预提3月份的短期借款利息。（业务1中的短期借款）
7. 4月1日,年初（业务1）取得的600 000元短期借款到期,偿还本金及利息。

（三）要求：编制清泉公司上述经济业务的会计分录。

7 采购业务的核算

【思维导图】

采购业务的核算,思维导图如图7.1所示。

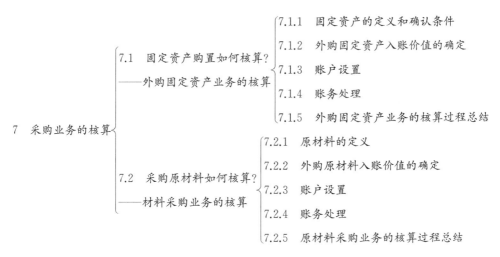

图 7.1 思维导图

【学习目的】

通过本章的学习,要求理解固定资产的含义和特征、确认条件,原材料的含义;掌握外购固定资产入账价值的确定、账户设置和账务处理,外购原材料入账价值的确定、账户设置和账务处理。

【引导案例】

表7.1为2020年我国5家上市公司固定资产和在建工程的金额及占总资产比。

表 7.1 2020 年 5 家公司固定资产和在建工程金额及占总资产比

金额单位:亿元

项目	贵州茅台	万科	鞍钢股份	比亚迪	上海电力
固定资产原值①	251.86	170.84	1 235.96	1 007.03	958.94
累计折旧②	89.60	45.06	700.41	455.41	298.76
固定资产净值③(①-②)	162.26	125.78	535.55	551.62	660.18

续表

项目	贵州茅台	万科	鞍钢股份	比亚迪	上海电力
固定资产减值准备④	0.01	—	31.83	5.77	5.71
固定资产⑤(③-④)	162.25	125.78	503.72	545.85	654.47
在建工程⑥	24.47	—	17.72	35.50	192.86
小计(⑤+⑥)	186.72	125.78	521.44	581.35	847.33
资产总计	2 133.96	18 691.77	880.46	2 010.17	1 289.47
固定资产和在建工程占总资产比(%)	8.75%	0.67%	59.22%	28.92%	65.71%

从表7.1可以看出,不同行业的资产结构会有很大差异,有的行业固定资产投资规模大,占总资产比重高,一旦投资失败,可能会给企业带来致命的打击。因此,对这些行业来讲,固定资产的管理就非常重要。那么,什么是固定资产?固定资产有哪些特点?固定资产如何计量?在建工程和固定资产有什么关系?

制造业企业的生产经营活动是劳动者借助于劳动资料来改变劳动对象的活动,劳动资料和劳动对象是生产经营活动必备的物质基础。制造业企业筹集到生产经营所需资金后,一方面需要购建厂房、办公楼等生产经营场所和机器设备等劳动工具;另一方面要购买各种材料,为产品生产做好物质准备。因此,采购业务是制造业企业生产经营活动三大过程——供、产、销过程的起点。本章主要介绍外购固定资产和原材料的核算。

7.1 固定资产购置如何核算?——外购固定资产业务的核算

7.1.1 固定资产的定义和确认条件

1) 固定资产的定义与特征

我国《企业会计准则第4号——固定资产》中对固定资产的定义为:固定资产是指同时具有下列特征的有形资产:①为生产商品、提供劳务、出租或经营管理而持有;②使用寿命超过一个会计年度。

从固定资产的定义看,固定资产具有以下3个特征:

(1) 为生产商品、提供劳务、出租或经营管理而持有。企业持有固定资产的目的是为了生产商品、提供劳务、出租或经营管理,即固定资产是企业的劳动工具或手段,而非用于出售的产品。需要注意的是,以经营租赁方式出租的建筑物属于企业的投资性房地产,不属于固定资产。

(2) 使用寿命超过一个会计年度。固定资产的使用寿命,是指企业使用固定资产的预计期间,或者该固定资产所能生产产品或提供劳务的数量。通常情况下,固定资产的使用寿命是指使用固定资产的预计期间,比如自用建筑物的使用寿命表现为企业对该建筑物的预计使用年限。对于某些机器设备或运输设备等固定资产,其使用寿命表现为以该固定资所能生产产品或提供劳务的数量。例如,汽车或飞机等,按其预计行驶或飞行里程估计使用寿命。

固定资产使用寿命超过一个会计年度,意味着固定资产属于非流动资产,随着使用和磨损,通过计提折旧方式逐渐减少账面价值。对固定资产计提折旧,是对固定资产进行后续计量的重要内容。

(3) 固定资产为有形资产。固定资产具有实物特征,这一特征将固定资产与无形资产区别开来。有些无形资产也为生产商品、提供劳务而持有,同时使用寿命超过一个会计年度,但由于没有实物形态,因而不属于固定资产。

从固定资产的定义和特征可知,固定资产投入金额大,回收周期长。企业的主要固定资产如生产线、大型成套设备等,决定着企业的生产方向、技术进步程度、经济效益水平等问题,因此,这些固定资产的购建要建立可行性研究分析制度和立项审批制度。企业的一般固定资产购建,也需要建有专门的申请程序和控制制度。

2) 固定资产的确认条件

符合固定资产定义的资产,同时满足下列条件时,才能予以确认:

(1) 与该固定资产有关的经济利益很可能流入企业。

(2) 该固定资产的成本能够可靠计量。

7.1.2 外购固定资产入账价值的确定

《企业会计准则第 4 号——固定资产》规定,固定资产应当按照成本进行初始计量。固定资产取得时的实际成本是指企业购建固定资产达到预定可使用状态前所发生的一切合理的、必要的支出。其中,外购固定资产的成本包括购买价款、相关税费、使固定资产达到预定可使用状态前所发生的可归属于该项资产的运输费、装卸费、安装费和专业人员服务费等。需要注意的是,若企业为增值税一般纳税人,对于可以抵扣的增值税税额,不计入固定资产的初始成本,而应记入"应交税费——应交增值税(进项税额)"的借方。

【例 7-1】清泉公司于 2021 年 12 月 2 日购入一台需要安装的生产设备,取得的增值税专用发票上注明的设备买价为 300 000 元,增值税税额为 39 000 元;支付运费取得的增值税专用发票上注明的价款为 2 000 元,增值税税额为 180 元;设备安装时领用原材料 5 000 元,应付本公司安装工人的薪酬为 6 000 元,请计算该固定资产的初始成本。

外购固定资产的成本包含买价、相关税费以及达到预定可使用状态前的运输费、装卸费、保险费等,需要安装的还包括安装费和专业服务人员服务费等,但不包括可抵扣的增值税,因此该固定资产的初始成本为:300 000+2 000+5 000+6 000=313 000 元。

7.1.3 账户设置

为了对购置固定资产业务进行核算,企业应设置如下账户:

1) "固定资产"账户

"固定资产"账户为资产类账户,用于核算固定资产原始价值的增减变动及其结存情况。"固定资产"账户的借方登记固定资产原始价值的增加;贷方登记固定资产原始价值的减少,期末余额在借方,表示固定资产原始价值的结存金额。该账户一般按固定资产的种类设置明细分类账户进行明细分类核算。

"固定资产"账户的结构如下:

固定资产

借方	贷方
期初余额:期初固定资产的原始价值 　　　　本期固定资产原始价值的增加	本期固定资产原始价值的减少
期末余额:期末固定资产的原始价值	

2)"在建工程"账户

"在建工程"账户为资产类账户,用于核算企业所购建的各项固定资产在达到预定可使用状态前发生的全部支出。该账户的借方登记因购建固定资产而发生的支出,贷方登记结转达到预定可使用状态固定资产的成本。期末余额在借方,表示企业尚在购建中的固定资产成本。该账户应按在建工程项目名称设置明细分类账户,分别进行明细分类核算。

"在建工程"账户的结构如下:

在建工程

借方	贷方
期初余额:期初尚未完工的工程成本 　　　　本期发生的工程成本	结转完工的工程成本
期末余额:期末尚未完工的工程成本	

3)"应交税费"账户

"应交税费"账户为负债类账户,用于核算企业按税法规定应缴纳的各种税费的计算与缴纳情况,按照税种设置明细分类账户,进行明细分类核算。其贷方一般登记计算出的各种应交未交税费的增加,借方一般登记实际缴纳的各种税费和可以抵扣的进项税额。期末余额可能在贷方,也可能在借方,如果在贷方,表示尚未缴纳的税费;如果在借方,表示多交的税费或者尚未抵扣的进项税额。

"应交税费"账户的结构如下:

应交税费

借方	贷方
期初余额:期初多交的税费或尚未抵扣的进项税额 本期缴纳的各项税费和可以抵扣的进项税额等	期初余额:期初未交的税费 本期销项税额和应交未交的税费等
期末余额:期末多交的税费或尚未抵扣的进项税额	期末余额:期末未交的税费

在采购业务中设置"应交税费"账户主要是为了核算增值税。增值税是以商品(含劳务)在流转过程中产生的以增值额为计税依据而征收的一种流转税。我国的增值税纳税人分为小规模纳税人和一般纳税人,小规模纳税人采用简易征收办法,只需要设置"应交税费——应交增值税"即可;一般纳税人则采用抵扣制度计算应交的增值税税额。在抵扣制度下,纳税人销售货物或提供应税劳务时,按销售额和适用的税率计算并向购买方收取的增值税税额,称之为销项税额,记入"应交税费——应交增值税(销项税额)"的贷方;纳税人购进货物或接受劳务所支付或负担的增值税税额称之为进项税额,记入"应交税费——应交增值税(进项税额)"的借方。

7.1.4 账务处理

企业购置的固定资产,有的购买完成之后即可达到预定可使用状态,直接交付使用;有的则需要安装才能达到预定可使用状态。因此,对购置固定资产的账务处理一般分为不需要安装和需要安装两种情况分别进行处理。

1) 购入不需要安装的固定资产

购入的固定资产如果不需要安装就可以直接交付使用,则计算出固定资产的成本直接记入"固定资产"账户即可。

【例7-2】 清泉公司购入不需要安装的生产用设备一台,取得的增值税专用发票上注明价款50 000元,增值税税额6 500元;同时发生运输费取得的增值税专用发票上注明运费2 000元,增值税税额180元。上述所有款项均以银行存款支付。

清泉公司购入不需要安装的生产用设备一台,一方面使固定资产增加了52 000元(50 000+2 000),可抵扣的增值税税额增加了6 680元(6 500+180),应借记"固定资产"账户和"应交税费——应交增值税(进项税额)"账户;另一方面使银行存款减少了58 680元,应贷记"银行存款"账户。该业务应编制会计分录如下:

借:固定资产　　　　　　　　　　　　　　　52 000
　　应交税费——应交增值税(进项税额)　　　6 680
　　贷:银行存款　　　　　　　　　　　　　　　58 680

2) 购入需要安装的固定资产

购入的固定资产如果需要经过安装以后才能达到预定可使用状态交付使用,则需要通过"在建工程"账户进行核算。在购建过程中发生的应计入该项固定资产成本的全部支出,先通过"在建工程"账户进行归集,待安装完毕达到预定可使用状态后,再由"在建工程"账户转入"固定资产"账户。

【例7-3】 清泉公司购入需要安装的生产用设备一台,取得的增值税专用发票上注明价款400 000元,增值税税额52 000元;同时发生运输费取得的增值税专用发票上注明运费5 000元,增值税税额450元。上述所有款项均以银行存款支付。

清泉公司购入需安装的生产用设备一台,一方面使在建工程增加了405 000元(400 000+5 000),可抵扣的增值税税额增加了52 450元(52 000+450),应借记"在建工程"账户和"应交税费——应交增值税(进项税额)"账户;另一方面使银行存款减少了457 450元,应贷记"银行存款"账户。该业务应编制会计分录如下:

借:在建工程　　　　　　　　　　　　　　　405 000
　　应交税费——应交增值税(进项税额)　　　52 450
　　贷:银行存款　　　　　　　　　　　　　　　457 450

【例7-4】 承接例7-3,在安装上述设备过程中发生的安装费如下:领用本公司的原材料6 000元,应付本公司安装工人的薪酬10 000元。

发生安装费用,一方面使在建工程增加了16 000元,应借记"在建工程"账户;另一方面使原材料减少了6 000元,应付职工薪酬增加了10 000元,应分别贷记"原材料"账户和"应付职工薪酬"账户。该业务应编制会计分录如下:

借:在建工程　　　　　　　　　　　　　　　16 000
　　贷:原材料　　　　　　　　　　　　　　　　6 000
　　　　应付职工薪酬　　　　　　　　　　　　10 000

【例7-5】 承接例7-3和例7-4,上述设备安装完毕,达到可使用状态时,结转上述设备成本。

设备安装完毕达到可使用状态后,计算出该项设备的成本为 421 000 元(405 000＋16 000),将设备的成本从"在建工程"账户转入"固定资产"账户。应编制会计分录如下：

借：固定资产　　　　　　　　　　　　　　　　　421 000
　　贷：在建工程　　　　　　　　　　　　　　　　421 000

7.1.5 外购固定资产业务的核算过程总结

根据例 7-2—例 7-5,可将外购固定资产业务的核算过程总结为图 7.1.1 所示。

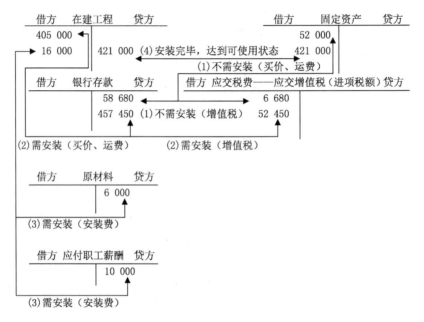

图 7.1.1　外购固定资产业务的核算过程示意图

【拓展阅读】

疫情之下,2020 年我国固定资产投资成绩如何？

2020 年 1—12 月份,全国固定资产投资(不含农户)518 907 亿元,比上年增长 2.9%,增速比 1—11 月份提高 0.3 个百分点。其中,民间固定资产投资 289 264 亿元,增长 1.0%,增速提高 0.8 个百分点。从环比速度看,12 月份固定资产投资(不含农户)增长 2.32%。

分产业看,第一产业投资 13 302 亿元,比上年增长 19.5%,增速比 1—11 月份提高 1.3 个百分点;第二产业投资 149 154 亿元,增长 0.1%,1—11 月份为下降 0.7%;第三产业投资 356 451 亿元,增长 3.6%,增速提高 0.1 个百分点。

分地区看,东部地区投资比上年增长 3.8%,增速比 1—11 月份提高 0.3 个百分点;中部地区投资增长 0.7%,1—11 月份为下降 0.7%;西部地区、东北地区投资分别增长 4.4% 和 4.3%,增速均提高 0.2 个百分点。

2020 年,基础设施投资增速保持增长态势。基础设施投资(不含电力、热力、燃气及水生产和供应业)比上年增长 0.9%,增速比 1—11 月份回落 0.1 个百分点,比上年回落 2.9 个百分点。其中,铁路运输业投资下降 2.2%,1—11 月份为增长 2.0%;道路运输业投资增长 1.8%,增速回落 0.4 个百分点;水利管理业投资增长 4.5%,增速提高 1.4 个百分点;公共设施管理业投资下降 1.4%,降幅收窄 0.4 个百分点。

从投资主体看,民间固定资产投资逐步恢复。2020 年 1—12 月份,民间固定资产投资 289 264 亿元,增长 1.0%,增速提高 0.8 个百分点。民间固定资产投资占全国固定资产投资(不含农户)的比重为 55.7%,比 1—11 月份回落 0.2 个百分点。

(资料来源:载于搜狐网,https://www.sohu.com)

7.2 采购原材料如何核算?——材料采购业务的核算

7.2.1 原材料的定义

原材料是指在生产过程中经过加工改变其形态或性质并构成产品主要实体的各种原料及主要材料、外购半成品以及不构成产品实体但有助于产品形成的辅助材料。原材料包括主要材料、辅助材料、外购半成品(外购件)、修理用备件、包装材料、燃料等。原材料在企业存货中占有的比重较大,资金占用多,因此,加强对原材料的管理和核算具有重要的意义。原材料的核算方法包括按实际成本计价和按计划成本计价两种。基础会计学课程仅介绍按实际成本计价的核算方法,计划成本法将在财务会计课程中介绍。

7.2.2 外购原材料入账价值的确定

对于原材料采购业务的核算,很重要的一个问题就是其初始成本的确定。我国《企业会计准则第 1 号——存货》规定,存货应当按照成本进行初始计量,存货的成本包括采购成本、加工成本和其他成本。其中存货的采购成本是指在采购过程中发生的支出,包括购买价款、相关税费、运输费、装卸费、保险费以及其他可归属于存货采购成本的费用。根据该规定,原材料的采购成本一般包括:①购买价款;②采购过程中发生的运输费、装卸费、保险费、包装费和仓储费等运杂费;③相关税费,但不包括按规定可以抵扣的增值税税额;④运输途中的合理损耗;⑤入库前的挑选整理费用;⑥其他费用。一般情况下,会把②③④⑤⑥统称为采购费用,因此,外购原材料的实际成本(即采购成本)可以表示为:采购成本=买价+采购费用。

买价可以直接计入该材料的采购成本,如果采购费用能分清楚是某种材料直接负担的,可以直接计入该材料的采购成本;如果采购费用是多种材料共同负担的,无法分清楚属于哪种材料负担的,则需要按照材料的重量、体积或金额等标准将共同费用在不同材料间进行分配。计算过程如下:

第一步:计算分配率。分配率=共同费用÷分配标准之和(重量、体积或金额)。

第二步:分配共同费用。某种原材料应分配的共同费用=该种原材料的分配标准×分配率。

【例 7-6】 清泉公司采购材料一批,其中甲材料 500 千克,单价 200 元/千克;乙材料 1 000 千克,单价 150 元/千克,增值税税率 13%,全部款项用银行存款付清。同时用银行存款支付该批材料的运杂费 7 500 元和增值税税额 675 元,按照材料的重量分配运杂费。

运杂费分配率=7 500÷(500+1 000)=5

甲材料应分配的运杂费=500×5=2 500(元)

乙材料应分配的运杂费=1 000×5=5 000(元)

甲材料的总成本=500×200+2 500=102 500(元)

乙材料的总成本＝1 000×150＋5 000＝155 000(元)

7.2.3 账户设置

对于原材料采购业务,除了在固定资产购置业务核算中使用的"应交税费——应交增值税(进项税额)"账户和"银行存款"账户之外,还需要设置以下账户:

1)"原材料"账户

"原材料"账户为资产类账户,用于核算原材料的收入、发出和结存情况。该账户的借方登记原材料的增加数,即登记各种途径取得原材料的实际成本;贷方登记原材料的减少数,即登记领用、对外销售、盘亏、毁损等各种原因而减少的原材料实际成本;期末余额在借方,表示库存原材料的实际成本。"原材料"账户应按照材料的保管地点、材料的种类、品种和规格型号设置原材料明细分类账户,进行明细分类核算。

"原材料"账户的结构如下:

原材料

借方	贷方
期初余额:期初结存原材料的实际成本 本期验收入库材料的实际成本	本期减少的原材料实际成本
期末余额:期末结存原材料的实际成本	

2)"在途物资"账户

"在途物资"账户为资产类账户,用于核算实际成本核算法下已经收到结算凭证但尚未入库的外购材料的实际成本。该账户的借方登记购入材料时发生的实际采购成本;贷方登记材料经验收入库已结转到"原材料"账户的实际成本;期末余额在借方,表示尚未验收入库的各种在途材料的实际成本。该账户应按照供货单位和购入材料的品种或种类设置明细分类账户,进行明细分类核算。

"在途物资"账户的结构如下:

在途物资

借方	贷方
期初余额:期初尚未验收入库材料的实际成本 本期购入材料的实际成本	本期验收入库转入"原材料"账户的实际成本
期末余额:期末尚未验收入库材料的实际成本	

3)"应付账款"账户

"应付账款"账户为负债类账户,用于核算企业在生产经营过程中,因购买原材料、商品或接受劳务而发生的,应当支付而尚未支付给供应单位的款项。该账户的贷方登记应付供应单位款项(买价、税金和代垫运杂费等)的增加;借方登记应付账款的偿还数;期末余额在贷方,表示尚未偿还的应付账款。该账户应按供应单位名称设置明细分类账户,进行明细分类核算。

"应付账款"账户的结构如下:

应付账款

借方	贷方
本期应付账款的偿还金额	期初余额:期初尚未偿还的应付账款 本期应付供应单位款项的增加
	期末余额:期末尚未偿还的应付账款

4)"预付账款"账户

"预付账款"账户为资产类账户,用于核算企业按购货合同规定预付给供应单位的款项,是企业的一项债权。该账户的借方登记预付账款的增加数,即登记预付给供应单位的货款及补付的货款;贷方登记预付账款的减少数,即登记收到货物时应付的货款及退回的多付款项。期末余额若为借方,表示企业实际预付的款项;若为贷方余额,表示企业尚未补付的款项。该账户应按供应单位的名称设置明细分类账户,进行明细分类核算。如果企业预付款项的情况不多,也可以不设置"预付账款"账户,将预付的款项通过"应付账款"账户核算。

"预付账款"账户的结构如下:

预付账款

借方	贷方
期初余额:期初尚未结算的预付款 本期预付供应单位款项的增加	本期收到货物时应付的货款及退回的多付款项
期末余额:期末尚未结算的预付款	

5)"应付票据"账户

"应付票据"账户为负债类账户,用于核算企业采用商业汇票结算方式购买材料物资等而开出、承兑的商业汇票的增减变动及结存情况。企业开出、承兑商业汇票时登记在该账户的贷方;商业汇票到期时登记在该账户的借方;余额在贷方,表示尚未到期的商业汇票。

商业汇票按照承兑人不同,可分为银行承兑汇票和商业承兑汇票。承兑是指承诺在汇票到期日支付汇票金额的行为。银行承兑汇票的承兑人为承兑申请人的开户银行,商业承兑汇票的承兑人为付款人。该账户应按债权人设置明细分类账户,进行明细分类核算,同时设置"应付票据备查簿",详细登记商业汇票的种类、号数、出票日期、到期日、票面金额、交易合同号和收款人以及付款日期和金额等资料。应付票据到期结清时,在备查簿中注销。

"应付票据"账户的结构如下:

应付票据

借方	贷方
本期到期的商业汇票	期初余额:期初尚未到期的商业汇票 本期开出、承兑的商业汇票
	期末余额:期末尚未到期的商业汇票

7.2.4 账务处理

由于收到购货发票和材料验收入库的时间不同以及货款结算方式的不同,原材料采购的账务处理也有所不同。借方账户取决于是否收到购货发票和货物是否验收入库,在采购发票已到的情况下,一方面进项税额增加,应交税费减少,记入"应交税费——应交增值税(进项税额)"账户的借方;另一方面如果材料同时验收入库,则根据材料成本借记"原材料"账户,如果材料尚未验收入库,则根据原材料成本先借记"在途物资"账户,等材料验收入库时,再从"在途物资"账户转入"原材料"账户。如果材料先验收入库,购货发票尚未收到,则在月底先估价入库,下月月初开红字入库单冲回,等收到购货发票时,再根据发票金额记入"原材料"和"应交税费——应交增值税(进项税额)"账户的借方。贷方账户取决于货款如何结算,如果货款已经由银行存款支付,则贷记"银行存款"账户;如果货款暂欠,则贷记"应付账款"账户;如果签发并承兑商业汇票,则贷记"应付票据"账户;如果采用预付款的方式,则贷记"预付账款"账户。

本教材重点介绍两种情况:①收到购货发票的同时材料也验收入库;②收到购货发票,材料尚未验收入库。对于先收到货物但未收到购货发票需要估价入库的情况,本教材不做介绍。

1) 收到购货发票,材料验收入库

材料验收入库,应填制材料入库单(或收料单),根据购货发票和材料入库单(或收料单)借记"原材料""应交税费——应交增值税(进项税额)",根据货款结算方式不同,贷方分别记入"银行存款""应付账款""应付票据"或"预付账款"账户。

【例 7-7】清泉公司从光明公司购入甲材料一批,取得的增值税专用发票上注明的价款为 100 000 元,增值税税额为 13 000 元,甲材料已验收入库。清泉公司用银行存款支付了 80 000 元,其他款项暂欠。

这项经济业务的发生,一方面使库存甲材料增加了 100 000 元,应借记"原材料"账户,可以抵扣的增值税税额 13 000 元,应借记"应交税费——应交增值税(进项税额)"账户。另一方面使银行存款减少了 80 000 元,应贷记"银行存款"账户,应付账款增加了 33 000 元,应贷记"应付账款"账户。该业务应编制会计分录如下:

借:原材料——甲材料	100 000
应交税费——应交增值税(进项税额)	13 000
贷:银行存款	80 000
应付账款——光明公司	33 000

【例 7-8】承接例 7-7,上述所欠光明公司的货款到期,清泉公司用银行存款支付。

支付所欠光明公司的货款,一方面使应付账款减少 33 000 元,应借记"应付账款"账户;另一方使银行存款减少 33 000 元,应贷记"银行存款"账户。该业务应编制会计分录如下:

借:应付账款——光明公司	33 000
贷:银行存款	33 000

【例 7-9】清泉公司向华美公司预付 50 000 元用于采购乙材料。

预付购货款,一方面使预付账款增加 50 000 元,应借记"预付账款"账户;另一方面使银行存款减少 50 000 元,应贷记"银行存款"账户。该业务应编制会计分录如下:

借:预付账款——华美公司	50 000
贷:银行存款	50 000

【例 7-10】承接例 7-9,清泉公司收到向华美公司采购的乙材料,材料已经验收入库,增值税专用发票上注明的价款为 80 000 元,增值税税额为 10 400 元。

这项经济业务的发生,一方面使库存乙材料增加了 80 000 元,应借记"原材料"账户,可以抵扣的增值税税额 10 400 元,应借记"应交税费——应交增值税(进项税额)"账户;另一方面使预付账款减少了 90 400 元,应贷记"预付账款"账户。该业务应编制会计分录如下:

借：原材料——乙材料	80 000	
应交税费——应交增值税（进项税额）	10 400	
贷：预付账款——华美公司		90 400

【例 7-11】 清泉公司向华美公司补付用于采购乙材料的剩余货款 40 400 元。

补付购货款，一方面使预付账款增加 40 400 元，应借记"预付账款"账户；另一方面使银行存款减少 40 400 元，应贷记"银行存款"账户。该业务应编制会计分录如下：

借：预付账款——华美公司	40 400	
贷：银行存款		40 400

2）收到购货发票，材料尚未验收入库

对于已经收到购货发票，但材料尚未运达的采购业务，应根据购货发票等凭证，借记"在途物资"和"应交税费——应交增值税（进行税额）"账户，根据货款结算方式不同，贷方分别记入"银行存款""应付账款""应付票据"或"预付账款"账户。待收到材料后，再根据收料单，借记"原材料"账户，贷记"在途物资"账户。

【例 7-12】 清泉公司向友谊公司签发并承兑一张商业承兑汇票购入材料一批，其中甲材料 1 000 千克，单价 50 元/千克；乙材料 500 千克，单价 200 元/千克。取得的增值税专用发票上注明的价款为 150 000 元，增值税税额为 19 500 元，材料尚未验收入库。

这项经济业务的发生，一方面使在途物资增加了 150 000 元，其中甲材料 50 000 元，乙材料 100 000 元，应借记"在途物资"账户，可以抵扣的增值税税额 19 500 元，应借记"应交税费——应交增值税（进项税额）"账户。另一方面使应付票据增加了 169 500 元，应贷记"应付票据"账户。该业务应编制会计分录如下：

借：在途物资——甲材料	50 000	
——乙材料	100 000	
应交税费——应交增值税（进项税额）	19 500	
贷：应付票据——友谊公司		169 500

【例 7-13】 承接例 7-12，清泉公司取得上述材料运费的增值税专用发票，注明运费 9 000 元，增值税税额 810 元，所有款项均通过银行存款支付，按重量分配运费。

运费分配率＝9 000÷(1 000＋500)＝6
甲材料应分配的运费＝1 000×6＝6 000(元)
乙材料应分配的运费＝500×6＝3 000(元)

该业务应编制会计分录如下：

借：在途物资——甲材料	6 000	
——乙材料	3 000	
应交税费——应交增值税（进项税额）	810	
贷：银行存款		9 810

【例 7-14】 承接例 7-12 和例 7-13，清泉公司从友谊公司购买的甲材料和乙材料验收入库。

材料验收入库后，应计算材料成本，填制收料单，根据收料单，将在途物资转入"原材料"账户。

甲材料的总成本＝50 000＋6 000＝56 000(元)
乙材料的总成本＝100 000＋3 000＝103 000(元)

该业务应编制会计分录如下：

借：原材料——甲材料　　　　　　　　　　56 000
　　　　　——乙材料　　　　　　　　　　103 000
　　贷：在途物资——甲材料　　　　　　　　　56 000
　　　　　　　——乙材料　　　　　　　　　103 000

【例 7-15】承接例 7-12，签发给友谊公司的商业承兑汇票到期，用银行存款支付。

该业务应编制会计分录如下：

借：应付票据——友谊公司　　　　　　　169 500
　　贷：银行存款　　　　　　　　　　　　　169 500

如果上述商业承兑汇票到期，由于公司账户资金不足没有支付，则将"应付票据"转为"应付账款"，应编制会计分录如下：

借：应付票据——友谊公司　　　　　　　169 500
　　贷：应付账款——友谊公司　　　　　　　169 500

7.2.5 原材料采购业务的核算过程总结

根据例 7-7—例 7-15，可将原材料采购业务的核算过程总结为图 7.2.1 所示。

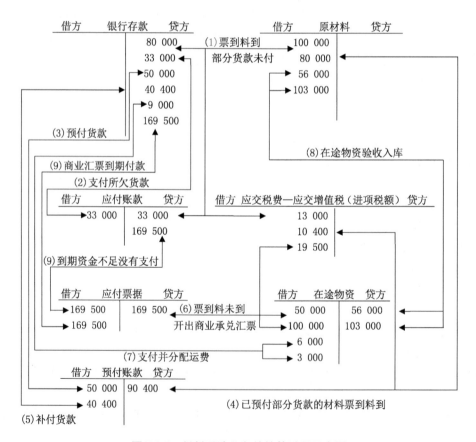

图 7.2.1　材料采购业务的核算过程示意图

【拓展阅读】

原材料价格持续大幅度上涨,家电行业迎来涨价风波

2021年一季度以来,因原材料成本上涨引发的一轮家电涨价潮,一直受到国家层面的高度关注。日前,工信部首次就今年一季度的原材料涨价问题给予正面回应,并明确表态要积极采取措施稳定原材料价格。

家电圈看到,国家对于今年一季度原材料价格上涨的原因分析,主要有三条:一是原材料成本上涨推动大宗商品的普涨;二是家电等下游行业生产恢复后形成了供需紧张态势;三是有色金属、部分化工产品等金融属性突出,在全球经济向好下推高了交易活跃度。

可以看到的是,这一轮原材料价格上涨,带来的家电等轻工产品,以及机械产品普遍出现了不同程度的市场涨价。但是,让家电圈没有想到的是,这三条原因全部是外部原因,没有一条是内因。也就是说,原材料价格上涨属于典型的输入性冲击,而不是行业内部输出性力量所致。这意味着:对于家电等产品来说,涨价的主要原因不是来自行业内部市场和消费需求的反弹和增长,造成了原材料供需的阶段性紧张;相反,而是众多家电厂商担心原材料一路上涨,在一季度普遍采取了"备货、囤货"经营策略,从而共同促成了当前家电原材料涨势未改。

不过面对一季度以来的原材料涨势,国家并没有打算"无视",相反给出了解决手段:一是引导和防范市场的恐慌性购买或囤货,坚持打击垄断市场、恶意炒作的违法违规行为;二是支持上下游企业建立长期的稳定合作关系,协同应对市场价格波动风险,鼓励企业进行期货套期保值交易。这两点在家电圈看来,无疑是直击问题的根本和关键:前者提醒所有的企业,不要借原材料涨价炒作并制造恐慌情绪,造成囤货卖不掉就很麻烦了。毕竟,对于家电等耐用消费品来说,一时高成本囤货,一旦出货不畅,必然会引发后续的一系列经营业绩、利润亏损等问题;后者则明确告诉所有企业,这轮原材料上涨没有支点,很难持续,而且也可以通过资本、财务手段来缓冲和破解,所以千万不要总是怀着赌意去经营。

其实不只是国家层面,包括家电产业层面,很多厂商担心的事情正在发生。那就是原材料价格上涨引发的家电厂商赌博式经营、盲目性囤货问题正在变得严重。一旦很多厂商误认为,原材料价格上涨一直会持续下去,很容易在未来遭遇经营风险。

虽然一季度以来,原材料价格的持续大幅度上涨,引发整个家电产业链上下游企业的备货、囤货经营策略。带来的最直接结果:一是大家都认为这一轮原材料价格上涨还将持续,而且后劲足,所以都不急着卖货,而是急着囤货;二是大家都希望借助涨价炒作甚至营销,从而加快商家的提货。而商家也看中了涨价带来的投机空间,加快囤货的力度。最终大家都在这种"对赌式"经营下滚动发展,无视消费局面。

那么一旦原材料价格上涨的势头衰减,以及消费需求持续不旺,对于众多家电厂商来说,上半年的销售任务还没有完成,而下半年以及全年的销售任务又将如何完成?显然,这将是一道巨大的行业经营悬疑题。

(资料来源:载于中华网,https://hea.china.com)

习 题

一、单项选择题

1. 大华公司于2021年12月6日购入一台需要安装的生产设备,取得的增值税专用发

票上注明的设备买价为 200 000 元,增值税税额为 26 000 元,支付的运输费为 2 000 元,增值税税额 180 元,设备安装时领用工程物资价值为 10 000 元,购入该批工程物资的增值税为 1 300 元,设备安装时支付有关人员的工资为 5 000 元,该固定资产的成本为(　　)元。

  A. 217 000　　　　B. 244 300　　　　C. 233 000　　　　D. 207 000

2. 企业为建造工程所借入的长期借款在工程完工达到可使用状态之前发生的利息支出应计入(　　)。

  A. 在建工程　　　B. 管理费用　　　C. 财务费用　　　D. 固定资产

3. 关于"应付票据"账户,说法正确的是(　　)。

  A. 可按债权人进行明细核算

  B. 借方登记企业开出、承兑的商业汇票

  C. 贷方登记企业已经支付或者到期无力支付的商业汇票

  D. 期末余额在借方

4. 企业购入不需要安装的固定资产发生的运费应记入的科目是(　　)。

  A. 固定资产　　　B. 在建工程　　　C. 管理费用　　　D. 销售费用

5. 增值税一般纳税人购进生产用机器设备所支付的增值税税额应记入的科目是(　　)。

  A. 应交税费　　　B. 材料采购　　　C. 固定资产　　　D. 在建工程

6. 某企业为增值税小规模纳税人,外购一批原材料,不含税价款为 3 000 元,增值税为 390 元,同时发生运杂费 50 元,合理损耗 20 元,入库前的挑选整理费 30 元,则原材料的入账价值为(　　)元。

  A. 3 470　　　　B. 3 100　　　　C. 3 610　　　　D. 3 490

7. 对于需要安装的固定资产,先通过"在建工程"科目核算,等到安装完毕达到预定可使用状态时的会计处理是(　　)。

  A. 借:固定资产　　　　　　　　　B. 借:在建工程
    贷:在建工程　　　　　　　　　 贷:固定资产
  C. 借:固定资产　　　　　　　　　D. 借:库存商品
    贷:在途物资　　　　　　　　　 贷:在建工程

8. 企业"应交税费"科目的借方余额反映的是(　　)。

  A. 企业少交的税费

  B. 企业未交的税费

  C. 企业已交的税费

  D. 企业多交的税费或尚未抵扣的进项税额

9. 企业设置"固定资产"账户是用来反映固定资产的(　　)。

  A. 原始价值　　　B. 磨损价值　　　C. 累计折旧　　　D. 净值

10. 企业预付的货款 100 万元,应借记的科目是(　　)。

  A. 库存现金　　　B. 其他应付款　　　C. 预付账款　　　D. 应收账款

11. 下列各项中,不应计入一般纳税企业材料采购成本的是(　　)。

  A. 采购过程中的保险费　　　　　　B. 购买材料支付的买价

  C. 支付的材料运费　　　　　　　　D. 购买材料发生的可以抵扣的增值税

12. 企业因购买材料、商品和接受劳务等经营活动应支付但暂未支付的款项应通过（　　）科目核算。
    A. 预付账款　　　B. 应付账款　　　C. 其他应付款　　　D. 应收账款
13. 下列各项中,应记入"预付账款"借方的是（　　）。
    A. 收到预付款　　　　　　　　　B. 预付购货款
    C. 收到货物验收入库　　　　　　D. 发出商品
14. 企业签发并承兑的商业承兑汇票如果不能如期支付,应在票据到期并未签发新的票据时,将应付票据账面余额（　　）。
    A. 转入"应付账款"账户　　　　　B. 转入"应收账款"账户
    C. 转入"预收账款"账户　　　　　D. 继续保留在"应付票据"账户
15. 某企业为增值税一般纳税人,企业本月购进原材料400千克,货款为24 000元,增值税税额为3 120元;发生的保险费为1 400元,增值税税额为84元;入库前的挑选整理费用为520元,验收入库时发现数量短缺10%,经查属于运输途中的合理损耗。企业确定的该批原材料的实际单位成本为（　　）。
    A. 66元/千克　　B. 72元/千克　　C. 62.8元/千克　　D. 70.56元/千克

二、多项选择题
1. 以下属于固定资产特征的有（　　）。
    A. 为生产商品、提供劳务、出租或经营管理而持有
    B. 使用寿命超过一个会计年度
    C. 为有形资产
    D. 使用寿命不超过一个会计年度
2. 关于"应付账款"账户,下列各项说法不正确的有（　　）。
    A. 借方登记企业因购买材料、商品和接受劳务等尚未支付的款项
    B. 贷方登记偿还的应付账款
    C. 期末余额只能在贷方
    D. 属于负债类账户
3. 固定资产的初始成本包括（　　）。
    A. 买价　　　　　　　　　　B. 运输费
    C. 增值税进项税额　　　　　D. 安装费
4. 某企业为一般纳税人,购入一台不需要安装的固定资产,可能涉及的会计科目有（　　）。
    A. 固定资产　　　　　　　　B. 应付账款
    C. 在建工程　　　　　　　　D. 应交税费——应交增值税（销项税额）
5. 企业发生购买原材料的经济业务,其贷方可为（　　）科目。
    A. 应付账款　　B. 银行存款　　C. 应付票据　　D. 预收账款
6. 下列各项中,应计入工业企业外购材料入账价值的有（　　）。
    A. 材料的购买价格　　　　　　B. 运输途中的保险费
    C. 入库前的挑选整理费用　　　D. 运输途中的合理损耗
7. 以下各项属于商业汇票的有（　　）。
    A. 银行承兑汇票　　B. 银行汇票　　C. 银行本票　　D. 商业承兑汇票

8. 企业在采购材料过程中发生的下列费用中,不计入材料采购成本,而作为管理费用的有( )。
   A. 运输途中的合理损耗　　　　　　B. 采购人员差旅费
   C. 市内采购材料的零星运杂费　　　D. 专设采购机构经费

三、判断题
1. 不需要安装的固定资产,其增值税税额应计入固定资产成本。( )
2. 固定资产的确认主要看其是否为有形资产,使用寿命是否超过一个会计年度,以及价值是否够高,不考虑其经济利益是否流入。( )
3. 凡是固定资产,其使用寿命必须超过一个会计年度。( )
4. 企业购入材料在运输过程中发生的合理损耗应作为管理费用单独进行账务处理。( )
5. 若材料买价为100元,合理损耗为3元,不考虑其他因素,则该材料的入账价值为103元。( )

四、实务题

练习一

(一) 目的:练习外购固定资产业务的会计处理。

(二) 资料:清泉公司为一般纳税人,2021年发生下列经济业务:

1. 3月5日,购入需要安装的生产设备一台,价款1 000 000元,增值税税率13%;运费30 000元,增值税税额2 700元;保险费10 000元,增值税税额600元。上述全部款项用银行存款付讫,且都收到了增值税专用发票。

2. 上述生产设备安装过程中,用银行存款支付安装费20 000元,增值税税额1 800元;领用原材料3 000元。

3. 4月6日,上述生产设备安装完毕交付使用。

4. 4月18日,购入一台不需要安装即可投入使用的生产设备,取得的增值税专用发票上注明的价款为300 000元,增值税税额为39 000元;取得的运费增值税专用发票上注明的运费5 000元,增值税税额450元;上述全部款项均通过银行存款支付。

(三) 要求:编制清泉公司上述经济业务的会计分录。

练习二

(一) 目的:练习材料采购业务的会计处理。

(二) 资料:清泉公司为一般纳税人,2021年12月份发生的部分经济业务如下:

1. 1日,从华美公司购入甲材料一批200吨,每吨单价1 000元,增值税税额26 000元,已收到增值税专用发票,材料尚未运达,货款尚未支付。

2. 4日,从宏达公司一次性购入甲材料300吨和乙材料200吨,甲材料单价990元/吨,乙材料单价500元/吨,增值税税额共计51 610元。运输途中两种材料共发生运杂费5 000元,增值税税额450元,上述全部款项均已用银行存款付清,收到增值税专用发票,但材料尚未验收入库。运杂费按照材料重量进行分配。

3. 6日,向友谊公司预付100吨乙材料货款67 800元。

4. 25日,偿还所欠华美公司购料款。

5. 26日,本月从华美公司和宏达公司外购的材料全部验收入库。

6. 30日,收到从友谊公司外购的乙材料(业务(3)中已经预付货款67 800元),验收入并收到增值税专用发票,增值税税率为13%。材料的实际结算金额(价税合计)和预付账款一致。

7. 31日,从华美公司外购丙材料100吨,每吨单价800元,增值税税额10 400元,收到增值税专用发票,同时材料验收入库。所有款项签发并承兑一张面值为90 400的银行承兑汇票支付。

(三)要求:编制清泉公司上述业务的会计分录。

8 生产过程业务的核算

【思维导图】

生产过程业务的核算,思维导图如图 8.1 所示。

```
                    ┌ 8.1 产品生产成本包含哪些内容?    ┌ 8.1.1 生产费用与产品成本
                    │   ——直接材料、直接人工和制造费用 ┤ 8.1.2 成本项目
                    │                                  └ 8.1.3 账户设置
                    │ 8.2 材料费用如何计入成本费用?——根据领用部门和用途确定
                    │ 8.3 人工成本如何计入成本费用?   ┌ 8.3.1 账户设置
 8 生产过程业务的核算┤   ——根据职工所在部门及岗位确定 └ 8.3.2 账务处理
                    │ 8.4 间接费用如何计入产品成本?   ┌ 8.4.1 制造费用的归集
                    │   ——制造费用的归集与分配        └ 8.4.2 制造费用的分配
                    │ 8.5 完工产品成本如何计算与结转? ┌ 8.5.1 完工产品成本的计算
                    │   ——完工产品入库的核算          └ 8.5.2 结转完工产品成本的账务处理
                    └ 8.6 生产业务的核算过程总结
```

图 8.1 思维导图

【学习目的】

通过本章的学习,要求理解生产成本的构成,掌握材料费用、人工成本如何计入成本费用,掌握制造费用的归集与分配以及完工产品入库的核算。

【引导案例】

由于钢铁行业固定资产占资产比较高的特点,延长固定资产折旧年限成为钢铁行业进行盈余管理的重要手段。下面以鞍钢股份有限公司(以下简称鞍钢股份)为例来分析延长固定资产折旧年限对利润和成本的影响。

鞍钢股份的前身鞍钢集团公司于 1916 年成立,是中国第一大综合钢铁生产企业;1948 年 12 月正式成立鞍山钢铁公司,为新中国第一个钢铁联合企业。1992 年组建鞍钢集团,鞍山钢铁公司具有重要地位。重组后的鞍钢集团公司,从区域到全国到国际舞台,规模不断扩大,实力不断增强,具有完善的布局和明显的资源优势;获得国家多项荣誉称号,是国家首批创新型企业、首批全国企事业知识产权示范单位,被评为"国家认定企业技术中心成就奖";是全国钢铁行业的佼佼者,2011 年跻身世界 500 强,排名第 462 名。

2011 年至 2014 年,鞍钢股份、宝钢股份和马钢股份的净利润和销售毛利率情况如表 8.1

所示。

表8.1 鞍钢股份、宝钢股份和马钢股份的净利润和销售毛利率的对比分析表

年度	净利润(亿元)			毛利率(%)		
	鞍钢股份	宝钢股份	马钢股份	鞍钢股份	宝钢股份	马钢股份
2011	−23.32	77.36	1.90	4.44	8.75	4.01
2012	−41.57	103.86	−38.63	2.97	7.46	2.10
2013	7.70	58.18	1.57	11.15	9.47	4.68
2014	9.28	57.92	2.21	11.56	9.86	6.65

从表8.1可以发现,马钢股份和鞍钢股份在2012年发生巨亏后净利润和毛利率都开始增长,鞍钢股份的毛利率从2.97%增长到2013年的11.15%,增长幅度远超马钢股份和宝钢股份,鞍钢股份到底发生了什么？经查阅鞍钢股份的新闻公告发现,鞍钢股份于2012年11月17日公布的一则公告称,将于2013年起延长公司部分固定资产折旧年限。查阅鞍钢股份2013年年报,发现如表8.2所列说明。

根据本集团固定资产的实际情况,相关部门对各类固定资产重新核定了实际使用年限,决定从2013年1月1日起调整固定资产折旧年限,并经本公司第五届董事会39次会议表决通过,具体方案如表8.2所示。

表8.2 鞍钢股份2013年年报关于调整固定资产折旧年限的说明资料

固定资产类别	变更前		变更后	
	预计使用年限(年)	年折旧率(%)	预计使用年限(年)	年折旧率(%)
房屋	30	3.17	40	2.38
建筑物	30	3.17	40	2.38
传导设备	15	6.33	19	5.00
机械设备	15	6.33	19	5.00
动力设备	10	9.50	12	7.92
运输设备	10	9.50	10	9.50
工具及仪器	5	19.00	5	19.00
管理用具	5	19.00	5	19.00

本次会计估计变更对集团业务范围无影响,减少本公司2013年度固定资产折旧额12亿元,增加股东权益及净利润9亿元。

再进一步查阅鞍钢股份2013年年报中的钢压延加工业产品成本明细,如表8.3所示。

表 8.3 鞍钢股份 2013 年钢压延加工业产品成本明细

金额单位：人民币百万元

行业分类	项目	2013 年		2012 年		同比增减（%）
		金额	占营业成本比重(%)	金额	占营业成本比重(%)	
钢压延加工业	原材料	30 505	45.69	33 893	44.81	−10.00
	辅助材料	3 799	5.69	3 963	5.24	−4.14
	备品备件及工具	995	1.49	1 089	1.44	−8.63
	燃料	16 645	24.93	20 573	27.20	−19.09
	动力	5 869	8.79	6 308	8.34	−6.96
	职工薪酬	2 804	4.20	2 269	3.00	23.58
	折旧费	3 806	5.70	5 453	7.21	−30.20
	其他	2 342	3.51	2 089	2.76	12.11
	合计	66 766	100.00	75 637	100.00	−11.73

从表 8.3 可以发现，鞍钢股份折旧费由 2012 年的 54.53 亿元下降为 38.06 亿元，占营业成本比重由 7.21% 下降为 5.7%。那么产品的生产成本都包含哪些内容？固定资产折旧又是如何影响产品成本和利润的呢？

制造业企业的主要经济活动就是生产和销售产品。企业在取得固定资产和原材料后，即可组织人员进行产品的生产。产品的生产过程既是产品的形成过程，同时又是资产和劳动耗费的过程，在产品生产过程中所发生的耗费构成了生产费用。生产过程业务核算的核心工作就是将生产费用按照一定的成本计算对象归集和分配，计算出各成本计算对象的总成本和单位成本。

8.1 产品生产成本包含哪些内容？——直接材料、直接人工和制造费用

8.1.1 生产费用与产品成本

生产费用和产品成本既有联系又有区别。两者的联系在于生产费用的发生过程也就是产品成本的形成过程，生产费用是产品成本形成的基础。两者的区别在于生产费用是在一定会计期间内为了生产经营活动而发生的各种耗费，它的发生和会计期间相关联，强调的是会计期间，而产品成本则是为了生产一定种类和一定数量的产品所耗费的费用，即产品成本强调的是产品对象，是对象化了的费用。

8.1.2 成本项目

生产费用按其计入产品成本的方式不同，可以分为直接费用和间接费用。直接费用是指企业在生产产品过程中实际消耗的能够直接确认为某一产品成本对象的费用，包括直接

材料、直接人工和其他直接费用。间接费用是指企业生产产品过程中消耗的,不能直接确认为某一产品对象成本,需要分配计入产品成本的费用,通常先通过"制造费用"进行归集,再按照一定的标准分配确认为某一产品对象的成本。直接材料、直接人工、其他直接费用和制造费用,是基于生产费用的经济用途所进行的分类,一般称为成本项目。其中,直接材料、直接人工、制造费用的具体构成内容为:

(1) 直接材料 是指企业在产品生产过程中消耗的直接用于产品生产,构成产品实体的各种原材料及主要材料、外购半成品和有助于产品形成的辅助材料等。

(2) 直接人工 是指企业在产品生产过程中,直接从事产品生产的工人的工资、奖金、津贴和补贴、社会保险、福利费等各种薪酬。

(3) 制造费用 是指企业为生产产品而发生的各项间接费用,包括间接的薪酬、折旧费、修理费、办公费、水电费、机物料消耗、季节性停工损失等。

在产品生产过程中,费用的发生、归集和分配以及产品成本的形成,构成了产品生产业务核算的主要内容。

8.1.3 账户设置

生产过程中发生的各项耗费,对于应计入产品成本的耗费,属于直接费用的,直接计入"生产成本"账户;属于间接费用的,先在"制造费用"进行归集,再按照一定标准分配计入"生产成本";与产品生产无关的费用,应计入"管理费用"和"销售费用"等期间费用。

为了核算产品成本,应设置下列账户:

1) "生产成本"账户

"生产成本"账户为成本类账户,用于核算制造业企业进行产品生产所发生的各项生产费用。该账户的借方登记应计入产品成本的各项费用,包括直接计入产品成本的直接材料、直接人工和期末按照一定标准分配计入产品成本的制造费用;贷方登记结转完工验收入库产成品的生产成本。期末余额在借方,表示尚未完工产品(在产品)的成本。该账户应按产品种类或类别设置明细分类账户,进行明细分类核算。

"生产成本"账户的结构如下:

生产成本

借方	贷方
期初余额:期初尚未完工的在产品成本 本期发生的各项生产费用	结转完工验收入库的产品成本
期末余额:期末尚未完工的在产品成本	

2) "制造费用"账户

"制造费用"账户为成本类账户,用于归集和分配生产车间范围内为组织和管理产品的生产活动而发生的各项间接生产费用,包括车间范围内发生的管理人员薪酬、折旧费、修理费、办公费、水电费、机物料消耗和季节性停工损失等。该账户的借方登记实际发生的各项制造费用,贷方登记期末经分配转入"生产成本"的制造费用,期末一般无余额。

"制造费用"账户的结构如下:

制造费用	
借方	贷方
归集当期发生的各项制造费用	期末分配转入"生产成本"账户的制造费用

8.2 材料费用如何计入成本费用？——根据领用部门和用途确定

使用部门领用材料时,应填制领料单,办理领料手续后向仓库领取所需材料。仓库发出材料后应将领料凭证传递到会计部门。会计部门月末按照领料单上的材料种类、领料部门、用途进行汇总,编制"发料凭证汇总表",借方根据"发料凭证汇总表"上的领料部门和用途分别计入"生产成本""制造费用""管理费用""销售费用"等账户,贷记"原材料"账户。

【例8-1】清泉公司根据2021年12月份的领料单编制本月"发料凭证汇总表"如表8.2.1所示。

表 8.2.1 发料凭证汇总表

2021年12月   金额单位:元

用途	A材料		B材料		材料耗用合计
	数量(千克)	金额	数量(千克)	金额	
生产产品领用					
甲产品耗用	1 500	150 000	1 400	84 000	234 000
乙产品耗用	1 000	100 000	1 200	72 000	172 000
小计	2 500	250 000	2 600	156 000	406 000
车间一般耗用	300	30 000	400	24 000	54 000
厂部耗用			100	6 000	6 000
合计	2 800	280 000	3 100	186 000	466 000

借方账户应根据原材料的领用部门和用途来确定,生产产品领用的原材料应借记"生产成本"账户,车间一般耗用的原材料应借记"制造费用"账户,厂部耗用的原材料应借记"管理费用"账户;贷记"原材料"账户。根据表8.2.1中的数据,应编制会计分录如下:

```
借：生产成本——甲产品              234 000
        ——乙产品              172 000
    制造费用                    54 000
    管理费用                     6 000
    贷：原材料——A材料              280 000
          ——B材料              186 000
```

8.3 人工成本如何计入成本费用？——根据职工所在部门及岗位确定

8.3.1 账户设置

职工为企业提供劳动，企业需要支付给职工一定的报酬，即企业应向职工支付一定的薪酬。职工薪酬是指企业为获得职工提供的服务或解除劳动关系而给予各种形式的报酬或补偿，具体包括短期薪酬、离职后福利、辞退福利和其他长期职工福利。企业提供给职工配偶、子女、受赡养人、已故员工遗属及其他受益人等的福利，也属于职工薪酬。职工薪酬构成了企业的人工费用。

为了核算职工薪酬的发生和分配，应设置"应付职工薪酬"账户。该账户属于负债类账户，用于核算企业职工薪酬的确认与实际发放和使用情况，贷方登记本月计算的应支付给职工和为职工支付的薪酬，借方登记本月实际支付或使用的职工薪酬。期末余额一般在贷方，表示期末应付未付的职工薪酬。该账户可以按照"工资""职工福利""社会保险费""住房公积金"等进行明细分类核算。

"应付职工薪酬"账户的结构如下：

应付职工薪酬

借方	贷方
本期实际支付或使用的职工薪酬	期初余额：期初应付未付的职工薪酬 本期计算分配的职工薪酬
	期末余额：期末应付未付的职工薪酬

8.3.2 账务处理

对于职工薪酬，应根据职工所在部门和岗位确定分配记入"生产成本""制造费用""管理费用"和"销售费用"等账户的借方，贷方记入"应付职工薪酬"。

【例8-2】清泉公司2021年12月份根据"工资汇总表"编制的"工资分配表"如表8.3.1所示。

表 8.3.1 工资分配表

2021 年 12 月　　　　　　　　　　　　　　　　　　单位：元

职工类别		应分配工资
生产车间	生产甲产品工人	135 000
	生产乙产品工人	100 000
	管理人员	10 000
	小　计	245 000
企业行政管理人员		35 000
产品销售人员		20 000
合　　计		300 000

根据表8.3.1中的工资分配情况，生产工人的工资应借记"生产成本"账户，车间管理人员

的工资应借记"制造费用"账户,企业行政管理人员的工资应借记"管理费用"账户,产品销售人员的工资应借记"销售费用"账户;贷记"应付职工薪酬"账户。该业务应编制会计分录如下:

借:生产成本——甲产品　　　　　　　　　135 000
　　　　　　——乙产品　　　　　　　　　100 000
　　制造费用　　　　　　　　　　　　　　 10 000
　　管理费用　　　　　　　　　　　　　　 35 000
　　销售费用　　　　　　　　　　　　　　 20 000
　　贷:应付职工薪酬——工资　　　　　　 300 000

【例8-3】2022年1月5日,清泉公司用银行存款发放工资。假设不考虑代扣代缴的个人所得税和其他代扣款项。

工资发放一方面导致应付职工薪酬减少,借记"应付职工薪酬"账户;另一方面导致银行存款减少,贷记"银行存款"账户。该业务应编制会计分录如下:

借:应付职工薪酬——工资　　　　　　　　300 000
　　贷:银行存款　　　　　　　　　　　　 300 000

8.4 间接费用如何计入产品成本?——制造费用的归集与分配

在生产多种产品的企业里,生产过程中发生的一些耗费在发生时无法直接确定其应归属的成本核算对象,因此不能直接计入产品的生产成本中,需要先在"制造费用"账户中进行归集、汇总,然后按照一定的分配标准(如生产工人工资、机器工时、人工工时等)在各种成本对象之间进行分配,以确定各种产品应负担的制造费用。制造费用的内容除了上述车间一般耗用的材料、车间管理人员的薪酬,还包括车间用固定资产的折旧费、保险费、水电费、劳动保护费、办公费、差旅费等。

8.4.1 制造费用的归集

1)支付水电费

企业在生产经营过程中发生的水电费,也需要根据使用部门分别计入成本费用,车间发生的借记"制造费用",厂部发生的借记"管理费用",销售部门发生的借记"销售费用";根据付款凭证,贷记"银行存款"等账户。

【例8-4】2021年12月31日,清泉公司用银行存款支付当月水电费,取得的水费增值税专用发票上注明的价款为13 000元,增值税税额为1 170元;电费增值税专用发票上注明的价款为22 000元,增值税税额为2 860元。水电费的分配如下:生产车间30 000元,行政管理部门4 000元,销售部门1 000元。

该业务应编制会计分录如下:

借:制造费用　　　　　　　　　　　　　　 30 000
　　管理费用　　　　　　　　　　　　　　　4 000
　　销售费用　　　　　　　　　　　　　　　1 000
　　应交税费——应交增值税(进项税额)　　　4 030
　　贷:银行存款　　　　　　　　　　　　　39 030

2）计提固定资产折旧

企业的固定资产由于使用和技术进步等原因会发生物理磨损和价值损耗,即固定资产折旧。为了核算固定资产折旧,需要设置"累计折旧"账户。该账户为资产类账户,用于核算固定资产已提折旧的情况。其贷方登记累计折旧的增加,即按月计提的折旧额,借方登记因固定资产减少而减少的累计折旧,期末余额在贷方,表示已提折旧的累计额。该账户只进行总分类核算,不进行明细分类核算。如果需要了解某项固定资产已提折旧的具体情况,可以查阅固定资产卡片(台账)。

"累计折旧"账户的结构如下：

累计折旧

借方	贷方
固定资产折旧的减少	期初余额:期初已提固定资产折旧累计额 本期计提的固定资产折旧额
	期末余额:期末已提固定资产折旧累计额

计提固定资产折旧时,应当根据固定资产的使用部门和用途分别记入"制造费用""管理费用""销售费用"等成本费用类账户的借方,贷记"累计折旧"。

【例 8-5】 清泉公司 2021 年 12 月份共计提固定资产折旧 128 000 元,其中生产车间计提 115 000 元,行政管理部门计提 11 000 元,销售部门计提 2 000 元。

计提固定资产折旧时,借方应根据固定资产的使用部门和用途来确定,生产车间计提的折旧应借记"制造费用"账户,行政管理部门计提的折旧应借记"管理费用"账户,销售部门计提的折旧应借记"销售费用"账户。该业务应编制会计分录如下：

```
借：制造费用                    115 000
    管理费用                     11 000
    销售费用                      2 000
    贷：累计折旧                        128 000
```

8.4.2 制造费用的分配

企业发生的制造费用属于间接性、共同性费用,需要在月末采用一定的分配标准在各产品之间进行分配。制造费用一般可以按生产工时或生产工人工资的比例分配。其分配的计算公式为：

分配率＝本月制造费用总额÷各产品生产工时(或生产工人工资)之和

某种产品应分配的制造费用＝该种产品生产工时(或生产工人工资)×分配率

【例 8-6】 清泉公司生产甲、乙两种产品,据统计,2021 年 12 月份甲产品的生产工时为 6 000 工时,乙产品的生产工时为 4 450 工时。承接例 8-1、例 8-2、例 8-4、例 8-5,以工时为标准分配本月制造费用。

例 8-1 为材料费用的分配,车间一般耗用的材料计入"制造费用"54 000 元;例 8-2 为人工费用的分配,车间管理人员的工资计入"制造费用"10 000 元;例 8-4 中,车间水电费计入"制造费用"30 000 元;例 8-5 中,生产车间计提的折旧 115 000 元计入"制造费用"。应将本月发生的上述制造费用之和以工时为标准在甲产品和乙产品之间进行分配。

制造费用分配方法如下：
制造费用总额＝54 000＋10 000＋30 000＋115 000＝209 000(元)
分配率＝209 000÷(6 000＋4 450)＝20(元/工时)
甲产品应分配的制造费用＝6 000×20＝120 000(元)
乙产品应分配的制造费用＝4 450×20＝89 000(元)
制造费用分配表如表 8.4.1 所示。

表 8.4.1　制造费用分配表

2021 年 12 月 31 日　　　　　　　　　　　　　　　　　　　　金额单位：元

分配对象	分配标准（工时）	分配率	分配金额
甲产品	6 000	20	120 000
乙产品	4 450	20	89 000
合计	10 450	20	209 000

根据表 8.4.1"制造费用分配表"，应编制会计分录如下：
借：生产成本——甲产品　　　　　　　　120 000
　　　　　　——乙产品　　　　　　　　 89 000
　　贷：制造费用　　　　　　　　　　　209 000

8.5　完工产品成本如何计算与结转？——完工产品入库的核算

8.5.1　完工产品成本的计算

期末，期初在产品成本加上本月投入生产成本之和需要在完工产品和期末在产品之间进行分配，具体的成本计算方法将在《成本会计》中讲述，本教材暂不涉及。

【例 8-7】清泉公司 2021 年 12 月月初在产品成本和月末在产品成本资料如表 8.5.1 和表 8.5.2 所示，要求登记生产成本的明细分类账并计算甲产品、乙产品的完工产品总成本和单位成本。

表 8.5.1　月初在产品成本

单位：元

产品名称	直接材料	直接人工	制造费用	合计
甲产品	0	0	0	0
乙产品	60 600	52 000	36 200	148 800
合计	60 600	52 000	36 200	148 800

表 8.5.2 月末在产品成本

单位:元

产品名称	直接材料	直接人工	制造费用	合计
甲产品	0	0	0	0
乙产品	30 300	26 000	18 100	74 400
合计	30 300	26 000	18 100	74 400

根据甲、乙两种产品期初在产品资料和期末在产品资料,以及本月发生的直接材料费、直接人工费和分配的制造费用等资料,按成本项目登记生产成本明细分类账。甲产品和乙产品的生产成本明细分类账分别如表 8.5.3 和表 8.5.4 所示。

表 8.5.3 生产成本明细分类账

产品名称:甲产品　　　　　　　　　　　　　　　　　　　　　　　　　　单位:元

2021年		凭证号数	摘要	成本项目			合计
月	日			直接材料	直接人工	制造费用	
12	31	略	生产领用材料	234 000			234 000
12	31		生产工人工资		135 000		135 000
12	31		分配制造费用			120 000	120 000
12	31		本月发生额	234 000	135 000	120 000	489 000
12	31		结转完工产品成本	234 000	135 000	120 000	489 000
12	31		期末余额	0	0	0	0

表 8.5.4 生产成本明细分类账

产品名称:乙产品　　　　　　　　　　　　　　　　　　　　　　　　　　单位:元

2021年		凭证号数	摘要	成本项目			合计
月	日			直接材料	直接人工	制造费用	
12	1		期初余额	60 600	52 000	36 200	148 800
12	31	略	生产领用材料	172 000			172 000
12	31		生产工人工资		100 000		100 000
12	31		分配制造费用			89 000	89 000
12	31		本月发生额	172 000	100 000	89 000	361 000
12	31		结转完工产品成本	202 300	126 000	107 100	435 400
12	31		期末余额	30 300	26 000	18 100	74 400

根据生产成本明细分类账及有关资料分别计算甲、乙两种产品的实际总成本和单位成本,编制产品生产成本计算表如表 8.5.5 所示。

表 8.5.5　产品生产成本计算表

2021 年 12 月 31 日　　　　　　　　　　　　　　　　　　　　　　　　单位:元

成本项目	甲产品(1 000 件)		乙产品(700 件)	
	总成本	单位成本	总成本	单位成本
直接材料	234 000	234	202 300	289
直接人工	135 000	135	126 000	180
制造费用	120 000	120	107 100	153
合　　计	489 000	489	435 400	622

8.5.2　结转完工产品成本的账务处理

产品经过各道工序加工生产之后达到可销售状态,验收入库成为产成品,用于对外销售。根据完工产品生产成本计算单的资料就可以结转完工产品的生产成本。

为了核算完工产品成本结转及其库存商品成本情况,需要设置"库存商品"账户。该账户为资产类账户,用于核算企业库存的外购商品、产成品等的成本增减变动及其结余情况。其借方登记验收入库商品成本的增加,贷方登记库存商品成本的减少。期末余额在借方,表示库存商品成本的期末结余额。"库存商品"账户应按照商品的种类、品种和规格等设置明细分类账,进行明细分类核算。

"库存商品"账户的结构如下:

库存商品

借方	贷方
期初余额:期初结存的商品成本 验收入库商品成本的增加	库存商品成本的减少
期末余额:期末结存的商品成本	

【例 8-8】编制清泉公司 2021 年 12 月份完工产品验收入库的会计分录。

在结转完工产品生产成本时,根据"产品生产成本计算表"计算出的完工产品总成本,借记"库存商品"账户,贷记"生产成本"账户,编制会计分录如下:

```
借:库存商品——甲产品              489 000
         ——乙产品              435 400
  贷:生产成本——甲产品              489 000
         ——乙产品              435 400
```

8.6　生产业务的核算过程总结

根据例 8-1—例 8-8,可将生产业务的核算过程总结为图 8.6.1 所示。

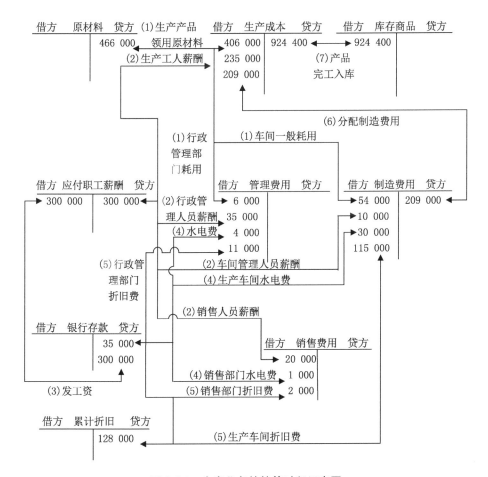

图 8.6.1 生产业务的核算过程示意图

【拓展阅读】

*ST 鞍钢巧借调节资产折旧摘帽,山东钢铁避过*ST

每年到财报季,各家上市公司都不得不面临同一个问题——等待广大投资者对上一年业绩的全盘检验。年报就像小学生的考试成绩一样,不管愿不愿意,终究要被投资者看到。

为了一份靓丽的成绩单,上市公司八仙过海,各种手段层出不穷,今年资产折旧成了部分上市公司调节利润的"神器",担起了上市公司年报靓丽的美容师重任。

1) *ST 鞍钢巧借资产折旧调节成功摘帽

4 月 9 日,*ST 鞍钢发布《撤销公司 A 股股票退市风险警示的公告》,成功"摘星脱帽",股票简称由"*ST 鞍钢"变回"鞍钢股份"。

"摘星脱帽"的原因是 2013 年鞍钢股份成功扭亏为盈,2013 年年报显示,鞍钢股份 2013 年营业收入为 753.29 亿元,同比下滑 3.69%,业绩未见什么起色;但是净利润达到 7.7 亿元,同比增长 119.13%,成功扭亏为盈。但是,鞍钢股份扭亏为盈不是由于基本面有了改善,而是由于公司调整固定资产折旧年限带来的 9 亿元的股东权益及净利润的增加造成的。

事情得追溯到 2012 年,2012 年 11 月 17 日,经鞍钢股份第五届董事会第三十九次会议通过,鞍钢股份调整了固定资产折旧年限,将房屋、建筑物折旧年限从 30 年放大至 40 年;机械设备、传导设备从15年放大到19年,将动力设备从10年放大到12年,直接造成减少鞍钢股份2013年度固定资产折旧额人民币12亿元,分别增加股东权益及净利润人民币9亿元。

调节一下固定资产折旧年限就能扭亏为盈,鞍钢股份这招实在玩得漂亮。其实,鞍钢股份可以算此项技术的老手,早在2011年,鞍钢股就这么玩过。

早在2011年9月,鞍钢股份对折旧年限进行了调整,当时将房屋和建筑物的折旧年限从20年变更为30年,机械设备从10年调至15年,动力设备则从11年调至10年。导致鞍钢股份2011年度固定资产折旧额减少10.36亿元,所有者权益及净利润增加7.77亿元。

换而言之,在连续3年的时间里,鞍钢股份将房屋和建筑物的折旧年限从20年猛增至40年,而机械设备则从10年猛增至19年,动力设备的折旧年限则经历了先减后增的调整。加上前一年没有调整,而本次将折旧年限从15年延长至19年的传导设备,鞍钢股份的房屋与主要机器设备折旧年限都通过这两次调整得以延长。而鞍钢股份2013年年报显示,房屋及建筑物占公司固定资产的比例高达36.12%,而机器设备的比例为60.65%。

这两次固定资产折旧调节,让鞍钢股份获益匪浅。2013年公司固定资产折旧额减少人民币12亿元,所有者权益和净利润分别增加人民币9亿元;如果算上前次调节的固定资产折旧额减少10.36亿元,所有者权益及净利润增加7.77亿元,两次为鞍钢股份共减少固定资产折旧22.36亿元,所有者权益和净利润增加16.77亿元之巨!

2)三钢闽光、山东钢铁调节折旧避过*ST,化险为夷

鞍钢股份是为了摘掉"*ST"而努力的,而三钢闽光则是为了全力避免"*ST"进行的折旧调节。2月25日,三钢闽光披露了2013年业绩快报,2013年公司实现营业收入192.99亿元,同比上升5.56%;实现净利润5405.77万元,同比上升125.09%。今年三钢闽光成功扭亏为盈,避免了"*ST"的命运。

三钢闽光也是进行了固定资产折旧的调节。2013年1月15日,三钢闽光发布了调整部分固定资产折旧年限的公告,将机械设备的使用年限由10~18年调整为13~18年,将减少计提2013年度折旧额1.66亿元人民币,在不考虑公司2013年度增减变动的固定资产情况下,扣除企业所得税的影响后预计将增加公司2013年度的净利润1.41亿元人民币,从而挽救了三钢闽光被"*ST"的命运。

山东钢铁2013年8月2日发布公告,从2013年4月1日起,将房屋的折旧年限由30~35年调整为35~40年,建筑物的折旧年限由20~30年调整为30~35年,通用设备的折旧年限由10~15年调整为15~20年,专用设备的折旧年限由10~15年调整为15~20年。使得山东钢铁预计2013年4~12月固定资产折旧额减少7.27亿元,净利润增加5.45亿元。受此影响,山东钢铁预计2013年年度经营业绩与上年同期相比,将实现扭亏为盈,也成功避免了"*ST"的命运。

3)安源煤业巧借折旧调整护航业绩承诺

安源煤业是为了达到大股东的业绩承诺,从而进行了辗转腾挪。安源煤业2013年实现营业收入174.35亿元,同比增长3.93%,净利润为2.48亿元,同比大幅下降27.09%,虽然业绩不好看,但是大股东江西煤业集团有限责任公司却松了一口气,因为安源煤业的业绩刚刚超过了当年的业绩承诺。

2010年8月,安源煤业启动了重大资产重组,那时江煤集团和北京中弘矿业等相关方承诺,江西煤业2011年至2013年合并报表净利润分别不低于3.31亿元、3.85亿元和4.25亿

元,累计净利润为11.41亿元。如果盈利未达标,则由安源煤业以一元的价格进行回购并予以注销。然而,安源煤业子公司江西煤业2011年、2012年和2013年归属于母公司净利润分别为4.75亿元、3.45亿元和3.65亿元,累积实现净利润11.86亿元,扣除非经常性损益后累积实现净利润11.55亿元,刚超过业绩承诺的底线,所以不需要任何补偿。

顺利达到业绩承诺,与安源煤业在2013年的固定资产折旧年限变更有关系。由于会计估计变更,安源煤业2013年度合并会计报表本年利润总额增加9 883万元,其中:因部分固定资产折旧年限变更增加本年利润总额6 695万元;因应收款项坏账计提比例变更增加本年利润总额3 188万元。

4)资产折旧技能继续盛行,重资产领域为重灾区

很多上市公司由于调节固定资产折旧年限尝到甜头,所以,有更多的上市公司加入了该队伍,主要集中在重资产上市公司领域。富春环保(股票代码:002479)从2014年1月1日起进行固定资产折旧调整,由此固定资产折旧费用预计减少约8 506.59万元,净利润预计增加约6 815.06万元;酒钢宏兴通过固定资产折旧调整,预计2014年度固定资产折旧额减少17.68亿元,所有者权益及净利润增加14.85亿元;潞安环能本次会计估计变更将影响公司2014年度利润约1.3亿元;方大特钢这次会计估计变更后,预计2014年减少固定资产折旧6 400万元,增加2014年度所有者权益及净利润4 800万元;河北钢铁则预计2014年将减少固定资产折旧20亿元,所有者权益及净利润增加15亿元。

细细看来,通过固定资产折旧调节来增加利润的公司,多集中在重资产上市公司领域。按照《企业会计准则第4号—固定资产》相关规定,企业应当根据固定资产的性质和使用情况,合理确定固定资产的使用寿命和预计净残值。另外,企业应当根据与固定资产有关的经济利益的预期实现方式,合理选择固定资产折旧方法,固定资产的折旧方法一经确定,不得随意变更。记者也注意到,准则中对各类固定资产的折旧年限并没有明确的年限规定,只说明企业根据自己固定资产的性质和使用情况对各类固定资产的预计使用年限进行合理确定。一个"合理确定"的表述,给了一批企业肆意调节的空间。折旧、减值准备、摊销这些会计科目,主观因素较多,职业判断要求高,客观上存在弹性空间,使得企业能够根据需要进行调整,成为盈余管理的一种工具,而审计和监管部门也很难找到有说服力的理由进行干涉。特别是企业在实施股权激励时,会计政策调整带来的业绩变化不属于非经常性损益,也无须进行追溯调整,不啻为管理层业绩操纵的暗器。

据不完全统计,从2011年开始,受钢铁行业需求不景气影响,重资产企业盈利持续低迷。在此背景下,已有10余家公司累计共10多次调整固定资产折旧年限以缓冲业绩。以河北钢铁、山东钢铁、鞍钢股份、华菱钢铁等钢铁企业为代表的重资产企业,急于抓紧时间让折旧年限的变更开始为企业贡献利润。其中,鞍钢股份5年内进行了3次调整;华菱钢铁更甚,2012年半年内两次调整固定资产折旧年限。

巧合的是,这些重资产企业的变更理由基本一致,大致为:因为近年来公司不断扩大对固定资产的投资力度,对设备生产线进行技术改造及技术革新,并定期对设备生产线进行全面检修及年修,对生产用房屋及建筑物进行修缮,提高了设备的使用性能和装备水平及使用寿命。通过调节固定资产折旧这样的"财技",虽能止住近渴,但是难以解决企业发展的远忧。

(资料来源:载于新浪财经,https://finance.sina.com.cn)

习 题

一、单项选择题

1. 下列各项中,不构成产品成本,而应直接计入当期损益的是(   )。
   A. 制造费用　　　B. 直接材料费　　　C. 期间费用　　　D. 直接人工费

2. "生产成本"账户期末借方余额反映的内容是(   )。
   A. 完工产品成本　　　　　　　　　B. 本月生产费用合计
   C. 库存产成品成本　　　　　　　　D. 期末在产品成本

3. A 企业"生产成本"账户的期初余额为 80 万元,本期为生产产品发生直接材料费用 640 万元,直接人工费用 120 万元,制造费用 160 万元,企业行政管理费用 80 万元,本期结转完工产品成本 640 万元,假定该企业只生产一种产品。则企业期末"生产成本"账户的余额为(   )万元。
   A. 440　　　　　B. 280　　　　　C. 360　　　　　D. 200

4. 下列经济业务中,不能作为生产费用核算的是(   )。
   A. 构成产品实体的原材料以及有助于产品形成的主要材料和辅助材料
   B. 已销产品的成本
   C. 企业为生产产品和提供劳务而发生的各项间接费用
   D. 生产工人薪酬

5. 销售部门领用的材料应计入(   )账户核算。
   A. 财务费用　　　B. 销售费用　　　C. 管理费用　　　D. 制造费用

6. 生产产品领用材料 100 000 元,车间一般耗用 10 000 元,厂部领用 1 000 元。如果不考虑其他因素的影响,应记入"生产成本"科目的金额为(   )元。
   A. 11 000　　　B. 110 000　　　C. 111 000　　　D. 100 000

7. 某企业只生产一种产品,2021 年 12 月 1 日期初在产品成本 17.5 万元,12 月份发生下列费用:生产产品领用材料 30 万元,生产工人薪酬 10 万元,制造费用 5 万元,管理费用 7.5 万元,广告费用 4 万元,月末在产品成本 15 万元。该企业 12 月份完工产品的生产成本为(   )万元。
   A. 47.5　　　　B. 45　　　　　C. 41.5　　　　D. 59

8. 在进行材料费用的归集和分配时,行政管理部门发生的材料费用应记入(   )账户。
   A. 财务费用　　　B. 管理费用　　　C. 制造费用　　　D. 销售费用

9. 下列各项中,不应计入产品成本的是(   )。
   A. 直接从事产品生产的工人工资　　　B. 生产产品耗用的直接材料
   C. 厂部管理人员工资　　　　　　　　D. 生产产品用机器设备折旧

10. 关于"制造费用"账户,下列各项中说法不正确的是(   )。
    A. 该账户的借方登记实际发生的各项制造费用
    B. 该账户的贷方登记期末按照一定标准分配转入"生产成本"账户借方的制造费用
    C. 本科目可以按不同的生产车间和费用项目进行明细核算
    D. 期末转入"本年利润"后没有余额

11. 公司按照生产工时比例分配制造费用,其中 A 产品生产工时 4 500 小时,B 产品生产工时为 4 000 小时。本月发生的制造费用为 68 000 元,按照生产工时比例进行分配,则 A 产品负担的制造费用是( )元。

A. 32 000　　　B. 31 000　　　C. 36 000　　　D. 37 000

12. 下列一般不通过制造费用核算的是( )。

A. 车间的办公费　　　　　　B. 车间的机物料消耗
C. 生产用设备的日常修理费用　　D. 车间的折旧费

二、多项选择题

1. 分配应付职工薪酬时,借方可能涉及的科目有( )。

A. 制造费用　　B. 生产成本　　C. 管理费用　　D. 应付职工薪酬

2. 下列各项能作为生产费用核算的有( )。

A. 直接从事产品生产工人的薪酬
B. 构成产品实体的原材料及有助于产品形成的主要材料和辅助材料
C. 企业为生产产品和提供劳务而发生的各项间接费用
D. 已销售产品的成本

3. 生产成本结转的表述中,正确的包括( )。

A. 月末产品全部未完工,则生产成本明细账归集的费用总额即为在产品总成本
B. 月末产品部分未完工,则应视同完工,全部作为完工产品成本
C. 月末产品部分未完工,应采取适当的分配方法在完工产品和在产品之间进行分配
D. 月末产品全部完工,则生产成本明细账归集的费用总额即为完工产品总成本

4. 下列账户中,年末应该没有余额的有( )账户。

A. 制造费用　　B. 管理费用　　C. 生产成本　　D. 销售费用

5. 下列各项中,构成产品生产成本的有( )。

A. 管理费用　　B. 直接人工费　　C. 直接材料费　　D. 制造费用

6. 下列应计入制造费用的有( )。

A. 车间生产设备折旧费　　　　B. 产品销售人员薪酬
C. 企业总部管理人员薪酬　　　D. 车间管理人员薪酬

三、判断题

1. "制造费用"是损益类账户。 ( )
2. 生产工人的薪酬应计入产品成本。 ( )
3. 企业日常经营过程中发生的材料费用,均计入产品成本中。 ( )
4. 生产过程的生产成本由直接材料、直接人工、制造费用和期间费用等构成。 ( )
5. "制造费用"是成本类科目,不是期间费用的核算范围。 ( )
6. 企业生产产品领用材料 20 000 元,计入"制造费用"。 ( )
7. 直接用于某种产品生产的材料费用,要先通过"制造费用"科目进行归集,期末再同其他间接费用一起按照一定的标准分配计入有关产品成本。 ( )

四、实务题

练习一

(一) 目的:练习制造费用的分配。

(二) 资料:清泉公司 2021 年 10 月份共发生制造费用 100 000 元,本月按照生产工时分配制造费用,其中:甲产品生产工时 750 小时,乙产品生产工时 1 250 小时,丙产品生产工时 500

小时。

（三）要求：

1. 按生产工时为标准分配制造费用。

2. 编制分配制造费用的会计分录。

练习二

（一）目的：练习制造企业产品生产成本的计算与会计分录的编制。

（二）资料：清泉公司生产甲、乙两种产品，2021年11月份有关甲、乙产品的资料如下：

1. 月初在产品成本见下表。

月初在产品成本

金额单位：元

产品名称	数量（件）	直接材料	直接人工	制造费用	合计
甲产品	200	48 000	12 000	6 500	66 500
乙产品	60	32 000	8 000	3 300	43 300
合计	—	80 000	20 000	9 800	109 800

2. 本月发生的生产费用如下：

甲产品的直接材料费为165 000元，直接人工费为58 400元；乙产品的直接材料费为126 000元，直接人工费为35 600元；本月共发生制造费用70 500元。

3. 月末甲产品完工500件，乙产品完工300件。

4. 月末甲产品未完工40件，其总成本的具体构成为：直接材料6 500元，直接人工4 200元，制造费用3 000元，合计为13 700元；乙产品没有月末在产品。

（三）要求：

1. 按直接人工费为标准分配制造费用，并编制分配制造费用的会计分录。

2. 计算2021年11月份甲、乙两种产品的完工产品总成本和单位成本，并编制完工产品入库的会计分录。

练习三

（一）目的：练习制造企业生产业务过程的会计处理以及产品生产成本的计算。

（二）资料：清泉公司生产甲、乙两种产品，2021年12月份有关产品生产的经济业务如下：

1. 根据当月领料凭证，编制发料凭证汇总表如下表。

发料凭证汇总表

用途	A材料			B材料			金额合计（元）
	数量（千克）	单价（元/千克）	金额（元）	数量（千克）	单价（元/千克）	金额（元）	
生产产品耗用							
其中：甲产品	2 000	10.00	20 000				20 000
乙产品				6 000	4.00	24 000	24 000
生产车间一般耗用	1 200	10.00	12 000	2 000	4.00	8 000	20 000
管理部门耗用	1 000	10.00	10 000				10 000
合计	4 200	10.00	42 000	8 000	4.00	32 000	74 000

2. 结算当月应付职工工资 114 000 元。其中:生产甲产品工人工资 45 600 元,生产乙产品工人工资 45 600 元,车间管理人员工资 6 840 元,厂部管理人员工资 15 960 元。

3. 按规定标准计提本月固定资产折旧费 10 000 元,其中生产用固定资产折旧费为 6 000 元,厂部固定资产折旧费为 4 000 元。

4. 通过银行发放当月职工工资 114 000 元。

5. 通过银行支付当月水电费,取得的水费增值税专用发票上注明的价款为 1 800 元,增值税税额为 162 元;电费增值税专用发票上注明的价款为 3 000 元,增值税税额为 390 元。水电费的分配如下:生产车间 3 640 元,行政管理部门 820 元,销售部门 340 元。

6. 分配当月制造费用,以生产甲、乙产品工人的工资为标准分配制造费用。

7. 假设 12 月初甲产品在产品成本为 10 000 元,乙产品没有月初在产品,本月末甲、乙两种产品全部完工入库(包括本月初在产品和本月投产的产品),不存在月末在产品,结转完工产品成本。

(三)要求:编制清泉公司以上经济业务的会计分录(制造费用的分配和甲、乙产品完工成本需要写出计算过程)。

9 销售业务的核算

【思维导图】

销售业务的核算,思维导图如图 9.1 所示。

```
                    ┌ 9.1 营业收入如何核算?            ┌ 9.1.1 收入的确认与计量
                    │ ——主营业务收入和其他业务收入的核算 ┤ 9.1.2 主营业务收入的核算
                    │                                 └ 9.1.3 其他业务收入的核算
                    │ 9.2 营业成本如何核算?            ┌ 9.2.1 主营业务成本的核算
9  销售业务的核算 ──┤ ——主营业务成本和其他业务成本的核算 ┤ 9.2.2 其他业务成本的核算
                    │ 9.3 销售费用是什么?应如何核算? ┌ 9.3.1 账户设置
                    │ ——销售费用的核算              ┤ 9.3.2 账务处理
                    │ 9.4 销售税金有哪些?应如何核算? ┌ 9.4.1 账户设置
                    └ ——税金及附加的核算            └ 9.4.2 账务处理
```

图 9.1 思维导图

【学习目的】

通过本章的学习,要求掌握营业收入的确认和计量、营业成本的计算和结转、销售费用的计算和结转、增值税和销售税金的计算和核算。

【引导案例】

2020 年 9 月 28 日晚间,康得新发布公告,公司及相关当事人收到中国证券监督管理委员会《行政处罚决定书》及《市场禁入决定书》。公司可能存在触及重大违法强制退市情形,公司股票可能被实施强制退市,深交所上市委员会可能对公司股票实施重大违法强制退市进行初步审核和最终审核。

根据中国证券监督管理委员会下发的《中国证券监督管理委员会行政处罚决定书》处罚字[2020]71 号及《中国证券监督管理委员会市场禁入决定书》处罚字[2020]14 号,康得新通过虚构销售业务、虚构采购、生产、研发、产品运输费用等方式,虚增营业收入、营业成本、研发费用和销售费用,导致 2015 年至 2018 年年度报告虚增利润总额分别为 2 242 745 642.37 元、2 943 420 778.01 元、3 908 205 906.90 元、2 436 193 525.40 元,分别占各年度报告披露利润总额的 136.22%、127.85%、134.19%、711.29%,康得新 2015 年至 2018 年年度报告中披露的利润总额存在虚假记载。

康得新 2015 年至 2018 年年度报告中披露的银行存款余额存在虚假记载。公司北京银行账户组各年末实际余额为 0,但康得新 2015 年至 2018 年年度报告中披露的银行存款余额分别为 9 571 053 025.20 元(其中北京银行账户组为 4 599 634 797.29 元)、14 689 542 575.86 元(其中北京银行账户组为 6 160 090 359.52 元)、17 781 374 628.03 元(其中北京银行账户组为 10 288 447 275.09 元)、14 468 363 032.12 元(其中北京银行账户组为 12 209 443 476.52 元)。

康得新 4 年利润造假 115.3 亿元,成为近年来利润造假金额最多的公司。利润造假往往伴随着营业收入和营业成本的造假,除了虚构收入外,一些公司通过提前确认收入或推迟确认收入、少记销售折扣等手段达到虚增某年营业收入的目的。那么企业的收入主要包括哪些内容?确认收入应该满足哪些条件?收入和成本的金额如何确定呢?

(资料来源:2020 年度上市公司财务造假案例汇编,载于搜狐网,https://www.sohu.com)

生产完工入库的产成品需要销售出去,才能实现它们的价值。产品销售取得的销售价款,形成销售收入并结算货款,同时需要计算缴纳增值税;产品销售后,根据配比原则需要同期结转商品销售成本,销售过程中发生的运输、包装、广告等销售费用以及除增值税之外的相关税费。本章将重点介绍收入的确认和核算、成本的结转、销售费用的核算与税金及附加的核算。

9.1 营业收入如何核算?——主营业务收入和其他业务收入的核算

9.1.1 收入的确认与计量

1) 收入的定义

企业以盈利为目的,而收入是利润的来源,因此,获取收入是企业日常经营活动中最主要的目标之一。收入是指企业在日常活动中形成的、会导致所有者权益增加的、与所有者投入资本无关的经济利益的总流入。收入只有在经济利益很可能流入从而导致企业资产增加或者负债减少,而且经济利益的流入能够可靠计量时才予以确认。收入主要包括主营业务收入和其他业务收入。

2) 收入确认的前提条件

根据我国《企业会计准则第 14 号——收入》(2018)的规定,企业应当在履行了合同中的履约义务,即在客户取得相关商品控制权时确认收入。这里的合同是指双方或多方之间订立有法律约束力的权利义务的协议,有书面形式、口头形式以及其他形式。这里的客户是指与企业订立合同以向该企业购买日常活动产出的商品或服务并支付对价的一方。取得相关商品控制权是指能够主导该商品的使用并从中获得几乎全部的经济利益,也包括有能力阻止其他方主导该商品的使用并从中获得经济利益。

当企业与客户之间的合同同时满足下列条件时,企业应当在客户取得相关商品控制权时确认收入:

(1) 合同各方已批准该合同并承诺将履行各自义务;

(2) 该合同明确了合同各方与所转让商品或提供劳务(以下简称"转让商品")相关的权利和义务;

(3) 该合同有明确的与所转让商品相关的支付条款;

(4) 该合同具有商业实质,即履行该合同将改变企业未来现金流量的风险、时间分布或金额；

(5) 企业因向客户转让商品而有权取得的对价很可能收回。

3) 收入确认和计量的步骤

根据我国《企业会计准则第 14 号——收入》(2018)的规定，收入的确认和计量具体分为以下五个步骤：

第一步，识别与客户订立的合同。合同的存在是企业确认客户合同收入的前提，企业与客户之间的合同一经签订，企业即享有从客户取得与转移商品和服务对价的权利，同时负有向客户转移商品和服务的履约义务。

第二步，识别合同中的单项履约义务。履约义务是指合同中企业向客户转让可明确区分商品或服务的承诺。企业应当将向客户转让可明确区分商品（或者商品的组合）的承诺以及向客户转让一系列实质相同且转让模式相同的、可明确区分商品的承诺作为单项履约义务。如企业与客户签订合同，向其销售商品并提供安装服务，该安装服务简单，除该企业以外其他供应商也可以提供此类安装服务，该合同中销售商品和提供安装服务为两项单项履约义务。若该安装业务复杂且商品需要按客户定制要求修改，则合同中销售商品和提供安装服务合并为单项履约义务。

第三步，确定交易价格。交易价格是指企业因向客户转让商品而预期有权收取的对价金额。企业代第三方收取的款项以及企业预期将退还给客户的款项不计入交易价格，而是作为负债处理。合同条款所承诺的对价，可能是固定金额、可变金额或两者兼有。企业在确定交易价格时，应当考虑可变对价、合同中存在的重大融资成分、非现金对价、应付客户对价等因素的影响。

第四步，将交易价格分摊至各单项履约义务。当合同中包含两项或多项履约义务时，需要将交易价格分摊至各单项履约义务，分摊的方法是在合同开始日，按照单项履约义务所承诺商品的单独售价（企业向客户单独销售商品的价格）的相对比例，将交易价格分摊至单项履约义务。通过分摊交易价格，使企业分摊至各单项履约义务的交易价格能够反映其因向客户转让已承诺的相关商品而有权收取的对价金额。企业不得因合同开始日之后单独售价的变动而重新分摊交易价格。

第五步，履行各单项履约义务时确认收入。当企业将商品转移给客户，客户取得了相关商品的控制权，意味着企业履行了合同履约义务，此时，企业应确认收入。企业将商品控制权转移给客户，可能是在某一时段内（即履行履约义务的过程中）发生，也可能在某一时点（即履约义务完成时）发生。企业应当根据实际情况，首先判断履约义务是否满足在某一时段内履行的条件，如不满足，则该履约义务属于在某一时点履行的履约义务。

对于某一时段内履行的履约义务，企业应当在该段时间内按照履约进度确认收入，企业在确定履约进度时应当考虑商品的性质，采用产出法或投入法确定恰当的履约进度。产出法是根据已转移给客户的商品对于客户的价值确定履约进度。投入法是根据企业为履行履约义务的投入确定履约进度，当履约进度不能合理确定时，企业已经发生的成本预计能够得到补偿的，应当按照已经发生的成本金额确认收入，直到履约进度能够合理确定为止。

对于在某一时点履行的履约义务，企业应当综合分析控制权转移的迹象，判断其转移时点，一般从这几个方面进行判断：①企业就该商品享有现时收款权利；②企业已将该商品的法定所有权转移给客户；③企业已将该商品实物转移给客户；④企业已将该商品所有权上的主要风险和报酬转移给客户；⑤客户已接受该商品；⑥其他表明客户已取得商品控制权的迹象。

9.1.2 主营业务收入的核算

主营业务收入,是指企业在其经常性、主要业务活动中获取的收入,如工商企业的商品销售收入、服务业的劳务收入。本章主要介绍制造业企业销售产品取得收入的核算。

1) 账户设置

为了对销售产品业务进行核算,企业应设置如下账户:

(1)"主营业务收入"账户　该账户为收入类账户,用于核算企业销售商品和提供劳务所实现的收入。"主营业务收入"账户的贷方登记企业实现的主营业务收入,即主营业务收入的增加;借方登记发生销售退回和销售折让时应冲减的本期主营业务收入和期末转入"本年利润"账户的主营业务收入额,结转后该账户期末没有余额。"主营业务收入"账户应按照主营业务的种类设置明细分类账户,进行明细分类核算。

"主营业务收入"账户的结构如下:

主营业务收入

借方	贷方
本期发生的销售退回和销售折让等 期末转入"本年利润"账户的净收入	本期实现的主营业务收入

(2)"应收账款"账户　该账户为资产类账户,用于核算因销售商品和提供劳务等而向购货单位或接受劳务单位收取货款的结算情况,代购货单位垫付的各种款项也在该账户中核算。其借方登记由于销售商品以及提供劳务等而发生的应收账款,即应收账款的增加,包括应收取得价款、税款和代垫款;贷方登记已经收回的应收账款,即应收账款的减少。期末余额如在借方,表示尚未收回的应收账款;期末余额如在贷方,表示预收的账款。该账户应按不同的购货单位或接受劳务单位设置明细分类账户,进行明细分类核算。

"应收账款"账户的结构如下:

应收账款

借方	贷方
期初余额:期初应收未收金额 本期发生的应收账款	期初余额:期初预收款 本期收回的应收账款
期末余额:期末应收未收金额	期末余额:期末预收款

(3)"应收票据"账户　该账户为资产类账户,用于核算企业因销售商品而收到购货单位开出并承兑的商业汇票的增减变动及其结余情况。商业汇票是由收款人或付款人(或承兑申请人)签发,由承兑人承兑,并于到期日向收款人或持票人无条件支付款项的票据,按承兑人不同可以分为银行承兑汇票和商业承兑汇票。"应收票据"账户的借方登记企业收到购货单位开出并承兑的商业汇票;贷方登记因收回货款或到期因购货单位账户余额不足而退回的商业汇票;期末余额在借方,表示尚未到期的应收票据金额。企业应设"应收票据备查簿"逐笔登记每张商业汇票的种类、号数、出票日、票面金额、交易合同号和付款人、承兑人、背书人的姓名或单位名称、到期日、背书转让日、贴现日、贴现率和贴现净额以及收款日期、收回金额、退票情况等资料。

"应收票据"账户的结构如下:

应收票据

借方	贷方
期初余额：期初尚未收回的应收票据金额 本期收到的商业汇票	本期到期收回或退票、贴现的应收票据
期末余额：期末尚未收回的应收票据金额	

（4）"预收账款"账户　该账户为负债类账户，用于核算企业预收购货单位货款的增减变动及其结余情况。其贷方登记预收购货单位货款的增加，借方登记实现收入时冲减的预收货款。期末余额如在贷方，表示企业预收款的结余额；若期末余额在借方，表示购货单位应补付的款项。该账户应按照购货单位设置明细账户，进行明细分类核算。

"预收账款"账户的结构如下：

预收账款

借方	贷方
期初余额：期初购货单位应补付的款项 本期预收货款的减少	期初余额：期初预收款的结余金额 本期预收货款的增加
期末余额：期末购货单位应补付的款项	期末余额：期末预收款的结余金额

2）账务处理

【例9-1】 2021年12月1日，清泉公司销售甲产品500件，每件售价800元，发票注明价款400 000元，增值税税额52 000元，款项已经收到并存入银行。

该项经济业务的发生，一方面使得银行存款增加452 000元，应借记"银行存款"账户；另一方面使得收入增加400 000元，应记入"主营业务收入"账户的贷方，同时应交的增值税增加52 000元，应记入"应交税费——应交增值税（销项税额）"的贷方。该业务应编制会计分录如下：

借：银行存款　　　　　　　　　　　　　　　　　452 000
　　贷：主营业务收入　　　　　　　　　　　　　　400 000
　　　　应交税费——应交增值税（销项税额）　　　 52 000

【例9-2】 2021年12月8日，清泉公司向鑫海公司赊销乙产品200件，每件售价1 000元，发票注明价款200 000元，增值税税额26 000元。

该项经济业务的发生，一方面使得应收账款增加226 000元，应借记"应收账款"账户；另一方面使得收入增加200 000元，应记入"主营业务收入"账户的贷方，同时应交的增值税增加26 000元，应记入"应交税费——应交增值税（销项税额）"的贷方。该业务应编制会计分录如下：

借：应收账款——鑫海公司　　　　　　　　　　　226 000
　　贷：主营业务收入　　　　　　　　　　　　　　200 000
　　　　应交税费——应交增值税（销项税额）　　　 26 000

【例9-3】 2022年2月9日，清泉公司收到鑫海公司转来的前欠货款150 000元，款项已存入银行。

该项经济业务的发生，一方面使得银行存款增加150 000元，应借记"银行存款"账户；另

一方面使得应收账款减少150 000元,应记入"应收账款"账户的贷方。该业务应编制会计分录如下:

  借:银行存款   150 000
    贷:应收账款——鑫海公司   150 000

【例9-4】2021年12月12日,清泉公司向东方公司销售甲产品400件,每件售价800元,发票注明价款320 000元,增值税税额41 600元,收到购货单位签发并承兑的商业承兑汇票一张,金额为361 600元。

该项经济业务的发生,一方面使得应收票据增加361 600元,应借记"应收票据"账户;另一方面使得收入增加320 000元,应记入"主营业务收入"账户的贷方,同时应交的增值税增加41 600元,应记入"应交税费——应交增值税(销项税额)"的贷方。该业务应编制会计分录如下:

  借:应收票据——东方公司   361 600
    贷:主营业务收入   320 000
      应交税费——应交增值税(销项税额)   41 600

【例9-5】承接例9-4,2022年3月13日,东方公司签发并承兑的商业承兑汇票到期,收存银行。

该业务应编制会计分录如下:

  借:银行存款   361 600
    贷:应收票据——东方公司   361 600

如果上述商业承兑汇票到期,由于东方公司账户资金不足银行退票,则将"应收票据"转入"应收账款",应编制会计分录如下:

  借:应收账款——东方公司   361 600
    贷:应收票据——东方公司   361 600

【例9-6】2021年11月10日,清泉公司预收曙光公司订购乙产品货款50 000元,存入银行。

该项经济业务的发生,一方面使得银行存款增加50 000元,应借记"银行存款"账户;同时使得预收账款增加,应贷记"预收账款"账户。该业务应编制会计分录如下:

  借:银行存款   50 000
    贷:预收账款——曙光公司   50 000

【例9-7】根据合同规定,清泉公司于2021年12月22日向曙光公司发出乙产品100件,每件1 000元,发票上注明价款100 000元,增值税税额13 000元。

该项经济业务的发生,一方面使得预收账款减少113 000元,应借记"预收账款"账户;另一方面使得公司的收入增加100 000元,应记入"主营业务收入"账户的贷方,同时应交的增值税增加13 000元,应记入"应交税费——应交增值税(销项税额)"的贷方。该业务应编制会计分录如下:

  借:预收账款——曙光公司   113 000
    贷:主营业务收入   100 000
      应交税费——应交增值税(销项税额)   13 000

【例9-8】承接例9-6和例9-7,2021年12月31日,清泉公司收到曙光公司补付的货款63 000元存入银行。

收到补付的预收账款时,编制的会计分录同收到预收账款时的会计分录。
借：银行存款 63 000
　　贷：预收账款——曙光公司 63 000

3）主营业务收入的核算过程总结

根据例 9-1—例 9-8,可将销售业务的核算过程总结为图 9.1.1 所示。

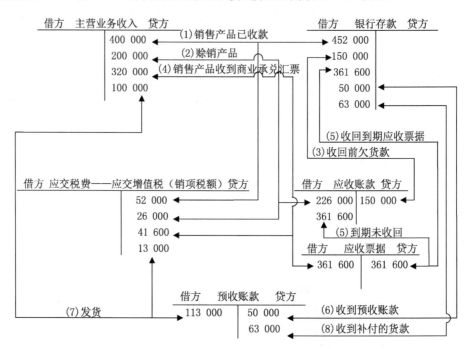

图 9.1.1　销售业务的核算过程示意图

9.1.3　其他业务收入的核算

1）账户设置

其他业务收入是指企业在经营过程中发生的除主营业务活动以外的其他经营活动实现的收入,包括销售材料、出租固定资产、出租无形资产、出租包装物和商品等实现的收入。为了核算其他业务收入,需要设置"其他业务收入"账户。

"其他业务收入"账户为收入类账户,用于核算企业除主营业务以外的其他业务收入的实现及结转情况。该账户的贷方登记企业实现的其他业务收入,即其他业务收入的增加;借方登记期末转入"本年利润"账户的其他业务收入额,结转后该账户期末没有余额。"其他业务收入"账户应按照其他业务的种类设置明细分类账户,进行明细分类核算。

"其他业务收入"账户的结构如下：

其他业务收入

借方	贷方
期末转入"本年利润"账户的其他业务收入	本期实现的其他业务收入

2）账务处理

【例 9-9】 2021 年 12 月 23 日,清泉公司销售一批材料,发票注明价款 10 000 元,增值税税额 1 300 元,款项已经收到并存入银行。

该项经济业务的发生,一方面使得银行存款增加 11 300 元,应借记"银行存款"账户;另一方面使得其他业务收入增加 10 000 元,应记入"其他业务收入"账户的贷方,同时应交的增值税增加 1 300 元,应记入"应交税费——应交增值税(销项税额)"的贷方。该业务应编制会计分录如下:

借:银行存款　　　　　　　　　　　　　　　　11 300
　　贷:其他业务收入　　　　　　　　　　　　　10 000
　　　　应交税费——应交增值税(销项税额)　　　1 300

【例 9-10】 2021 年 12 月,清泉公司出租一台设备,收到含税租金收入 5 650 元,存入银行。

出租固定资产的租金收入属于让渡资产使用权的收入,应确认为其他业务收入。因含税租金收入为 5 650 元,需进行价税分离。不含税租金为 5 000 元(5 650÷(1+13%)),增值税税额为 650 元。这项经济业务的发生,一方面使得银行存款增加 5 650 元,应借记"银行存款"账户;另一方面使得其他业务收入增加 5 000 元,应记入"其他业务收入"账户的贷方,同时应交的增值税增加 650 元,应记入"应交税费——应交增值税(销项税额)"的贷方。该业务应编制会计分录如下:

借:银行存款　　　　　　　　　　　　　　　　5 650
　　贷:其他业务收入　　　　　　　　　　　　　5 000
　　　　应交税费——应交增值税(销项税额)　　　650

9.2 营业成本如何核算？——主营业务成本和其他业务成本的核算

营业成本是指企业为生产产品、提供服务过程中发生的可归属于产品成本、服务成本等的费用,应当在确认营业收入的同时,根据配比原则,将已销售产品、已提供服务的成本计入当期损益。营业成本包括主营业务成本和其他业务成本。

9.2.1 主营业务成本的核算

1）账户设置

在产品销售过程中,一方面取得了收入,另一方面减少了库存的产品,根据配比原则,需要在同一会计期间,将已销售产品的成本确认为本期的费用。为了核算已销售产品的成本,需要设置"主营业务成本"账户。

"主营业务成本"账户为费用类账户,用于核算企业因经营主营业务而发生的实际成本及其结转情况。其借方登记主营业务发生的实际成本,贷方登记期末转入"本年利润"账户的金额,结转之后,该账户期末没有余额。"主营业务成本"账户应按主营业务的种类设置明细分类账户,进行明细分类核算。

"主营业务成本"账户的结构如下:

主营业务成本

借方	贷方
本期发生的主营业务成本	期末转入"本年利润"账户的主营业务成本

2）账务处理

【例 9-11】 根据例 9-1，例 9-2，例 9-4，例 9-7，清泉公司在 2021 年 12 月月末结转本月已销售的 900 件甲产品和 300 件乙产品的成本。经计算甲产品的单位成本为 489 元/件，乙产品的成本为 622 元/件。

首先需要计算已销售产品的成本。

本期销售甲产品的成本＝900×489＝440 100（元）

本期销售乙产品的成本＝300×622＝186 600（元）

销售总成本＝440 100＋186 600＝626 700（元）

结转已销产品成本时，一方面销售成本增加，记入"主营业务成本"的借方，另一方面，库存的产品减少，应记入"库存商品"的贷方。结转已销售产品成本应编制会计分录如下：

借：主营业务成本　　　　　　　　　　　　　626 700
　　贷：库存商品——甲产品　　　　　　　　　　440 100
　　　　　　　　——乙产品　　　　　　　　　　186 600

9.2.2 其他业务成本的核算

1）账户设置

企业在取得其他业务收入的同时，往往也需要发生相应的支出。企业应设置"其他业务成本"账户核算企业确认的除主营业务活动以外的其他日常经营活动所发生的支出，包括销售材料的成本、出租固定资产的折旧额、出租无形资产的摊销额、出租包装物的成本或摊销额等。

"其他业务成本"账户为费用类账户，用于核算企业确认的除主营业务活动以外的其他日常经营活动所发生的支出。该账户的借方登记发生的其他业务成本，贷方登记期末转入"本年利润"账户的金额，结转之后，该账户期末没有余额。"其他业务成本"账户应按其他业务的种类设置明细分类账户，进行明细分类核算。

"其他业务成本"账户的结构如下：

其他业务成本

借方	贷方
本期发生的其他业务成本	期末转入"本年利润"账户的其他业务成本

2）账务处理

【例 9-12】 清泉公司在 2021 年 12 月月末结转本月已销售材料成本 7 000 元。

结转已销材料成本时，一方面其他业务成本增加，记入"其他业务成本"的借方；另一方面，原材料减少，应记入"原材料"的贷方。结转已销售材料成本应编制会计分录如下：

借：其他业务成本　　　　　　　　　　　　　7 000
　　贷：原材料　　　　　　　　　　　　　　　　7 000

【例 9-13】 清泉公司在 2021 年 12 月月末计提出租固定资产的折旧 4 000 元。

计提已出租固定资产的折旧时,一方面其他业务成本增加,记入"其他业务成本"的借方;另一方面,累计折旧增加,应记入"累计折旧"的贷方。结转已出租固定资产折旧应编制会计分录如下:

  借:其他业务成本   4 000
    贷:累计折旧   4 000

9.3 销售费用是什么？应如何核算？——销售费用的核算

9.3.1 账户设置

销售费用是指企业在销售商品和材料、提供劳务等日常经营过程中发生的各种费用,包括企业在销售过程中发生的保险费、包装费、运输费、装卸费、展览费和广告费、商品维修费、预计产品质量保证损失以及为销售本企业商品而专设的销售机构(含销售网点、售后服务网点等)的职工薪酬、业务费、折旧费等经营费用。

企业为了核算销售费用的发生及结转情况,应设置"销售费用"账户。该账户属于费用类账户,借方登记企业发生的各项销售费用,贷方登记期末转入"本年利润"账户的销售费用,期末结转后,该账户没有余额。"销售费用"应按销售费用的费用项目设置明细分类账户,进行明细分类核算。

"销售费用"账户的结构如下:

销售费用

借方	贷方
本期发生的销售费用	期末转入"本年利润"账户的销售费用

9.3.2 账务处理

【例 9-14】2021 年 12 月 8 日,清泉公司用银行存款支付为宣传产品发生的广告费,取得的增值税发票上注明的价款为 10 000 元,增值税税额为 600 元。

为宣传产品发生的广告费,属于销售费用,不含税价款 10 000 元应记入"销售费用"的借方,增值税 600 元可以抵扣,记入"应交税费——应交增值税(进项税额)"的借方,因为款项全部用银行存款支付,银行存款减少 10 600 元,记入"银行存款"的贷方。该业务应编制会计分录如下:

  借:销售费用   10 000
    应交税费——应交增值税(进项税额)   600
    贷:银行存款   10 600

【例 9-15】2021 年 12 月 21 日,清泉公司用银行存款支付销售产品的运输费,取得的增值税发票上注明的价款为 5 000 元,增值税税额为 450 元。

为销售产品发生的运输费,属于销售费用,不含税价款 5 000 元应记入"销售费用"的借方,增值税 450 元可以抵扣,记入"应交税费——应交增值税(进项税额)"的借方,因为款项

全部用银行存款支付,银行存款减少 5 450 元,记入"银行存款"的贷方。该业务应编制会计分录如下:

  借:销售费用   5 000
    应交税费——应交增值税(进项税额)   450
    贷:银行存款   5 450

9.4 销售税金有哪些?应如何核算?——税金及附加的核算

9.4.1 账户设置

  税金及附加是指企业经营活动中因销售商品、提供劳务、持有特定财产或发生特定行为应向国家缴纳的各项税费,包括消费税、城市维护建设税、教育费附加、土地增值税、资源税、房产税、城镇土地使用税、车船税、印花税等。企业为了核算税金及附加的发生及结转情况,应设置"税金及附加"账户。该账户属于费用类账户,借方登记企业发生的各项税金及附加;贷方登记期末转入"本年利润"账户的税金及附加;期末结转后,该账户没有余额。

  "税金及附加"账户的结构如下:

税金及附加

借方	贷方
本期发生的税金及附加	期末转入"本年利润"账户的税金及附加

9.4.2 账务处理

  【例 9-16】经计算,清泉公司 2021 年 12 月应缴纳的消费税为 20 000 元,城市维护建设税为 7 000 元,教育费附加为 3 000 元,车船税为 2 000 元,房产税为 3 000 元。

  消费税、城市维护建设税、教育费附加、车船税和房产税都属于"税金及附加"的核算内容,因此该项经济业务的发生,一方面使得公司的税金及附加增加 35 000 元,应借记"税金及附加"账户;另一方面使得应交税费增加,应贷记"应交税费"账户。该业务应编制会计分录如下:

  借:税金及附加   35 000
    贷:应交税费——应交消费税   20 000
        ——应交城市维护建设税   7 000
        ——应交教育费附加   3 000
        ——应交车船税   2 000
        ——应交房产税   3 000

  【例 9-17】清泉公司缴纳例 9-16 中的各项税费。

  缴纳各项税费时,应交税费减少,应借记"应交税费"账户,同时银行存款减少,应贷记"银行存款"账户。该业务应编制会计分录如下:

借：应交税费——应交消费税	20 000	
——应交城市维护建设税	7 000	
——应交教育费附加	3 000	
——应交车船税	2 000	
——应交房产税	3 000	
贷：银行存款		35 000

【拓展阅读】

上半年净亏 13.5 亿！对手环伺，达达集团销售费用率重回"五字头"

受行业竞争加剧等因素影响，达达集团加大了销售和营销费用的投入。今年第二季度，该公司销售和营销费用为 8.24 亿元，同比大增 113.41%。

靠投入销售费用，拉升收入，上市已满一年的达达集团（DADA.O）发展优先级仍是规模增长。

近日，达达集团披露未经审计的 2021 年第二季度财报。数据显示，今年第二季度，该公司取得净收入 14.75 亿元，同比增长 11.5%。若将达达快送配送服务的收入与可比基础相比，净收入同比增速则为 81.3%。

经营数据方面，截至 2021 年 6 月底的 12 个月，京东到家的总商品交易额（GMV）为 323 亿元，同比增长 76.7%；活跃消费者数量为 5 130 万，较上年同期增加 1 900 万。按可比口径，收入呈高速增长，且 GMV、活跃用户增长表现也不俗，"即时零售第一股"达达集团已在赛道领先？

事实上，受行业竞争加剧、增大规模等影响，报告期内，达达集团加大了销售和营销费用的投入。今年第二季度，销售和营销费用为 8.24 亿元，同比大增 113.41%；而今年上半年，该项指标达 16.15 亿元，同比上升 149.70%，销售费用率在经过两年的下降后，又重新回到"五字头"。

销售费用率的提升拉低了利润率。今年上半年，达达集团净亏损 13.51 亿元，净利润率仅为 -42.91%。有研究机构分析，预计今年第三、四季度，公司销售费用仍将保持"三位数"增长，如此一来，全年净亏损有可能会继续拉大。

此外，即时零售行业领域内，众多入局者环伺。随着"万物到家"时代加速到来，谁能在用户、品类、配送时效占据优势，或也决定了谁能最终成就行业霸主的地位。

对于费用问题，行业领域内的竞争者优势对比、未来行业的发展等问题，《投资时报》研究员向该公司相关部门电邮沟通提纲，截至发稿尚未收到回复。

而截至美东时间 9 月 20 日收盘，达达集团收于 20.04 美元/股，较上市时的峰值 61.27 美元/股，下挫已超六成，总市值 48 亿美元。

1）收入增速放缓

作为国内领先的即时零售和即时配送企业，2021 年第二季度，达达集团净收入 14.75 亿元，同比增长 11.5%；净利润为 -6.40 亿元，同比减少 40.0%。按照非公认会计准则（Non-GAAP），净利润则为 -5.49 亿元，较上年同期亏损进一步拉大约 3.18 亿元。

达达集团的收入主要来源于两部分，即达达快送和京东到家业务。拆解收入端，第二季度，京东到家业务营收为 8.81 亿元，同比增加 81.3%；而达达快送业务营收为 5.94 亿元，同比减少 29.1%。主要是自今年 4 月起，达达快送骑手费用由第三方公司直接支付，而不是由达达集团支付,故公司不再确认相关收入和成本。若将达达快送最后一公里配送服务收入调整到与可比基础保持一致,该项业务营收同比增长81.2%,而达达集团净收入同比增长81.3%。

值得注意的是,即便按可比口径,各业务收入及公司净收入的增速也已有所放缓。数据显示,2019年第二季度、2020年第二季度,达达快送、京东到家业务营收分别为4.40亿元和8.37亿元、2.46亿元和4.86亿元,公司净收入为6.85亿元、13.23亿元。粗略计算,2020年第二季度,各业务及净收入同比增幅为90.4%、97.9%、93.1%,显然,相对于上年同期,可比口径下的收入增速也已放缓十至十几个百分点。

总体来看,今年上半年,达达集团净收入31.47亿元,同比增加29.91%;但净利润、净利润(Non-GAAP)分别为-13.51亿元、-11.67亿元,同比下滑83.32%、175.11%。从数据来看,收入与净亏损均双双拉大。

2)销售费用率回升

值得一提的是,达达集团收入规模的增长,离不开营销投入的加大。这其中包括客户补贴、广告费用以及人员成本增加等。

数据显示,2021年第二季度,该公司销售和营销费用、一般和行政费用、研发费用分别为8.24亿元、1.00亿元、1.32亿元,除了一般和行政费用同比下降,另两项费用均有所增长。其中,销售和营销费用同比增长幅度高达113.41%,对应的费用率为55.89%,较上年同期的29.19%上升近27个百分点。

整体来看,仅今年上半年,该公司销售和营销费用就达16.15亿元,同比上升149.70%;销售费用率则为51.31%,较上年同期增加约25个百分点。有研究机构认为,行业竞争加剧、规模增长仍会是公司发展优先级,预计今年第三、四季度,达达集团销售费用仍将保持"三位数"的增长。

事实上,对比历史数据,达达集团销售和营销费用由2017年的7.23亿元,增至2020年的18.49亿元;对应这4年,销售费用率分别为59.40%、63.65%、45.63%、32.21%,不难看出,经过了两年的下降,该项指标已拐头向上,重回"五字时代"。

而销售费用率的上升,势必压缩净利空间。《投资时报》研究员注意到,2021年上半年,该公司净利润率、非公认会计准则净利润率约为-42.91%、-37.09%,对比上年同期数据,分别为-30.41%、-17.52%,两种统计口径下的净亏损利润率均在扩大。

3)对手环伺

根据艾瑞咨询发布的《2021年中国即时零售行业研究报告》,疫情催化消费者本地即时零售需求,消费者的即时性需求大幅提升,"万物到家"时代将加速到来。该报告称,即时零售领域的三大关键底牌是:用户、品类、送达时效。

而在即时零售行业众多玩家中,淘鲜达、美团闪购具有流量优势,且后者还具备配送服务以及地域覆盖广等优势。根据美团-W(3690.HK)财报,2021年第二季度,美团闪购的交易量和交易金额同比增长超过140%。而饿了么,在9月中下旬联合国大药房、叮当快药、老百姓大药房等36家知名药企启动相关活动,活动期间全国上万家门店3公里免费配送。

此外,在即时零售行业产业链的图谱上,即时零售电商还有美团买菜、每日优鲜、盒马鲜生等;即时物流市场则有顺丰同城急送、闪送、UU跑腿等竞争对手。

"万物到家"时代,谁能成为行业王者仍未可知。

(资料来源:载于东方财富网,http://finance.eastmoney.com)

习 题

一、单项选择题

1. 下列不属于其他业务收入的是（　　）。
   A. 原材料销售收入　　　　　　　　B. 产品销售收入
   C. 固定资产出租收入　　　　　　　D. 出租包装物的收入

2. 企业本期销售商品成本为 100 万元，罚款支出为 12 万元，发生管理费用 5 万元，销售费用 10 万元，则企业本期应确认的期间费用为（　　）万元。
   A. 15　　　　　B. 27　　　　　C. 127　　　　　D. 115

3. 某企业 2021 年 12 月 1 日销售商品一批，售价为 20 000 元，增值税税额为 2 600 元，销售过程中发生运费 200 元、装卸费 1 200 元。则该企业应确认的收入为（　　）元。
   A. 20 000　　　B. 22 600　　　C. 24 000　　　D. 22 800

4. "预收账款"明细账户的借方余额表示（　　）。
   A. 应收账款　　B. 预收账款　　C. 应付账款　　D. 预付账款

5. 制造业企业出租固定资产所取得的租金收入属于（　　）。
   A. 主营业务收入　B. 其他业务收入　C. 营业外收入　D. 投资收益

6. 下列属于其他业务收入的是（　　）。
   A. 罚款收入　　　　　　　　　　　B. 出售材料收入
   C. 销售商品收入　　　　　　　　　D. 处置固定资产的净收益

7. 下列符合收入确认要求的是（　　）。
   A. 出售无形资产净收益　　　　　　B. 出售固定资产净收益
   C. 出售材料收入　　　　　　　　　D. 向购货方收取的增值税税额

二、多项选择题

1. A 公司向乙公司销售一批商品，开具的增值税专用发票上记载的价款为 200 000 元，增值税为 26 000 元，款项尚未收到。对 A 公司的会计处理正确的有（　　）。
   A. 借：应收账款——乙公司　　　　　　　　　200 000
   B. 借：应收账款——乙公司　　　　　　　　　226 000
   C. 贷：主营业务收入　　　　　　　　　　　　200 000
   D. 贷：应交税费——应交增值税（销项税额）　　26 000

2. 企业销售产品一批，增值税专用发票上注明的售价为 100 000 元，增值税税额为 13 000 元，款项已经收到，存入银行。该批产品的成本为 70 000 元，下列关于此业务的账务处理正确的有（　　）。
   A. 借：银行存款　　　　　　　　　　　　　　113 000
        贷：主营业务收入　　　　　　　　　　　100 000
            应交税费——应交增值税（销项税额）　13 000
   B. 借：库存商品　　　　　　　　　　　　　　70 000
        贷：主营业务成本　　　　　　　　　　　70 000
   C. 借：银行存款　　　　　　　　　　　　　　113 000
        贷：主营业务收入　　　　　　　　　　　113 000
   D. 借：主营业务成本　　　　　　　　　　　　70 000
        贷：库存商品　　　　　　　　　　　　　70 000

3. 以下选项中,应计入税金及附加的有（　　）。
   A. 商品销售的销项税额　　　　　　B. 销售应税产品的资源税
   C. 销售应税产品的消费税　　　　　D. 城市维护建设税
4. 应通过"应付票据""应收票据"账户核算的票据包括（　　）。
   A. 银行承兑汇票　B. 银行汇票　　C. 银行本票　　D. 商业承兑汇票
5. 下列项目中,应计入企业销售费用的有（　　）。
   A. 销售商品的运费　　　　　　　　B. 专设销售机构固定资产的折旧费
   C. 销售产品的广告费　　　　　　　D. 专设销售机构人员的薪酬
6. 下列属于营业收入的有（　　）。
   A. 销售商品收入　　　　　　　　　B. 提供劳务取得的收入
   C. 出售固定资产取得的净收益　　　D. 出租固定资产取得的租金收入
7. 企业因销售商品发生的应收账款,其入账价值应当包括（　　）。
   A. 销售商品的价款　　　　　　　　B. 增值税销项税额
   C. 代购买方垫付的运杂费　　　　　D. 销售人员差旅费

三、判断题

1. 管理费用是企业行政管理部门为组织和管理生产经营活动而发生的各项费用,包括管理部门职工薪酬、办公费、折旧费、业务招待费和产品展览费等。（　　）
2. 销售商品取得的收入均属于主营业务收入,而提供劳务取得的收入则属于其他业务收入。（　　）
3. 消费税、城市维护建设税、车船使用税等通过"管理费用"账户核算。（　　）
4. 对于预收账款业务不多的企业,可以不单独设置"预收账款"账户,其发生的预收账款通过"应收账款"账户核算。（　　）
5. 企业对外出售固定资产时,获得的出售收入应记入"其他业务收入"账户。（　　）
6. 企业销售商品取得的收入应包含买价和销项税额。（　　）

四、实务题

（一）目的：练习销售业务的会计处理。

（二）资料：清泉公司 2021 年 12 月份发生下列经济业务：

1. 销售产品 20 台,每台 2 000 元,增值税税率为 13%,所有款项暂未收到。
2. 销售产品总价款 126 000 元,增值税税额 16 380 元,款项全部收到存入银行。
3. 用银行存款支付产品广告费,取得的增值税专用发票上的价款为 5 000 元,增值税税额为 300 元。
4. 预收某公司订货款 20 000 元存入银行。
5. 销售产品总价款为 478 000 元,增值税税额为 62 140 元,收到一张银行承兑汇票。
6. 销售 A 材料一批,价款 10 000 元,增值税税额 1 300 元,款项已收到并存入银行。
7. 收到甲公司前欠货款 30 000 元,存入银行。
8. 结转本月已销产品成本 400 000 元。
9. 结转本月已销 A 材料成本 8 000 元。
10. 计算本月应交消费税 26 000 元,城市建设维护税 7 000 元,教育费附加 3 000 元。

（三）要求：编制上述业务的会计分录。

10 财务成果的核算

【思维导图】

财务成果的核算,思维导图如图 10.1 所示。

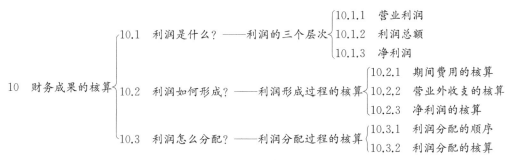

图 10.1 思维导图

【学习目的】

通过本章的学习,要求掌握利润的三种计算口径即营业利润、利润总额和净利润;掌握利润形成过程的核算;了解利润分配的顺序以及相关的法律制度;掌握利润分配过程的核算。

【引导案例】

京东方 2020 年度的合并利润表部分数据如表 10.1 所示。

表 10.1 京东方 2020 年度的合并利润表部分数据

单位:万元

项目	2020 年度	2019 年度
一、营业收入	13 555 257	11 605 959
二、减:营业成本	10 882 312	9 844 627
税金及附加	107 890	86 110
销售费用	313 772	291 787
管理费用	620 360	521 495
研发费用	762 260	669 997
财务费用	265 015	199 415

续 表

项目	2020 年度	2019 年度
加：其他收益（损失以"—"号列示）	233 771	260 566
投资收益	89 789	34 262
公允价值变动收益（损失以"—"号列示）	3 194	13 747
信用减值损失（损失以"—"号列示）	183	−2 826
资产减值损失（损失以"—"号列示）	−328 043	−258 418
资产处置收益（损失以"—"号列示）	1 906	8
三、营业利润（亏损以"—"号列示）	604 447	39 867
加：营业外收入	12 050	20 843
减：营业外支出	7 214	10 335
四、利润总额	609 284	50 375
减：所得税费用	156 457	97 999
五、净利润	452 827	−47 624

表 10.1 中有我们比较熟悉的营业收入、营业成本、税金及附加、销售费用、管理费用和财务费用等项目，也有我们不了解的研发费用、其他收益、投资收益、公允价值变动损益、信用减值损失、资产减值损失、资产处置收益、营业外收入和营业外支出。这些项目都会影响到利润，我们还可以看到表 10.1 中有营业利润、利润总额和净利润，三者分别如何计算？有什么不同呢？本章我们将来学习这部分内容。

（资料来源：京东方 2020 年年度报告。）

10.1 利润是什么？——利润的三个层次

财务成果是企业在一定会计期间实现的经营成果，即企业实现的利润或发生的亏损金额。企业是以盈利为目的的组织，企业要生存和发展，就需要不断提高自身的盈利能力，而利润就是反映企业盈利能力的综合指标。利润的来源包括收入减去费用后的净额、直接计入当期利润的利得和损失。目前我国利润表采用的是多步式编制方法，共有营业利润、利润总额和净利润三个层次。

10.1.1 营业利润

营业利润是与企业经营活动有关的业务所取得的利润，是企业利润的主要来源，其计算公式如下：

营业利润＝营业收入－营业成本－税金及附加－销售费用－管理费用－研发费用－财务费用＋其他收益＋投资收益（－投资损失）＋净敞口套期收益（－净敞口套期损失）＋公允价值变动收益（－公允价值变动损失）＋信用减值损失（损失以"—"号列示）＋资产减值损失（损失以"—"号列示）＋资产处置收益（－资产处置损失）

(1) 营业收入是指企业经营业务所实现的收入。

$$营业收入＝主营业务收入＋其他业务收入$$

(2) 营业成本是指企业经营过程中发生的实际成本总额,比如已销产品的制造成本、已销原材料的采购成本、出租固定资产的累计折旧等。

$$营业成本＝主营业务成本＋其他业务成本$$

(3) 研发费用是指企业进行研究和开发过程中发生的费用化支出和计入管理费用中的自行开发无形资产的摊销。

(4) 其他收益是指与企业日常经营活动有关,除了冲减相关成本费用以外的政府补助,包括与资产相关的政府补助和与收益相关的政府补助。

(5) 投资收益(或损失)是指企业对外投资所取得的收益,主要包括对外投资取得的利息收入和股息收入、处置对外投资取得的收益(或损失)以及按权益法核算的长期股权投资确认的收益(或损失)。

(6) 公允价值变动收益(或损失)是指企业持有的交易性金融资产、按公允价值进行后续计量的投资性房地产等公允价值变动所形成的应计入当期损益的利得(或损失)。

(7) 信用减值损失是指企业计提各项金融工具信用减值准备而形成的损失。

(8) 资产减值损失是指企业计提除金融资产外的其他各项资产减值准备所形成的损失。

(9) 资产处置收益(或损失)是指企业处置固定资产、在建工程、无形资产等产生的利得或损失以及出售划分为持有待售的非流动资产或处置组(子公司和业务除外)时确认的处置利得或损失。

10.1.2 利润总额

利润总额又称税前利润,是在营业利润的基础上,再考虑与生产经营活动无直接关系的营业外收支所形成的利润,其计算公式如下:

$$利润总额＝营业利润＋营业外收入－营业外支出$$

营业外收入是指企业发生的与日常经营活动无直接关系的各项利得,包括债务重组利得、非流动资产报废利得、捐赠利得、盘盈利得和与日常经营活动无关的政府补助等。

营业外支出是指企业发生的与日常经营活动无直接关系的各项损失,包括债务重组损失、非流动资产报废损失、公益性捐赠支出、罚款支出、非常损失、盘亏支出等。

10.1.3 净利润

企业形成的利润,需要向国家缴纳企业所得税,利润总额扣除所得税费用之后的利润称为净利润,又称税后利润,其计算公式如下:

$$净利润＝利润总额－所得税费用$$

所得税费用是指企业确认的应从当期利润中扣除的企业所得税。需要注意的是,所得税费用包括当期所得税和递延所得税。

10.2 利润如何形成？——利润形成过程的核算

10.2.1 期间费用的核算

期间费用是指不应归属产品成本而直接计入当期损益的各种费用,主要包括销售费用、管理费用和财务费用。财务费用在第 6 章已经重点介绍,销售费用在第 9 章已经重点介绍,这里重点介绍管理费用。

1) 账户设置

"管理费用"账户为费用类账户,用于核算企业行政管理部门为组织和管理企业的生产经营活动而发生的各项费用,主要包括企业在筹建期间发生的开办费、工会经费、董事会费、聘请中介机构费、咨询费、诉讼费、业务招待费、技术转让费、研究费用、排污费以及行政管理部门的职工薪酬、物料消耗、低值易耗品摊销、办公费、差旅费、折旧费、固定资产维修费以及车间固定资产维修费等。该账户的借方登记发生的各项管理费用,贷方登记期末转入"本年利润"账户的管理费用,结转后,期末无余额。管理费用账户应按费用项目设置明细分类账户,进行明细分类核算。

"管理费用"账户的结构如下:

管理费用

借方	贷方
本期发生的管理费用	期末转入"本年利润"账户的管理费用

2) 账务处理

【例 10-1】2021 年 12 月 12 日,清泉公司的采购人员王磊预借差旅费 5 000 元,以银行存款支付。

该项经济业务的发生,一方面使得其他应收款增加 5 000 元,应借记"其他应收款"账户;另一方面使得银行存款减少 5 000 元,应贷记"银行存款"账户。该业务应编制会计分录如下:

借：其他应收款——王磊　　　　　　　　5 000
　　贷：银行存款　　　　　　　　　　　　　　5 000

【例 10-2】承接例 10-1,2021 年 12 月 15 日,王磊报销差旅费 5 450 元,其中可以抵扣的增值税 120 元,出纳用银行存款补付 450 元。

采购人员报销的差旅费,扣除可抵扣的增值税外的 5 330 元,记入"管理费用"账户的借方,可抵扣的增值税记入"应交税费——应交增值税(进项税额)"账户的借方。王磊报销差旅费后,核销其预借的差旅费 5 000 元,记入"其他应收款"的贷方,同时补付的 450 元导致银行存款减少,应记入"银行存款"账户的贷方。该业务应编制会计分录如下:

借：管理费用　　　　　　　　　　　　　5 330
　　应交税费——应交增值税(进项税额)　　120
　　贷：其他应收款——王磊　　　　　　　　5 000
　　　　银行存款　　　　　　　　　　　　　　450

【例10-3】2021年12月20日,清泉公司用银行存款支付业务招待住宿费,取得的增值税专用发票上注明的价款为6 000元,增值税税额为360元。

业务招待费属于管理费用,该项经济业务的发生,一方面使管理费用增加6 000元,进项税额增加360元,应分别记入"管理费用"账户和"应交税费——应交增值税(进项税额)"账户的借方;另一方银行存款减少6 360元,记入"银行存款"账户的贷方。该业务应编制会计分录如下:

借:管理费用　　　　　　　　　　　　　　　　6 000
　　应交税费——应交增值税(进项税额)　　　　360
　　贷:银行存款　　　　　　　　　　　　　　　　　6 360

10.2.2 营业外收支的核算

营业外收支是指与企业日常经营活动无直接关系的各项利得和损失。

1) 账户设置

(1) "营业外收入"账户　该账户为损益类账户,用于核算企业发生的与日常经营活动无直接关系的各项利得,包括债务重组利得、非流动资产报废利得、捐赠利得、盘盈利得和与日常经营活动无关的政府补助等。该账户的贷方登记实现的各项营业外收入;借方登记期末转入"本年利润"账户的营业外收入;结转后,期末无余额。营业外收入账户应按具体项目设置明细分类账户,进行明细分类核算。

"营业外收入"账户的结构如下:

营业外收入

借方	贷方
期末转入"本年利润"账户的营业外收入	本期实现的营业外收入

(2) "营业外支出"账户　该账户为损益类账户,用于核算企业发生的与日常经营活动无直接关系的各项损失,主要包括债务重组损失、非流动资产报废损失、公益性捐赠支出、罚款支出、非常损失、盘亏支出等。该账户的借方登记发生的各项营业外支出;贷方登记期末转入"本年利润"账户的营业外支出;结转后,期末无余额。营业外支出账户应按具体项目设置明细分类账户,进行明细分类核算。

"营业外支出"账户的结构如下:

营业外支出

借方	贷方
本期发生的营业外支出	期末转入"本年利润"账户的营业外支出

2) 账务处理

【例10-4】2021年12月21日,清泉公司收到与日常经营活动无关的政府补助10 000

元,款项已存入银行。

与日常经营活动无关的政府补助属于营业外收入。该经济业务的发生一方面使银行存款增加10 000元,应记入"银行存款"账户的借方;另一方面使营业外收入增加10 000元,应记入"营业外收入"账户的贷方。该业务应编制会计分录如下:

借:银行存款　　　　　　　　　　　　　　　　10 000
　　贷:营业外收入　　　　　　　　　　　　　　　10 000

【例10-5】2021年12月23日,清泉公司用银行存款8 000元支付一项公益性捐赠。

公益性捐赠属于营业外支出,该项经济业务的发生一方面使得营业外支出增加8 000元,应记入"营业外支出"账户的借方;另一方面使得银行存款减少8 000元,应记入"银行存款"账户的贷方。该业务应编制会计分录如下:

借:营业外支出　　　　　　　　　　　　　　　　8 000
　　贷:银行存款　　　　　　　　　　　　　　　　8 000

【例10-6】2021年12月25日,清泉公司用银行存款支付行政罚款1 970元。

行政罚款属于营业外支出,该项经济业务的发生,一方面使得营业外支出增加1 970元,应记入"营业外支出"账户的借方;另一方面使得银行存款减少1 970元,应记入"银行存款"账户的贷方。该业务应编制会计分录如下:

借:营业外支出　　　　　　　　　　　　　　　　1 970
　　贷:银行存款　　　　　　　　　　　　　　　　1 970

10.2.3　净利润的核算

1)账户设置

会计期末,企业应核算本期的财务成果,企业一般按月核算利润。企业计算确定本期利润总额、净利润和本年累计利润总额。累计净利润的核算方法有"账结法"和"表结法"两种。

表结法下,每月末只需将损益类账户的本月发生额合计数填入利润表的本月数栏,同时将本月末累计余额填入利润表的本年累计数栏,通过利润表计算反映各期的利润(或亏损)。各损益类账户每月末不结转到"本年利润"账户,只有在年末时才将全年累计余额结转到"本年利润"账户。

账结法下,每月末均需编制转账凭证,将各损益类账户的余额结转到"本年利润"账户,通过"本年利润"账户借、贷方的记录结算出本期实现的利润或发生的亏损,"本年利润"账户的本年余额反映本年累计实现的利润或发生的亏损。

为了核算企业的经营成果,需要设置"本年利润"账户。该账户属于所有者权益类账户,用于核算企业一定时期内净利润的形成或亏损的发生情况。其贷方登记会计期末转入的各项收入和利得,借方登记会计期末转入的各项费用和损失。该账户年内期末余额如果在贷方,表示本年累计实现的净利润,如果在借方,表示本年累计发生的亏损。年末应将该账户的余额转入"利润分配"账户,结转后,该账户年末无余额。

"本年利润"账户的结构如下:

本年利润

借方	贷方
期末转入的各项费用和损失：	期末转入的各项收入和利得：
主营业务成本	主营业务收入
其他业务成本	其他业务收入
税金及附加	其他收益
销售费用	投资收益
管理费用	公允价值变动收益
财务费用	资产处置收益
投资损失	营业外收入
公允价值变动损失	
资产处置损失	
信用减值损失	
资产减值损失	
营业外支出	
所得税费用	
期末余额：本年累计亏损 （年末无余额）	期末余额：本年累计净利润 （年末无余额）

2）利润总额的核算

（1）利润总额的计算　利润总额＝营业利润＋营业外收入－营业外支出，其中：

营业利润＝营业收入－营业成本－税金及附加－销售费用－管理费用－研发费用－财务费用＋其他收益＋投资收益（－投资损失）＋净敞口套期收益（－净敞口套期损失）＋公允价值变动收益（－公允价值变动损失）＋信用减值损失（损失以"－"号列示）＋资产减值损失（损失以"－"号列示）＋资产处置收益（－资产处置损失）

清泉公司 2021 年 12 月份的利润总额计算过程如下：

主营业务收入＝400 000＋200 000＋320 000＋100 000＝1 020 000（元）

（见第 9 章例 9-1、例 9-2、例 9-4 和例 9-7）

其他业务收入＝10 000＋5 000＝15 000（元）

（见第 9 章例 9-9、例 9-10）

营业收入＝主营业务收入＋其他业务收入＝1 020 000＋15 000＝1 035 000（元）

主营业务成本＝626 700（元）

（见第 9 章例 9-11）

其他业务成本＝7 000＋4 000＝11 000（元）

（见第 9 章例 9-12、例 9-13）

营业成本＝主营业务成本＋其他业务成本＝626 700＋11 000＝637 700（元）

税金及附加＝35 000（元）

（见第 9 章例 9-16）

销售费用＝20 000＋1 000＋2 000＋10 000＋5 000＝38 000（元）

(见第 8 章例 8-2、例 8-4、例 8-5 和第 9 章例 9-14、例 9-15)

管理费用＝6 000＋35 000＋4 000＋11 000＋5 330＋6 000＝67 330(元)

(见第 8 章例 8-1、例 8-2、例 8-4、例 8-5 和第 10 章例 10-2、例 10-3)

财务费用＝1 000(元)

(见第 6 章例 6-4)

营业利润＝营业收入－营业成本－税金及附加－销售费用－管理费用－财务费用
　　　　＝1 035 000－637 700－35 000－38 000－67 330－1 000＝255 970(元)

营业外收入＝10 000(元)

(见第 10 章例 10-4)

营业外支出＝8 000＋1 970＝9 970(元)

(见第 10 章例 10-5、例 10-6)

利润总额＝营业利润＋营业外收入－营业外支出＝255 970＋10 000－9 970＝256 000(元)

(2) 利润总额的账务处理　采用账结法时,企业应于每月末将收入和利得转入"本年利润"账户的贷方,将费用和损失转入"本年利润"账户的借方。

【例 10-7】 清泉公司采用账结法,2021 年 12 月 31 日,将清泉公司 2021 年 12 月份的收入和利得转入"本年利润"账户。

本月末,应将收入和利得相关账户余额转入"本年利润"的贷方,编制会计分录如下:

借:主营业务收入　　　　　　　　　　　　　　1 020 000
　　其他业务收入　　　　　　　　　　　　　　　 15 000
　　营业外收入　　　　　　　　　　　　　　　　 10 000
　　贷:本年利润　　　　　　　　　　　　　　　1 045 000

【例 10-8】 将清泉公司 2021 年 12 月份的费用和损失转入"本年利润"账户。

本月末,应将费用和损失相关账户余额转入"本年利润"的借方,编制会计分录如下:

借:本年利润　　　　　　　　　　　　　　　　　789 000
　　贷:主营业务成本　　　　　　　　　　　　　 626 700
　　　　其他业务成本　　　　　　　　　　　　　　11 000
　　　　税金及附加　　　　　　　　　　　　　　　35 000
　　　　销售费用　　　　　　　　　　　　　　　　38 000
　　　　管理费用　　　　　　　　　　　　　　　　67 330
　　　　财务费用　　　　　　　　　　　　　　　　 1 000
　　　　营业外支出　　　　　　　　　　　　　　　 9 970

3) 所得税费用的核算

(1) 所得税费用的计算　所得税费用包括当期所得税和递延所得税。当期所得税是当期应交的企业所得税。递延所得税是由于会计处理和税法规定不一致引起的暂时性差异形成的,包括递延所得税资产和递延所得税负债。递延所得税资产是指以未来期间很可能取得用来抵扣可抵扣暂时性差异的应纳税所得额为限确认的一项资产;递延所得税负债是指根据应纳税暂时性差异计算的未来期间应付所得税的金额。所得税费用的计算公式如下:

应纳税所得额＝利润总额＋纳税调整增加额－纳税调整减少额
应交所得税＝应纳税所得额×所得税税率
所得税费用＝当期所得税＋递延所得税

由于递延所得税的计算比较复杂,将在财务会计和高级财务会计中重点讲解,本教材作简易处理,不考虑递延所得税。

(2) 账户设置　为了核算所得税费用,需要设置"所得税费用"账户。"所得税费用"账户属于费用类账户,用以核算企业按规定从当期损益中扣除的所得税费用。该账户借方登记计入本期损益的所得税费用,贷方登记转入"本年利润"账户的所得税费用。期末结转"本年利润"账户后,该账户无余额。

"所得税费用"账户的结构如下：

所得税费用

借方	贷方
本期计算的所得税费用	期末转入"本年利润"账户的所得税费用

(3) 账务处理

【例10-9】 计算清泉公司2021年12月份的所得税并确认所得税费用。

前面已经计算出清泉公司2021年12月份的利润总额为256 000元(也可以根据例10-7中"本年利润"的贷方减去"本年利润"的借方计算得出),假设不考虑调整项目和递延所得税因素,按照所得税税率25%计算本期的所得税费用为64 000元(256 000×25%)。编制会计分录如下：

　　借：所得税费用　　　　　　　　　　　　　64 000
　　　　贷：应交税费——应交所得税　　　　　　　　64 000

【例10-10】 将清泉公司2021年12月份的所得税费用转入"本年利润"账户。

所得税费用应转入"本年利润"的借方,编制会计分录如下：

　　借：本年利润　　　　　　　　　　　　　　64 000
　　　　贷：所得税费用　　　　　　　　　　　　　　64 000

所得税费用转入"本年利润"账户后,就可以根据"本年利润"账户的借、贷方计算确定企业的净利润,根据上述核算过程,可以计算出清泉公司2021年12月份的净利润为：256 000－64 000＝192 000(元)。

【拓展阅读】

上市公司研发投入"见涨",632家A股公司研发费用同比增长13.73%

"对上市公司而言,高质量发展是当前的重要路径,而创新和研发水平直接决定着上市公司技术层面'护城河'的高低。因此,加大研发和专利投入,对上市公司的高质量发展有着十分积极的意义。"川财证券首席经济学家陈雳在接受《证券日报》记者采访时如是说。

近日,国务院总理李克强在江苏考察时强调,有创新企业才有未来,国家才会有更好发展。结合《中华人民共和国国民经济和社会发展第十四个五年规划和2035年远景目标纲要》来看,其明确提出要"坚持创新在我国现代化建设全局中的核心地位,把科技自立自强作为国家发展的战略支撑"。

东北证券首席策略分析师邓利军在接受《证券日报》记者采访时表示,科技自强的首要因素就是加大研发投入,从而取得更加丰硕的研究成果。国际经验表明,科技研发投入与经济增长存在显著正相关关系,加大科技研发投入就是为经济高质量发展增添动力。

据同花顺iFinD数据显示,截至2021年3月29日18时,A股共有632家上市公司2020年年报出炉。从研发投入总额看,上述632家上市公司去年的研发费用合计约2 419.68亿元,较2019年的2 127.54亿元同比增长13.73%。从投入的绝对金额看,目前研发投入总额超百亿元的有5家,分别为工业富联100.38亿元、中兴通讯147.97亿元、上汽集团149.67亿元、中国石化152亿元和中国石油229.21亿元;研发投资总额在10亿元至100亿元间的有35家。

邓利军认为,上市公司作为我国经济发展的"领头兵",其加大研发投入所带来的技术提升,有利于稳固企业"护城河",进一步加强自身竞争优势。同时,上市公司增加研发投入有助于提升我国科学技术水平,从而通过技术创新反哺经济,使得经济增长由"量增"变为"质增"。研发投入的强度也进一步反映了我国在国与国竞争之中的核心竞争力,有利于增加我国的核心竞争力。

从上述40家去年研发投资总额超10亿元的上市公司所属申万一级行业看,仅电子行业就有9家、采掘业6家、通讯业和电器设备各3家。对此,邓利军表示,"总体来看,研发费用较高的行业集中于技术密集型产业,在生产结构中有着技术知识所占比重大、科研费用高、产品附加价值高、增长速度快等特点。"在邓利军看来,相比其他行业来讲,在技术密集型产业中,新技术的突破能够使企业快速实现规模经济,进而获得比较优势并在市场竞争中占据有利地位,所以,这类行业的研发投入相对较高。

值得关注的是,为进一步鼓励企业加大研发投入,今年政府工作报告提出,延续执行企业研发费用加计扣除75%政策,将制造业企业加计扣除比例提高到100%,用税收优惠机制激励企业加大研发投入,着力推动企业以创新引领发展。上海市科学学研究所副研究员金爱民在接受《证券日报》记者采访时表示,通过税收优惠政策激励企业创新,兼具了普惠性、公平性和可持续性等特点。事实上,除了税收优惠政策外,政府还可以通过设立科研项目、科研机构认定(如国家企业技术创新中心)、创新券发放、科研仪器或试剂进口免税等方式,降低企业研发投入成本,提升科技资源可获得性。在邓利军看来,推动企业加大研发投入,还可以从多个方面发力,包括加大产权保护、完善相关政策、加强"护城河"效应、加大对国有企业创新人才实施股权和分红激励等。

(资料来源:载于东方财富网,http://finance.eastmoney.com)

10.3 利润怎么分配?——利润分配过程的核算

10.3.1 利润分配的顺序

利润分配是指企业根据国家有关规定和企业章程、投资者协议等对企业可供分配利润指定特定用途和分配给投资者的行为。企业形成的净利润应按国家的有关规定进行合理分配。根据我国《公司法》等法律、法规规定,企业当年实现的净利润,首先应当弥补以前年度尚未弥补的亏损,剩余部分按照以下顺序进行分配。

(1) 提取法定盈余公积　根据《公司法》的规定,公司制企业应按弥补亏损后的净利润的10%提取法定盈余公积金,非公司制企业可按不低于10%的比例自行确定计提比例。企业提取的法定盈余公积金累计金额超过注册资本50%以上的,可以不再提取。

(2) 提取任意盈余公积　企业提取法定盈余公积金后,经股东大会或类似权力机构决议,可以再按照净利润的一定比例提取任意盈余公积金。

(3) 向投资者分配利润或股利　计提盈余公积后的净利润再加上年初未分配利润和其他转入数,形成可供投资者分配的利润。如果企业为股份公司,有优先股的,可供分配的利润首要支付优先股股利,然后再向普通股股东进行分配。股利分配的形式可以是现金股利,也可以是股票股利。如果是有限责任公司,则一般按出资比例在出资者间进行分配。

10.3.2　利润分配的核算

1) 账户设置

(1) "利润分配"账户　该账户属于所有者权益类账户,用于核算企业的利润分配过程。为了反映利润分配的去向,一般还需要设置"盈余公积补亏""提取法定盈余公积金""提取任意盈余公积金""应付现金股利"或"应付利润""转作资本(或股本)的股利"和"未分配利润"等明细账户,进行明细分类核算。年末将"本年利润"账户的余额转入"利润分配——未分配利润"账户,如果为净利润,则转入"利润分配——未分配利润"的贷方;如果为亏损,则转入其借方。利润分配时,借方记入"利润分配"账户对应的明细账户,贷方记入"盈余公积""应付股利"等账户。利润分配完成后,再将"利润分配"对应的明细账户转入"利润分配——未分配利润"账户的借方。结转完成后,"利润分配——未分配利润"账户余额表示期末未分配利润金额,除"未分配利润"外,其他明细账户没有余额。

"利润分配——未分配利润"账户的结构如下:

利润分配——未分配利润

借方	贷方
期初余额:期初尚未弥补的亏损	期初余额:期初未分配利润
年末从"本年利润"账户转入的全年亏损	年末从"本年利润"账户转入的全年净利润
提取法定盈余公积	盈余公积补亏
提取任意盈余公积	
应付现金股利	
股票股利(转作股本的股利)	
期末余额:期末未弥补亏损	期末余额:期末未分配利润

(2) "盈余公积"账户　该账户属于所有者权益类账户,用于核算企业提取的盈余公积金。提取的盈余公积可以用于弥补企业的亏损、经过批准转增资本以及分配股利。需注意的是,盈余公积弥补亏损后,应有结余;分配股利时,股利率不得超过股票面值的6%;分配股利后,法定盈余公积不能低于注册资本的25%。

"盈余公积"账户贷方登记盈余公积的增加,即提取的盈余公积金,借方登记盈余公积的减少,即实际使用的盈余公积金。期末余额在贷方,表示结余的盈余公积金。盈余公积应设置"法定盈余公积"和"任意盈余公积"明细账户,进行明细分类核算。

"盈余公积"账户的结构如下：

盈余公积

借方	贷方
本年实际使用的盈余公积金	期初余额：期初结余的盈余公积金 本年提取的盈余公积金
	期末余额：期末结余的盈余公积金

（3）"应付股利（或应付利润）"账户　该账户属于负债类账户，用于核算企业按照股东大会或类似权力机构决议分配给投资者现金股利或利润的增减变动及其结余情况。其贷方登记应付给投资人现金股利或利润的增加，借方登记实际支付给投资人的现金股利或利润。期末余额在贷方，表示尚未支付的现金股利或利润。

"应付股利"账户的结构如下：

应付股利（或应付利润）

借方	贷方
实际支付的现金股利或利润	期初余额：期初尚未支付的现金股利或利润 本期应付未付的现金股利或利润
	期末余额：期末尚未支付的现金股利或利润

2）账务处理

【例10-11】清泉公司2021年12月份"本年利润"账户的期初余额为2 908 000元，12月份实现净利润192 000元，将本年实现的净利润转入"利润分配"账户。

"本年利润"账户12月份的期初余额反映的是前11个月的累计净利润，加上12月份的净利润，2021年共实现净利润3 100 000元。应编制会计分录如下：

借：本年利润　　　　　　　　　　　　　3 100 000
　　贷：利润分配——未分配利润　　　　　　　　3 100 000

【例10-12】清泉公司经股东大会批准，按净利润的10%提取法定盈余公积金，按5%提取任意盈余公积金。

清泉公司2021年实现净利润3 100 000元，按净利润的10%应提取法定盈余公积金310 000元，按净利润的5%提取任意盈余公积金155 000元。应编制会计分录如下：

借：利润分配——提取法定盈余公积　　　310 000
　　　　　　——提取任意盈余公积　　　155 000
　　贷：盈余公积——法定盈余公积　　　　　　　310 000
　　　　　　　　——任意盈余公积　　　　　　　155 000

【例10-13】清泉公司按照股东大会决议，宣告分配2021年的利润500 000元。

宣告分配利润500 000元，使得利润分配减少，同时应付利润增加，该业务应编制会计分录如下：

借：利润分配——应付利润　　　　　　　500 000
　　贷：应付利润　　　　　　　　　　　　　　　500 000

【例10-14】清泉公司结清利润分配账户。

结清利润分配账户，即将利润分配账户的各个明细账户的余额从其相反方向转入"未分

配利润"明细账户,应编制会计分录如下:

借:利润分配——未分配利润　　　　　　　　965 000
　　贷:利润分配——提取法定盈余公积　　　　　　310 000
　　　　　　——提取任意盈余公积　　　　　　155 000
　　　　　　——应付利润　　　　　　　　　　500 000

【拓展阅读】

蓝光发展延缓2020年利润分配,公司称有债务重组整体方案

偿债压力巨大的蓝光发展(600466.SH)选择了延缓实施2020年度利润分配。7月15日晚间,蓝光发展公告,2020年度实现归属于上市公司股东的净利润33.02亿元,母公司累计未分配利润为16.61亿元,截至2020年12月31日,期末可供分配利润为16.61亿元。蓝光发展将向全体股东每10股派发现金红利0.85元(含税),不进行送股和资本公积金转增股本。上述拟分配的现金红利总额预计为2.56亿元,加上当年已实施的股份回购金额0.75亿元,合计占本年度合并报表中归属于上市公司股东的净利润的10%。

但截至目前,蓝光发展偿债压力巨大,尚未能筹集到2020年度利润分配所需资金,预计无法在2021年7月20日前完成利润分配事宜。蓝光发展结合公司目前的现金状况,为了保障公司的可持续发展和最终实现全体股东的长远利益,经公司董事会审慎考虑,拟延缓实施2020年度利润分配方案。

值得注意的是,在公告中蓝光发展坦承,公司要进行债务重组工作。公告称,由于阶段性流动性紧张引发的债务风险,公司正全力协调各方积极筹措资金,商讨多种方式解决相关问题。同时,公司将在地方政府的大力支持下,在金融监管机构的积极协调下,制定短中长期综合化解方案,积极解决当前问题。下一步,公司将继续努力筹集2020年度利润分配所需资金,并把上述分红事宜纳入公司后续债务重组整体方案中进行考虑。公司将在明确具体分红安排后及时进行披露。

然而,就在蓝光发展宣布延缓2020年度利润分配之后,上海证券交易所就对蓝光发展下发了《关于对四川蓝光发展股份有限公司利润分配有关事项的监管工作函》。监管函称,上市公司应当在股东大会审议通过方案后两个月内,完成利润分配及转增股本事宜。请蓝光发展高度重视现金分红事项,尽快筹措资金,明确后续利润分配的具体时间,及时履行信息披露义务,切实保护投资者利益。蓝光发展控股股东、实际控制人应当采取有效措施,积极支持、配合上市公司筹措资金,尽快完成利润分配。

按照这个时间表,根据此前披露的信息,蓝光发展股东大会是在5月20日审议通过的2020年度利润分配预案,也就是说蓝光发展需要在7月20日之前完成利润分配及转增股本,距离最后截止日只剩下5日。

监管函最后写道,"蓝光发展及全体董事、监事、高级管理人员应当勤勉尽责,切实保障蓝光发展经营秩序稳定和规范运作,及时采取必要措施,妥善处理延缓利润分配、债务逾期风险等事项。控股股东、实际控制人应当积极支持上市公司化解风险隐患,不得通过不当手段侵占上市公司利益。对涉及违法违规行为的,我部将采取监管措施或纪律处分。"

截至2021年7月12日,蓝光发展及下属子公司累计到期未能偿还的债务本息合计45.44亿元,涉及银行贷款、信托贷款、债务融资工具等债务形式。但以蓝光发展目前手中可动用的资金来看,完全无法覆盖其债务。

截至 2021 年 6 月 30 日,蓝光发展货币资金余额为 110.16 亿元,其中可自由动用资金为 2.07 亿元;有专有用途的项目预售监管资金 64.27 亿元(优先用于项目建设及经营支出),合作项目资金 34.64 亿元(公司无法单方面使用),项目开发履约保证金、按揭保证金、银行冻结资金等其他受限资金 9.18 亿元,上述资金公司无法自由调用偿付金融机构的负债。

(资料来源:载于搜狐焦点,https://nj.focus.cn)

习 题

一、单项选择题

1. 2021 年 3 月 31 日,某企业"本年利润"账户有贷方余额 98 000 元,表示( )。
   A. 该企业 2021 年 1 月 1 日至 3 月 31 日累计实现的净利润为 98 000 元
   B. 该企业 2021 年 3 月份实现的净利润为 98 000 元
   C. 该企业 2021 年 1 月 1 日至 3 月 31 日累计发生的净亏损为 98 000 元
   D. 该企业 2021 年 3 月份发生的净亏损为 98 000 元

2. 某企业年初"利润分配——未分配利润"为贷方余额 200 万元,本年实现净利润 2 000 万元,按 10% 提取法定盈余公积金,按 5% 提取任意盈余公积金,宣告发放现金股利 160 万元,则企业年末未分配利润为( )万元。
   A. 1 710   B. 1 734   C. 1 740   D. 1 748

3. 按照《公司法》的有关规定,公司应当按照当年净利润(弥补年初累计亏损后)的( )提取法定盈余公积。
   A. 10%   B. 15%   C. 7%   D. 5%

4. 年末结转后,"利润分配"账户的贷方余额表示( )。
   A. 年末未弥补的亏损额   B. 本年实现的净利润额
   C. 本年利润分配总额   D. 年末未分配利润额

5. 年末结转后,"利润分配"账户的借方余额表示( )。
   A. 年末未弥补的亏损额   B. 本年实现的净利润额
   C. 本年利润分配总额   D. 年末未分配利润额

二、多项选择题

1. 下列各项内容中,不会引起留存收益发生变动的有( )。
   A. 提取盈余公积   B. 向投资者分配现金股利
   C. 盈余公积转增资本   D. 盈余公积弥补亏损

2. 下列各项中,其账户发生额在会计期末应结转至"本年利润"账户的有( )。
   A. "管理费用"账户   B. "制造费用"账户
   C. "营业外收入"账户   D. "税金及附加"账户

三、判断题

1. 月末结转利润后,"本年利润"账户如为贷方余额,表示自年初至本月末累计实现的净利润。 ( )

2. 企业利润的分配(或亏损的弥补)应通过"利润分配"账户进行。 ( )

3. 年度终了,除"未分配利润"明细账户外,"利润分配"账户的其他明细账户应当没有余额。 ( )

四、实务题

练习一

（一）目的：练习利润的计算与损益类账户结转的账务处理。

（二）资料：清泉公司2021年12月份取得主营业务收入1 000万元，其他业务收入50万元，投资收益5万元，营业外收入15万元；发生主营业务成本600万元，其他业务成本30万元，税金及附加10万元，销售费用50万元，管理费用100万元，财务费用8万元，资产减值损失22万元，营业外支出10万元；计算出所得税费用为60万元。

（三）要求：

1. 计算清泉公司2021年12月份的营业利润、利润总额和净利润。
2. 将收入和利得账户转入"本年利润"账户。
3. 将费用和损失账户转入"本年利润"账户。

练习二

（一）目的：练习利润形成过程的会计处理。

（二）资料：清泉公司为一般纳税人，适用增值税税率为13%，所得税税率为25%。该公司2021年12月份发生以下经济业务：

1. 销售A产品一批，价款900 000元，增值税税额117 000元，收到款项800 000元，存入银行，其余款项暂欠。
2. 用银行存款支付广告费，取得的增值税专用发票上的价款为20 000元，增值税税额为1 200元。
3. 王静为招待客户向公司预借8 000元，出纳以银行存款支付。
4. 王静报销业务招待费，取得的增值税专用发票上的价款为9 000元，增值税额为540元，出纳用银行存款补付1 540元。
5. 用银行存款向红十字会捐款50 000元。
6. 用银行存款支付罚款5 000元。
7. 收到捐赠收入20 000元，存入银行。
8. 预提本月短期借款利息3 000元。
9. 结转本月已销A产品成本560 000元。
10. 计算本月应交消费税30 000元，城市维护建设税6 300元，教育费附加2 700元。
11. 将收入类账户转入"本年利润"。
12. 将费用类账户转入"本年利润"。
13. 计算确认本月所得税费用（不考虑纳税调整事项）。
14. 结转所得税费用（即将所得税费用转入本年利润）。

（三）要求：编制清泉公司上述业务的会计分录。

练习三

（一）目的：练习利润分配过程的会计处理。

（二）资料：清泉公司2021年12月份发生以下经济业务：

1. 将2021年的净利润2 000 000元转入"利润分配——未分配利润"账户。
2. 经批准，按10%计提法定盈余公积金，按5%计提任意盈余公积金。
3. 经批准，向所有者分配现金利润300 000元。
4. 结清利润分配账户。

（三）要求：编制清泉公司上述业务的会计分录。

11 会计凭证

【思维导图】

会计凭证,思维导图如图 11.1 所示。

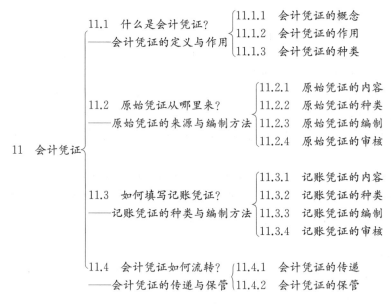

图 11.1 思维导图

【学习目的】

通过本章的学习,要求掌握会计凭证的概念和种类;理解编制和审核会计凭证的重要性;掌握原始凭证和记账凭证的编制要求和审核内容;了解会计凭证传递应注意的问题和会计凭证保管应遵循的规范。

【引导案例】

我国会计凭证的历史演变

在不同的经济时期,凭证所记载的内容和具有的功能也是不同的,它随着经济的发展不断地完善。会计凭证经历了古代官厅会计凭证、商业会计凭证、工业会计凭证和信息化会计凭证4个阶段。

1) 古代官厅会计凭证

古代官厅会计凭证经历了经济凭据应用向原始凭证应用的发展变化。最初的经济凭据在财务收支活动中仅起书面凭据的作用,在由奴隶制时代的自然经济向封建制时代的自然经济演进的影响下,凭证逐渐与账目记录直接发生了联系,它不仅可以作为财物出入的依据,而且也是会计官厅登记账目、监督检查的依据,并有保管制度。

2) 商业会计凭证

随着商品交易范围的不断扩大和贸易额的快速增加,由自由贸易和航海形成的商业港口成为地中海地区的经济贸易中心。商业经济迅速发展,导致自然经济彻底解体,经济环境的变化直接引起官厅簿记凭证的变化。这一时期,经济交往中形成的原始凭证种类和数量大大增加,其记载的内容不断趋于完善,功能进一步增强。商业经济交易活动中产生了各式各样的原始凭证:合同、协议、托运单、运输单据、海运提单、多联单据、租金票据、银行票据和商业票据等。旧时商业票据形式有汇票、本票和支票3种,汇票最早出现具有汇兑功能,随着时间推移,信用功能变得更为重要;本票与交易合约一样,是一种支付承诺。运输单据记录货物的状态并且作为货物的收据、运输合同的证明,转让时还作为货物的权利凭证。多联运输单据提供货物种类、标志、件数、重量、数量,通过联次控制起到监督核对的作用。

3) 工业会计凭证

19世纪末20世纪初,科学技术发展突飞猛进,各种新技术、新发明被迅速应用于工业生产,大大促进了经济的发展。会计核算也变得相对复杂起来,形成相对完整的会计系统。在计算机还没有出现之前,会计人员手工处理会计信息,依靠纸质凭证、账簿和报表来传递信息。这时原始凭证趋于规范,既有来自企业外的手工原始单据,如购货发票、订货单、各类票据、银行通知单、运货单等,也有来自企业内不同部门的原始单据,如收料单、领料单、产品入(出)库单、成本计算单、折旧计算表、工资分配表等。原始凭证作为经济活动的载体,一方面记录经济业务发生、明确经济责任,另一方面实现信息交换和传递。各原始凭证获取后,财会人员据其编制和审核记账凭证,作为后续会计信息处理、输出的依据。

4) 信息化会计凭证

科学技术的迅猛发展,计算机、数据库以及网络传播技术等渗透到人们生活的各个方面,网络会计、网络财务及XBRL出现,相应地,会计凭证也随着经济环境的变化不断变化完善。信息化环境下,基于计算机和网络的电子商业系统、海关系统、税务系统、运输系统、电子兑换系统等被广泛使用,计算机会计信息系统能够自动收集来自各种系统的电子凭证数据(如电子订单、货单、付款单、收据、发票、银行结算单等),并保存在会计信息系统的凭证数据库中。

(资料来源:载于《财会月刊》,2013(20):112-113.)

11.1 什么是会计凭证?——会计凭证的定义与作用

11.1.1 会计凭证的概念

会计凭证是指记录经济业务发生或者完成情况的书面证明,是登记账簿的依据。每个企业都必须按一定的程序编制和审核会计凭证,根据审核无误的会计凭证进行账簿登记,如实反映企业的经济业务。

11.1.2　会计凭证的作用

编制和审核会计凭证是会计核算的基本方法之一,也是会计核算工作的起点,对于保证会计资料的真实性和完整性,有效进行会计监督、明确经济责任等具有重要意义。会计凭证的作用主要有以下几个方面:

1) 记录经济业务,提供记账依据

会计凭证为会计核算提供原始依据,是登记账簿的依据,没有凭证就不能记账。会计凭证所记录有关信息是否真实、可靠、及时,对于能否保证会计信息质量具有重要影响。

2) 明确经济责任,强化内部控制

任何会计凭证除记录有关经济业务的基本内容外,还必须由有关部门和人员签章,对会计凭证所记录经济业务的真实性、完整性和合法性负责,以便分清经济责任,加强责任感,从而促进企业内部各单位分工协作,同时相互牵制,以防止舞弊行为,强化内部控制。

3) 监督经济活动,控制经济运行

会计凭证记载经济业务的发生和完成情况,通过会计凭证的审核,可以查明每一项经济业务是否符合国家有关法律、法规和制度规定,是否符合计划和预算进度,是否有违法乱纪和铺张浪费行为等。对于查出的问题,应积极采取措施予以纠正,实现对经济活动的控制,保证经济活动正常进行。

11.1.3　会计凭证的种类

会计凭证按照编制程序和用途不同,可以分为原始凭证和记账凭证。

(1) 原始凭证　又称单据,是指在经济业务发生或完成时取得或编制的,用以记录或证明经济业务的发生或完成情况的原始书面证明。它是进行会计核算的原始资料和重要依据,是编制记账凭证和登记账簿的原始依据,是会计资料中最具有法律效力的一种证明文件。

(2) 记账凭证　又称记账凭单,是指会计人员根据审核无误的原始凭证或原始凭证汇总表,按照经济业务的内容进行归类整理,并据以确定会计分录后所编制的会计凭证,作为登记账簿的直接依据。

11.2　原始凭证从哪里来？——原始凭证的来源与编制方法

11.2.1　原始凭证的内容

由于经济业务的种类和内容多种多样,经济管理的要求不同,原始凭证的名称、格式和内容也千差万别。因此,各核算单位必须根据不同的经济业务来设计和运用原始凭证。但无论何种原始凭证,都必须做到所载明的经济业务清晰,经济责任明确。原始凭证一般应具备以下基本内容(也称为原始凭证要素):

(1) 原始凭证的名称,如发票、收据、领料单、收料单等。
(2) 编制原始凭证的日期。
(3) 编制原始凭证的单位名称或者编制人姓名。

(4) 经办人员的签名或者盖章。
(5) 接受凭证单位名称。
(6) 经济业务内容。
(7) 数量、单价和金额。

实际工作中,根据经营管理和特殊业务的需要,除上述基本内容外,还可以增加必要的内容,如有关的计划任务、合同号码等,以便使原始凭证能够发挥多方面的作用。

此外,对于不同单位经常发生的共同性经济业务,有关部门可以制定统一的凭证格式。如人民银行统一制定的银行转账结算凭证,标明了结算双方单位名称、账号等内容;铁道部统一制定的铁路运单,标明了发货单位、收货单位、提货方式等内容。

11.2.2 原始凭证的种类

原始凭证可以按照取得来源、格式、编制的手续和内容进行分类。

1) 按其取得的来源不同,可分为自制原始凭证和外来原始凭证

(1) 自制原始凭证 是指由本单位有关部门和人员,在执行或完成某项经济业务时编制的,仅供本单位内部使用的原始凭证,如"收料单""领料单""限额领料单""产品入库单""产品出库单""借款单""工资发放明细表""折旧计算表""盘点表"等。"收料单"的一般格式如表11.2.1所示。凡是不能用来证明经济业务实际发生或完成的文件和单据,如购货合同、请购单,都不属于原始凭证。

表 11.2.1 收料单

年　月　日　　　　　　　　　　　　　　　　　编号：

供应者：		发票　号				年　月　日收到		
编号	材料名称	规格	送验数	实收数	单位	单价	金额	
备　注：				验收人盖章		合计		
会计主管：		复核：		记账：		制单：		

(2) 外来原始凭证 是指在经济业务发生或完成时,从其他单位或个人自接取得的原始凭证,如企业购买材料从供货单位取得的"增值税专用发票",从银行取得的"收款通知",职工出差取得的"飞机票""火车票"等。"增值税专用发票"的一般格式如表11.2.2所示。

2) 按照用途不同,可分为通用凭证和专业凭证

(1) 通用凭证 是指由有关部门统一印制、在一定范围内使用的具有统一格式和使用方法的原始凭证。通用凭证的使用范围因制作部门的不同而有所差异,可以是分地区、分行业使用,也可以是全国通用,如某省(市)印制的在该省(市)通用的发票、由人民银行制作的在全国通用的银行转账结算凭证、由国家税务局统一印制的全国通用的增值税专用发票。

表 11.2.2　××省增值税专用发票

发　票　联　　　　　　　　　　　　　　　　No　0126348

开票日期：　　年　月　日

购货单位	名　称		纳税人登记号			
	地址、电话		开户银行及账号			

商品或劳务名称	计量单位	数量	单价	金　额	税率(%)	税　额
合　计						

价税合计(大写)	

销货单位	名　称		纳税人登记号	
	地址、电话		开户银行及账号	

备　注	

收款人：×××　　　复核：×××　　　开票人：×××　　　销售单位：　　　（章）

(2) 专用凭证　是指由单位自行印制、仅在本单位内部使用的原始凭证，如"制造费用分配表""产品成本计算单""运输费用分配表""折旧计算表"等。"制造费用分配表"的一般格式如表 11.2.3 所示。

表 11.2.3　制造费用分配表

分配对象	分配标准	分配率	分配金额
合　计			

审核：　　　　　　　　　　　　　　　　　　制表：

3) 按照编制的手续和内容不同，可分为一次凭证、累计凭证和汇总凭证

(1) 一次凭证　是指一次编制完成的，只记录一笔经济业务且仅一次有效的原始凭证，如"收料单""领料单""发票""借款单""银行结算凭证"等。外来原始凭证都是一次凭证。

(2) 累计凭证　是指在一定时期内多次记录发生的同类型经济业务且多次有效的原始凭证。其特点是在一张凭证内可以连续登记相同性质的经济业务，随时结出累计数及结余数，并按照费用限额进行费用控制，期末按实际发生额记账。累计凭证是多次有效的原始凭证。具有代表性的累计凭证是"限额领料单"。"限额领料单"的一般格式如表 11.2.4 所示。

表 11.2.4 限额领料单

领料车间：　　　　　　　　　　　　　年 月　　　　　　　　　　　　编号：

材料类别	材料编号	材料名称及规格	单位	单价	领用限额	实际领用		备注
						数量	金额	

日期	请 领		实 发			退 回			限额结余
	数量	领用单位负责人签章	数量	发料人签章	签收人签章	数量	退料人签章	收料人签章	

生产计划部门主管：　　　　　　　　供应部门主管：　　　　　　　　仓库主管：

（3）汇总凭证 是指对一定时期内反映经济业务内容相同的若干张原始凭证,按照一定标准汇总编制的原始凭证。汇总原始凭证合并了同类型经济业务,简化了记账工作量。常用的汇总原始凭证有"发料凭证汇总表""工资汇总表""差旅费报销单"等。"发料凭证汇总表"的一般格式如表 11.2.5 所示。

表 11.2.5 发料凭证汇总表

材料名称	领料部门	数量/千克	单价/元	金额/元
甲材料	一车间	1 500	20	30 000
	二车间	1 200	20	24 000
	行政部门	50	20	1 000
	合计	2 750	20	55 000
乙材料	一车间	800	15	12 000
	二车间	500	15	7 500
	修理车间	200	15	3 000
	合计	1 500	15	22 500

11.2.3 原始凭证的编制

要保证会计核算工作的质量,必须从保证原始凭证的质量做起。为了保证原始凭证能够正确、及时、清晰地反映各项经济业务的真实情况,原始凭证的编制必须符合以下要求：

1）记录真实

原始凭证中所记载的经济业务,必须完全符合实际情况,不能弄虚作假、歪曲事实。对于实物的数量、质量和金额,都要经过严格审核,确保凭证内容真实可靠。从外单位取得的原始凭证如有丢失,应取得原签发单位盖有"财务专用章"的证明,并注明原凭证的号码、所载金额等内容,由经办单位负责人批准后,可代作原始凭证；对于确实无法取得证明的,如火车票、轮船票、飞机票等,可由当事人写出详细情况,由经办单位负责人批准后,也可代作原始凭证。

2) 内容完整

原始凭证必须全面、完整地反映所记录经济业务的具体内容。因此,有关经办人员应按照不同原始凭证的格式和规定的内容逐项填列齐全,不能遗漏或省略。项目填写不全的原始凭证,不能作为经济业务发生或完成情况的合法证明,不能作为有效凭据以记账。

3) 手续完备

单位自制的原始凭证必须有经办单位领导人或者其他指定的人员签名盖章;对外开出的原始凭证必须加盖本单位公章;从外部取得的原始凭证,必须盖有编制单位的公章;从个人取得的原始凭证,必须有编制人员的签名盖章。

4) 书写规范

原始凭证的编制要力求准确、清晰,具体应做到:

(1) 小写金额用阿拉伯数字逐个书写,不得连笔写;小写金额前面要书写货币币种符号,人民币符号为"￥",币种符号与阿拉伯数字之间不得留有空白;凡阿拉伯数字前写有币种符号的,数字后面不再写货币单位;金额数字一律填写到角分,无角分要写"00"或符号"—",有角无分的,分位写"0",不得用符号"—"代替。

(2) 大写金额用汉字书写,如零、壹、贰、叁、肆、伍、陆、柒、捌、玖、拾、佰、仟、万、亿、整等,一律用正楷或行书体书写,不得用0、一、二、三、四、五、六、七、八、九、十等简化字代替;大写金额到元或角为止的,后面要写整字,大写金额有分的,分字后面不写"整"字;大写金额前未印有货币名称的,应加填货币名称(如"人民币"三个字);阿拉伯数字中间有"0"时,汉字大写金额要写"零"字;阿拉伯数字中间连续有几个"0"时,汉字大写金额中只写一个"零"字;阿拉伯数字元位是"0",或数字中间连续有几个"0"、元位也是"0"但角位不是"0"时,汉字大写金额可以只写一个"零"字,也可以不写"零"字。

5) 编号连续

各种凭证要连续编号,以便查考。如果凭证已预先印有编号,如发票、支票等重要凭证,在写坏作废时,应加盖"作废"戳记,连同存根一起保存,不得撕毁。

6) 编制及时

每一项经济业务发生或完成后,经办人员应及时编制原始凭证,并按规定程序及时送交会计部门,以便及时记账。

7) 不得涂改、刮擦、挖补

原始凭证有错误的,应当由出具单位重开或更正,更正处应当加盖出具单位印章。原始凭证金额有错误的,应当由出具单位重开,不得在原始凭证上更正。

11.2.4 原始凭证的审核

1) 审核

原始凭证的审核是发挥会计监督职能的重要手段。一切原始凭证都必须进行严格认真的审核,只有审核无误的原始凭证,才能据以编制记账凭证,作为记账的依据。原始凭证的审核主要从以下几个方面进行:

(1) 审核原始凭证的真实性 原始凭证作为会计信息的基本信息源,其真实性对会计信息的质量具有至关重要的影响。真实性审核主要包括:凭证日期是否真实、业务内容是否真实、数据是否真实。同时对外来原始凭证,必须有编制单位公章和编制人员签章;对自制原始凭证,必须有经办部门和经办人员的签名或盖章;对通用原始凭证,还应审核凭证本身的真实性，以防假冒。

(2) 审核原始凭证的合法性　主要审核原始凭证所反映的经济业务是否符合国家的方针、政策、法令及有关制度的规定；是否履行了规定的凭证传递和审核程序；有无营私舞弊、贪污盗窃的不法行为等。

(3) 审核原始凭证的合理性　主要审核原始凭证所反映的经济业务是否符合企业生产经营活动的需要；是否符合本单位的财务计划或预算；是否符合节约的原则；有无违反费用开支标准、铺张浪费、不讲经济效益等。

(4) 审核原始凭证的完整性　主要审核原始凭证的基本要素是否齐全；手续是否完备；经办人员的签章和编制单位的公章是否齐全；是否经过主管领导审批同意等。

(5) 审核原始凭证的正确性　主要审核接受单位名称是否相符；凭证联数是否正确；数量、单价、金额和合计数是否正确；大写金额与小写金额是否一致；有无涂改、伪造的痕迹等。

(6) 审核原始凭证的及时性　原始凭证的及时性是保证会计信息及时性的基础。为此，要求在经济业务发生或完成时，及时编制有关原始凭证，及时进行传递。审核时，应注意审查凭证的编制日期，尤其是支票、银行汇票、银行本票等时效性较强的原始凭证，更应仔细验证其签发日期。

2) 处理

经过审核的原始凭证应根据不同情况进行处理：

(1) 对于完全符合要求的原始凭证，应及时据以编制记账凭证入账。

(2) 对于真实、合法、合理但内容不准确、不完整的原始凭证，予以退回，要求经办人更正、补充。

(3) 对于不真实、不合法的原始凭证，在不受理的同时，应当予以扣留，并及时向单位领导人报告，请求查明原因，追究当事人的责任。

11.3　如何填写记账凭证？——记账凭证的种类与编制方法

11.3.1　记账凭证的内容

因记账凭证所反映经济业务的内容不同，各单位规模大小及其经济核算繁简程度的要求不同，其种类和格式亦多种多样。但作为登记账簿的直接依据，记账凭证都必须符合登记账簿的要求，具备以下基本内容或要素：

(1) 记账凭证的名称，如"收款凭证""付款凭证""转账凭证"。

(2) 编制记账凭证的日期。

(3) 记账凭证的编号。

(4) 经济业务的内容摘要。

(5) 应借、应贷的会计科目及金额。

(6) 记账标记。

(7) 所附原始凭证张数、稽核人员、记账人员、会计主管人员的签名或盖章。收款和付款凭证还应当由出纳人员签名或盖章。

11.3.2 记账凭证的种类

按其记载经济业务内容的范围不同,可以分为通用记账凭证和专用记账凭证。

1) 通用记账凭证

无论什么内容的经济业务,都编制相同格式的记账凭证,这种记账凭证称为通用记账凭证,其格式如表 11.3.1 所示。

表 11.3.1 记账凭证

年 月 日 　　　　　　　　　　　　　　　　编号:

摘 要	一级科目	二级或明细科目	借方金额	贷方金额	记账
合 计					

附件 张

会计主管:　　　　记账:　　　　审核:　　　　出纳:　　　　制单:

2) 专用记账凭证

专用记账凭证也称为分类式记账凭证,是按其所记录的经济业务,是否与库存现金和银行存款的收付业务有关,分别编制的不同格式的记账凭证。具体又可分为收款凭证、付款凭证和转账凭证 3 种。

(1) 收款凭证　是用来记录库存现金和银行存款收入业务的记账凭证,包括库存现金收款凭证和银行存款收款凭证两种。

(2) 付款凭证　是用来记录库存现金和银行存款付出业务的记账凭证,包括库存现金付款凭证和银行存款付款凭证两种。

(3) 转账凭证　是用来记录除库存现金、银行存款收、付业务以外的转账业务的记账凭证。在实际工作中,为了便于识别及减少差错,通常将收款凭证、付款凭证和转账凭证用不同的颜色印刷。各种专用凭证的一般格式分别如表 11.3.2、表 11.3.3、表11.3.4所示。

表 11.3.2 收款凭证

借方科目:　　　　　　　　　　年 月 日　　　　　　　　　　收字第 号

摘 要	贷方科目		金 额	记账
	一级科目	二级或明细科目		
合 计				

附件 张

会计主管:　　　　记账:　　　　审核:　　　　出纳:　　　　制单:

表 11.3.3　付款凭证

贷方科目：　　　　　　　　　　　　年　月　日　　　　　　　　　　　　付字第　号

摘要	借方科目		金额	记账	
	一级科目	二级或明细科目			附件　张
	合　计				

会计主管：　　　　记账：　　　　审核：　　　　出纳：　　　　制单：

表 11.3.4　转款凭证

年　月　日　　　　　　　　　　　　转字第　号

摘要	会计科目		借方金额	贷方金额	记账	
	一级科目	二级或明细科目				附件　张
	合　计					

会计主管：　　　　记账：　　　　审核：　　　　　　　　　　　　制单：

11.3.3　记账凭证的编制

1）专用记账凭证与通用记账凭证的编制

（1）收款凭证的编制　收款凭证是根据有关库存现金或银行存款收款业务的原始凭证编制的记账凭证。该凭证左上角的"借方科目"应填写"库存现金"或"银行存款"科目；"贷方科目"填写与收入库存现金或银行存款相对应的会计科目；日期填写的是编制本凭证的日期；右上角填写编制收款凭证的顺序号；"记账"是指该凭证已登记账簿的标记，防止经济业务重记或漏记；右边"附件　张"是指本记账凭证所附原始凭证的张数；最下边分别由有关人员签章，以明确经济责任。

（2）付款凭证的编制　付款凭证是指根据有关库存现金或银行存款付款业务的原始凭证编制的记账凭证，其编制的方法与收款凭证基本相同，只是凭证左上角由"借方科目"换为"贷方科目"，凭证中间的"贷方科目"换为"借方科目"。

（3）转账凭证的编制　转账凭证是根据与库存现金和银行存款收付无关的转账业务的原始凭证编制的。该凭证将经济业务所涉及的全部会计科目，按照先借后贷的顺序记入"会计科目"栏中的"一级科目"和"二级或明细科目"，并按应借、应贷方向分别记入"借方金额"或"贷方金额"栏。其他项目的填列与收、付款凭证相同。

（4）通用记账凭证的编制 通用记账凭证的编制与转账凭证基本相同，所不同的是，在凭证的编号上，采用按照发生经济业务的先后顺序统一编号的方法。

2）编制记账凭证的具体操作要求

在编制记账凭证过程中，还必须遵循以下规范：

（1）记账凭证可以根据每一张原始凭证编制，也可以根据原始凭证汇总表编制，但不得将不同内容和类别的原始凭证汇总编制在一张记账凭证上。

（2）各种账凭证应按顺序连续编号。

采用通用记账凭证时，一般每月从"1号"开始统一编号。

采用专用记账凭证时，一般每月按凭证种类即库存现金收款凭证、库存现金付款凭证、银行存款收款凭证、银行存款付款凭证和转账凭证，分别从"1号"开始分类编号。

如果一笔经济业务需要编制两张以上记账凭证时，可以采用分数编号法编号。例如，一笔经济业务需要编制两张转账凭证，而转账凭证的顺序号为12号，则编为"转字第 $12\frac{1}{2}$ 号"和"转字第 $12\frac{2}{2}$ 号"。

（3）"摘要"栏应简明扼要地填写经济业务的内容，以便查阅、核对和分析经济业务。同时，必须按照统一规定的会计科目及其核算内容，根据经济业务的性质，正确编制会计分录。金额栏"合计"的第一位数字前面要填写货币符号，如人民币符号"￥"。记账凭证编制完经济业务事项后，如有空行，应当自金额栏最后一笔金额数字下的空行处至合计数上的空行处划线注销。

（4）除结账和更正错误的记账凭证可不附原始凭证外，其他记账凭证必须附有原始凭证。

如果一张原始凭证涉及几张记账凭证，可以把原始凭证附在一张主要的记账凭证后面，并在其他记账凭证上注明附有该主要记账凭证编号或者附上该原始凭证的复印件。

如果一张原始凭证所列的支出，需要由两个以上的单位共同负担，应当由保存该原始凭证的单位开给其他应负担单位原始凭证分割单。原始凭证分割单必须具备原始凭证的基本内容。

（5）采用专用记账凭证时，对于库存现金与银行存款之间相互划账的业务，为了避免重复记账，一般只编制付款凭证，不编制收款凭证。如从银行提取现金，只编制银行存款付款凭证；将现金存入银行，则只编制库存现金付款凭证。

（6）采用专用记账凭证时，如果一项经济业务既有收（付）款业务，又有转账业务，应当分别编制收（付）款凭证和转账凭证。

（7）如果编制记账凭证时发生错误，应当重新编制。已经登记入账的记账凭证发现错误的，应采用正确的方法进行更正（见12.3.1错账更正法）。

（8）记账凭证编制完毕后，应由编制人员签名或盖章，以明确责任。

11.3.4 记账凭证的审核

为了保证会计信息的质量，在记账之前应由有关稽核人员对记账凭证进行严格的审核。其审核的主要内容是：

1）内容是否真实

审核记账凭证是否有原始凭证为依据，所记载的内容是否与所附原始凭证的内容一致，附件张数是否正确等。

2）分录是否正确

审核记账凭证的应借、应贷会计科目是否正确,所记金额是否与原始凭证的有关金额一致,并保持借贷双方金额平衡等。

3）书写是否正确

审核记账凭证的记录是否文字工整、数字清晰等。

4）项目是否填列齐全

审核记账凭证各项目的填写是否齐全,如日期、凭证编号、摘要、会计科目、金额、所附原始凭证张数及有关人员签章等。

在审核过程中,如发现记账凭证记录的经济业务与所附原始凭证不符,项目填列不齐全,应借、应贷科目使用不正确或金额不平衡等问题,应要求编制人员重新编制。如审核无误,则应当由审核人员签名或盖章。只有审核无误的记账凭证,才能作为登记账簿的依据。

11.4 会计凭证如何流转？——会计凭证的传递与保管

11.4.1 会计凭证的传递

会计凭证的传递是指从会计凭证的取得或编制时起至归档保管过程中,在单位内部有关部门和人员之间的传送程序。会计凭证的传递,应当满足内部控制制度的要求,使传递程序合理有效,同时尽量节约传递时间,减少传递的工作量。各单位应根据具体情况确定每一种会计凭证的传递程序和方法。

会计凭证的传递具体包括传递程序和传递时间。各单位应根据经济业务特点、内部机构设置、人员分工和管理要求,具体规定各种凭证的传递程序;根据有关部门和经办人员办理业务的情况,确定凭证的传递时间。

11.4.2 会计凭证的保管

由于会计凭证既是记录经济业务、明确经济责任的书面证明,又是登记账簿的依据,所以,它是重要的经济资料和会计档案。核算单位必须对会计凭证进行妥善保管,以便日后查阅。

会计凭证的保管应遵循以下规范：

（1）会计凭证登记完毕后,应当按照分类和编号顺序保管,不得散乱丢失。每年装订成册的会计凭证,在年度终了时,可暂由单位会计机构保管1年,期满后应移交本单位档案机构统一保管。出纳人员不得兼管会计档案。

（2）记账凭证应当连同所附原始凭证或原始凭证汇总表,按照编号顺序折叠整齐,按期装订成册,并加具封面,注明单位名称、年度、月份和起讫日期、凭证种类、起讫号码,由装订人在装订线封签处签名或盖章。

（3）对于数量过多的原始凭证,可以单独装订保管,在封面上注明记账凭证日期、编号、种类,同时,在记账凭证上注明"附件另订"和原始凭证的名称及编号。

（4）存出保证金收据以及涉外文件等重要原始凭证,应当另编目录,单独登记保管,并在有关的记账凭证和原始凭证上相互注明日期和编号。

(5) 原始凭证不得外借,其他单位如因特殊原因需要使用原始凭证时,经本单位会计机构负责人、会计主管人员批准,可以复制。向外单位提供的原始凭证复制件,应当在专设的登记簿上登记,并由提供人员和收取人员共同签名或盖章。

(6) 会计凭证的保管期限应按国家的有关规定执行,保存期满必须按规定履行有关手续后才能销毁。

【拓展阅读】

隐匿、故意销毁会计凭证,判有期徒刑,并处罚金!

法院判决:洛阳市涧西区人民法院刑事判决书(2018)豫0305刑初2号

一、被告人常珂犯隐匿、故意销毁会计凭证罪,判处有期徒刑一年,缓刑一年零六个月,并处罚金人民币十万元。

二、被告人张志飞犯隐匿、故意销毁会计凭证罪,判处有期徒刑九个月,并处罚金人民币五万元。

三、被告人雷红丽犯隐匿、故意销毁会计凭证罪,判处有期徒刑十个月,缓刑一年,并处罚金人民币五万元。

四、被告人马灵娣犯隐匿、故意销毁会计凭证罪,判处有期徒刑九个月,缓刑一年,并处罚金人民币二万元。

五、被告人郭莉娟犯隐匿、故意销毁会计凭证罪,判处有期徒刑九个月,缓刑一年,并处罚金人民币二万元。

六、被告人蒋媛媛犯隐匿、故意销毁会计凭证罪,判处有期徒刑九个月,缓刑一年,并处罚金人民币二万元。

犯罪事实列表:

财顺公司自成立以来,一直使用公司专门印制的检测凭证用于账目核对,但通过少记收入的方式(大约按每天实际收入的一半)逃避税款。

2016年4月1日,洛阳市地税局稽查局对财顺公司开展稽查时,调取了财顺检测站未及时藏匿的4天使用的检测凭证(2015年12月26日至29日)。

2016年4月5日,被告人常珂、张志飞召集被告人雷红丽、马灵娣、郭莉娟、蒋媛媛等人开会研究对策,并要求雷红丽、马灵娣、郭莉娟、蒋媛媛等人在面对调查时,统一口径称这4天使用的内部检测凭证系检测站搞活动所用。随后,为防止税务机关发现真相,逃避税务稽查,被告人常珂、张志飞又指使雷红丽、马灵娣、郭莉娟、蒋媛媛等人将历年的内部检测凭证整理后用车辆拉走销毁。被销毁的凭证金额不低于982.493万元。

(资料来源:载于一点资讯网,https://www.yidianzixun.com)

习 题

一、单项选择题

1. 向银行提取现金备发工资的业务,应根据有关原始凭证编制( )。

    A. 收款凭证　　　　　　　　　　B. 付款凭证

    C. 转账凭证　　　　　　　　　　D. 收款和付款凭证

2. 根据一定时期内反映相同经济业务的多张原始凭证,按一定标准经汇总后一次编制完成的原始凭证是（　　）。
   A. 累计凭证　　　　　　　　　B. 一次凭证
   C. 汇总凭证　　　　　　　　　D. 记账凭证
3. 记账凭证的编制依据是（　　）。
   A. 会计分录　　　　　　　　　B. 经济业务
   C. 原始凭证或汇总原始凭证　　D. 账簿记录
4. 下列原始凭证中,属于累计凭证的是（　　）。
   A. 领料单　　　　　　　　　　B. 收料单
   C. 发票　　　　　　　　　　　D. 限额领料单
5. 企业购进原材料 60 000 元,款项未付。该笔经济业务应编制的记账凭证是（　　）。
   A. 收款凭证　　　　　　　　　B. 付款凭证
   C. 转账凭证　　　　　　　　　D. 以上均可
6. 会计凭证按其（　　）不同,可以分为原始凭证和记账凭证两类。
   A. 反映业务的方法　　　　　　B. 编制方式
   C. 取得来源　　　　　　　　　D. 编制的程序和用途
7. 只反映一项经济业务,或同时反映若干项同类经济业务,凭证编制手续是一次完成的自制原始凭证,称为（　　）。
   A. 累计凭证　　　　　　　　　B. 一次凭证
   C. 汇总凭证　　　　　　　　　D. 单式记账凭证
8. 发料凭证汇总表是一种（　　）。
   A. 汇总原始凭证　　　　　　　B. 外来凭证
   C. 一次凭证　　　　　　　　　D. 累计凭证
9. 根据企业材料仓库保管员编制的发料单或发料凭证汇总表,通常应编制（　　）。
   A. 付款凭证　　　　　　　　　B. 原始凭证
   C. 转账凭证　　　　　　　　　D. 收款凭证
10. 会计日常核算工作的起点是（　　）。
    A. 设置科目与账户　　　　　　B. 编制会计凭证
    C. 登记账簿　　　　　　　　　D. 财产清查

二、多项选择题

1. 以下属于原始凭证的有（　　）。
   A. 入库单　　　　　　　　　　B. 银行转来的对账单
   C. 生产工序进程单　　　　　　D. 工资费用分配单
2. 下列项目中,属于会计凭证的是（　　）。
   A. 供货单位开具的发票　　　　B. 领用材料时编制的领料单
   C. 付款凭证　　　　　　　　　D. 财务部门编制的开支计划
3. 下列不属于原始凭证的有（　　）。
   A. 银行存款余额调节表　　　　B. 派工单
   C. 生产工序进程表　　　　　　D. 发货单
4. 以下属于汇总原始凭证的是（　　）。
   A. 汇总收款凭证　　　　　　　B. 收料凭证汇总表

     C. 限额领料单 　　　　　　　　　D. 发料凭证汇总表
   5. 涉及库存现金和银行存款之间收付款业务时,习惯上应编制的记账凭证为(　　)。
     A. 库存现金收款凭证　　　　　　B. 库存现金付款凭证
     C. 银行存款收款凭证　　　　　　D. 银行存款付款凭证
   6. 制造费用分配表属于(　　)。
     A. 自制原始凭证　　　　　　　　B. 一次凭证
     C. 累计凭证　　　　　　　　　　D. 不能作为原始凭证
   7. 付款凭证左上角的"贷方科目"可能是(　　)。
     A. 库存现金　　　　　　　　　　B. 应收账款
     C. 其他应付款　　　　　　　　　D. 银行存款
   8. 会计凭证按其编制程序和用途,可分为(　　)。
     A. 原始凭证　　　　　　　　　　B. 累计凭证
     C. 转账凭证　　　　　　　　　　D. 记账凭证
   9. 下列会计凭证中,属于自制原始凭证的有(　　)。
     A. 领料单　　　　　　　　　　　B. 盘盈盘亏表
     C. 购货发票　　　　　　　　　　D. 印花税票
   10. 企业会计凭证保管的内容包括(　　)。
     A. 整理会计凭证　　　　　　　　B. 装订会计凭证
     C. 归档存查会计凭证　　　　　　D. 将会计凭证移交检察机关

三、判断题
   1. 外来原始凭证都是一次凭证,自制原始凭证可能是一次凭证,也可能是累计凭证或汇总凭证。　　　　　　　　　　　　　　　　　　　　　　　　　　　　　　　(　　)
   2. 转账凭证只登记与货币资金收付无关的经济业务。　　　　　　　　　(　　)
   3. 付款凭证只有在银行存款减少时才编制。　　　　　　　　　　　　　(　　)
   4. 记账人员根据记账凭证记账后,应在"记账符号"栏内作"√"记号,表示该笔金额已记入有关账户,以免漏记或重记。　　　　　　　　　　　　　　　　　　　　(　　)
   5. 会计凭证按其来源不同,可以分为外来记账凭证和自制会计凭证。　　(　　)
   6. 原始凭证的内容中应包括会计分录。　　　　　　　　　　　　　　　(　　)
   7. 出纳人员在办理收款或付款业务后,应在凭证上加盖"收讫"或"付讫"的戳记,以避免重收或重付。　　　　　　　　　　　　　　　　　　　　　　　　　　　　　(　　)
   8. 只要是真实的原始凭证,就可作为收付财物和记账的依据。　　　　　(　　)
   9. 企业每年装订完成的会计凭证,在年度终了时,可由财务部门保管1年,期满后原则上应移交档案部门保管。　　　　　　　　　　　　　　　　　　　　　　　　(　　)
   10. 审核无误的原始凭证,是登记账簿的直接依据。　　　　　　　　　　(　　)
   11. 记账凭证是登记总分类账户的依据,原始凭证是登记明细分类账户的依据。(　　)

四、实务题
   (一)目的:练习专用记账凭证的编制。
   (二)资料:清泉公司2021年3月份发生的部分经济业务如下:
   1. 3月1日,收到A公司归还前欠货款20 000元,存入银行。(附件2张)
   2. 3月5日,从银行提取现金2 000元备用。(附件1张)

3. 3月6日,车间领用甲材料16 000元,用于生产甲产品。(附件1张)

4. 3月9日,向B公司购入甲材料一批,进价100 000元,增值税17 000元,材料已验收入库。(附件1张)

5. 3月12日,采购员赵星预借差旅费800元,以现金付讫。(附件1张)

6. 3月16日,采购员赵星出差归来,报销差旅费700元,交回多余现金100元。(附件2张)

7. 3月18日,销售甲产品100件,价款80 000元,款项已收存银行。(附件2张)

8. 3月20日,以银行存款支付企业管理部门电费1 300元。(附件2张)

9. 3月26日,以银行存款2 500元支付已预提的短期借款利息。(附件1张)

10. 3月30日,计提固定资产折旧30 000元,其中生产车间固定资产折旧25 000元,管理部门固定资产折旧5 000元。(附件1张)

(三)要求:根据上述所列经济业务编制专用记账凭证。

12 会计账簿

【思维导图】

会计账簿,思维导图如图12.1所示。

```
                ┌ 12.1 什么是会计账簿?     ┌ 12.1.1 会计账簿的意义
                │   ——会计账簿概述         └ 12.1.2 会计账簿的种类
                │
                │ 12.2 企业需要设置哪些会计账簿? ┌ 12.2.1 会计账簿的设置原则和基本内容
                │   ——会计账簿的设置和登记      └ 12.2.2 会计账簿的格式和登记方法
                │
 12 会计账簿 ───┤ 12.3 如何登记会计账簿?    ┌ 12.3.1 记账规则
                │   ——会计账簿的记账与查错  └ 12.3.2 查错
                │
                │ 12.4 会计账簿期末如何处理? ┌ 12.4.1 对账
                │   ——对账与结账            └ 12.4.2 结账
                │
                │ 12.5 会计账簿使用多久?    ┌ 12.5.1 会计账簿的更换
                └   ——会计账簿的更换和保管  └ 12.5.2 会计账簿的保管
```

图12.1 思维导图

【学习目的】

通过本章的学习,要求了解会计账簿的意义和种类;掌握会计账簿的设置和登记方法;理解记账规则;掌握查找错账以及更正错账、对账和结账的方法。

【引导案例】

中国会计博物馆内乾隆年间老账簿见证会计历史

一本账簿能记多少年?从乾隆五十一年一直记录到了新中国成立以后!这可不是随口胡说的,证据就在位于沈阳市二经街的中国会计博物馆里。虽说会计这一职业对专业性要求比较高,但会计博物馆内的展品却离我们的生活很近。

1)百岁股票和70岁债券

你知道吗?不起眼儿的二经街上也有一个"中国第一",那就是中国第一家会计博物馆——中国会计博物馆。虽然已经成立两年的它对公众免费开放,但绝大多数沈阳人却对它很陌生。

作为我国迄今为止第一家专业展示会计历史的博物馆,该博物馆现有展览面积500余平方米,分为历史馆、综合馆、展示馆三部分,拥有各类珍贵展品6 000件。

在大多数人的记忆里,上海的飞乐股票是新中国成立以来最早的股票,其实,早在一百多年前中国人就开始炒股了,1872年李鸿章建立的轮船招商局发行的股票,为中国最早发行的股票。在中国会计博物馆内,记者看到了光绪二十八年(1902年)奉天抚顺界杨伯堡河西华兴利煤矿总公司股票,当时一股计银100两,该股票系为资助军饷而发行,是比较少见的。

作为全民抗战的一个缩影,一张早已泛黄的国民政府抗战救国公债吸引了记者的注意。这张债券是民国28年(1939年)发行的,债券上有时任国民政府财政部部长的孔祥熙、次长邹琳和徐堪的签字和印章。债券左上角有清晰的"国民政府财政部救国公债之章"的钢印,债券背面则是英文。

中国会计博物馆负责人介绍,1937年抗日战争爆发,当时的财政部为补充军费需要,发行了大量"救国公债",像这张救国公债规定,利息每年4月30日付一次,1957年全部还清。

2) 清朝买官给开"收据"

在历史馆内,一张印有"正实收"三个大字的单据吸引了记者的注意。中国会计博物馆负责人介绍,这是清朝光绪年间的买官收据。现代社会,卖官买官是违法违纪的行为。但在旧中国历史上,这一行为被叫"捐制",就是捐官者缴纳一定数额的银两后,手持买官收据就可以等着任职了。不过,那时卖官收入的银两,要如数上缴国库,当然也不乏中饱私囊者。

这张买官收据详细地记载了买官者的姓名、买官花费的金额、取得的官职,由于只捐银37.8两,当事人只捐得个"双月巡检",这一职位在清朝时期为正九品。

有趣的是,这张单据上不但写明了买官花费的金额,注明了买官者籍贯及曾祖父母、祖父母、父母三代的姓名,而且还记载着买官人"身中(等)面白无须"等相貌特征。可以看出"正实收"分为存根和正页,而且还要盖骑缝印。"正实收"三个字,恐怕是正大光明地实际收到的意思了。

3) 乾隆年间老账簿里藏玄机

展示馆主要以会计凭证、账簿、报表、票证、票据、量具、算具等实物为主,更加直观地呈现了会计历史。

在这里记者看到了一本至今足足有227年的老账簿,堪称中国会计博物馆的镇馆之宝。这本"富公会收支银钱总账"从乾隆五十一年(1786年)开记,一直记录到了新中国成立以后,更为珍贵的是,这个老账簿里还藏有玄机,那就是账簿中还附有一个家族族谱。

从1955年第一张粮票发行开始,中国老百姓进入了漫长的"票证时代",粮票、油票、布票、肉票、糖票、豆制品票、工业券……各式各样的票成了百姓过日子的基本保障。在中国会计博物馆内,记者看到了当时在中国各地流通的票证,比较常见的票证有粮票、油票、布票等。不过,这其中也不乏一些比较少见的品种,如马桶票、木脚盆票及孕妇、婴儿、幼儿专用票。

要说中国会计博物馆内有一座"山",这可不是开玩笑,在展示馆内,一座由81个算盘组成的算盘山让记者大开眼界。这81个算盘不仅长短、形态、材质各异,而且分属不同时期,有的从年头看甚至是爷爷级。

除了算盘大聚会外,记者还看到了手摇式计算器,别看它有些其貌不扬,但却为造两弹一星立下汗马功劳。

(资料来源:载于中国会计视野网,http://news.esnai.com)

12.1 什么是会计账簿?——会计账簿概述

12.1.1 会计账簿的意义

会计账簿是由具有一定格式的账页组成的,以会计凭证为依据,全面、连续、系统地记录各项经济业务的簿籍。实际上,账簿是个统称,而"账"和"簿"是有区别的。"账"所记录的会计数据一般以货币作为统一的计量单位,并需要纳入对外报送的财务报表的正表部分;而"簿"所记录的会计数据不要求以货币作为统一的计量单位,一般不需要纳入对外报送的财务报表的正表部分,但有的数据需要在财务报表的附注部分列示。

编制与审核会计凭证,可以将每天发生的经济业务进行如实、正确的记录,明确其经济责任。但会计凭证数量繁多、信息分散、缺乏系统性,不便于会计信息的整理与报告。为此,有必要设置会计账簿。设置和登记会计账簿,在会计核算中具有下列重要意义。

1) 记载、储存会计信息

将会计凭证所记录的经济业务一一记入有关账簿,可以全面反映会计主体在一定时期内所发生的各项资金运动,储存所需要的各项会计信息。

2) 分类、汇总会计信息

账簿由不同的相互关联的账户所构成。通过账簿记录,一方面可以分门别类地反映各项会计信息,提供一定时期内经济活动的详细情况;另一方面可以通过各账户发生额、余额的计算,提供各方面所需要的总括会计信息,反映财务状况及经营成果的综合价值指标。

3) 检查、校正会计信息

账簿记录是会计凭证信息的进一步整理。如在永续盘存制下,通过有关盘存账户余额与实际盘点或核查结果的核对,可以确认财产的盘盈或盘亏,并根据实际结存数额调整账簿记录,做到账实相符,提供如实、可靠的会计信息。

4) 编报、输出会计信息

设置和登记账簿,是编制财务报表的基础,是连接会计凭证与财务报表的中间环节。

需要指出的是,账簿与账户有着十分密切的联系。账户是根据会计科目开设的,账户存在于账簿之中,账簿中的每一账页就是账户的存在形式和载体;然而,账簿只是一个外在形式,账户才是它的真实内容。因此,账簿与账户的关系,是形式和内容的关系。

12.1.2 会计账簿的种类

会计账簿的种类多种多样,为了便于了解和正确使用各种账簿,需要对账簿进行必要的分类。

1) 按用途不同,可分为序时账簿、分类账簿和备查账簿

(1) 序时账簿 又称日记账,是按经济业务发生或完成时间的先后顺序,逐日逐笔进行登记的账簿。目前,在会计实务中采用的主要是记录某一类经济业务的发生或完成情况的序时账,如库存现金日记账和银行存款日记账。

(2) 分类账簿 又称分类账,是按照会计科目开设的账户所组成的账簿。分类账簿按其提供指标的详细程度不同,又可分为总分类账簿和明细分类账簿。

① 总分类账簿:简称总账,是根据一级会计科目开设的账户设置的、提供总括会计资料的账簿。

② 明细分类账簿:简称明细账,是根据二级科目或明细科目开设的账户设置的、提供详细会计资料的账簿。

(3) 备查账簿 又称登记簿,是根据管理的需要设置的,用以登记序时账和分类账中不予登记或登记不全的经济业务发生情况的账簿。如"租入固定资产备查簿""代销商品备查簿""应收票据贴现备查簿"等。确切地说,备查账簿是"簿"而不是"账",其所记录的会计数据一般不列入财务报表的正表部分,但它可以提供表外业务发生情况的信息,为企业的经营

管理提供必要的查考资料。同时,备查账簿的登记依据可能不需要记账凭证,甚至不需要一般意义上的原始凭证;备查账簿没有统一的格式,其主要栏目可以不记录金额,它更注重用文字来表述某项经济业务的发生情况。

2) 按其外表形式不同,可分为订本式账簿、活页式账簿和卡片式账簿

(1) 订本式账簿　又称订本账,是指在启用之前就已将账页装订成册,并对账页进行了连续编号的账簿。订本账的优点是能避免账页散失和防止抽换账页;其缺点是不能根据各账户业务量的大小而增减账页;在同一时间只能由一人登记,不便于分工记账。订本账适用于总分类账和日记账。

(2) 活页式账簿　又称活页账,是指在账簿登记完毕前并不固定装订成册,而是装在活页账夹中,当账簿登记完毕后(通常是一个会计年度结束后),才将账页予以装订,加具封面,并连续编号。活页账的优点是可根据各账户业务量的大小,随时将空白账页加入有关账户或将多余账页从有关账户中抽出,使用较灵活,也便于分工记账;其缺点是账页容易散失或被故意抽换。活页账适用于明细分类账和备查账簿。

(3) 卡片式账簿　又称卡片账,是指由一定数量的、具有专门格式并反映特定内容的卡片组成的账簿。这些卡片一般根据管理的需要,事先设计好固定的内容和格式,当有关经济业务发生时,将卡片填制好,并放置于专用的卡片箱中。采用卡片账实际是以卡代账,一张卡片就是一个明细账户。设置卡片账便于随同实物转移,并可以跨年度使用,无须每年更换新账。在我国,企业一般只对"固定资产明细账"的核算采用卡片账形式。

3) 按账页格式不同,可分为三栏式账簿、多栏式账簿和数量金额式账簿

详见12.2.2。

12.2　企业需要设置哪些会计账簿?——会计账簿的设置和登记

12.2.1　会计账簿的设置原则和基本内容

1) 会计账簿的设置原则

任何企业、单位都应根据本单位、本部门经济业务的特点及经营管理的需要,设置一定种类和数量的账簿。一般说来,设置账簿应遵循以下原则:

(1) 账簿组织严密　各种账簿提供的资料既要紧密联系、勾稽关系严谨,又要避免重复或遗漏。账簿组织既要提供总括核算资料,又要提供详细的核算资料,相互之间有统驭控制和补充说明的关系。

(2) 满足管理需要　账簿的设置要能全面、系统地核算和监督企业经济活动和财务收支情况,它所提供的信息应符合国家宏观管理的要求,满足有关方面了解企业财务状况和经营成果的需要,又要满足企业自身经营管理的需要。

(3) 符合单位实际　账簿设置应从本单位实际情况出发,有利于会计工作的分工和加强岗位责任制,并综合考虑本单位经济活动的特点和规模大小,以及会计机构设置和会计人员配备情况等。

(4) 简明、实用　账簿设置要在满足实际需要的前提下,力求简便易行、便于操作,避免重复烦琐,尽量节约人力、物力、财力。账簿记录要力求直接为编制财务报表提供资料,增强

账簿的实用性。

2) 会计账簿的基本内容

各企业设置账簿的种类、格式虽然多种多样,但它们一般都应具备下列基本内容:

(1) 封面 用以载明账簿的名称和记账单位的名称。

(2) 扉页 用以登载"账簿启用和经管人员一览表",具体内容和格式详见表 12.3.1 所示。

(3) 账页 一般包括以下内容:

① 账户名称:一级会计科目或二级、明细会计科目;

② 日期:记账的年、月、日;

③ 记账凭证的种类和编号;

④ 摘要:经济业务内容的简要说明;

⑤ 金额:包括借方金额、贷方金额和余额;

⑥ 总页次和分户页次。

12.2.2 会计账簿的格式和登记方法

1) 日记账的格式和登记方法

日记账包括库存现金日记账和银行存款日记账。

(1) 库存现金日记账 库存现金日记账是用来核算和监督库存现金每天的收入、支出和结余情况的账簿。由出纳人员根据同库存现金收付有关的记账凭证,按时间先后顺序逐日逐笔进行登记,即根据库存现金收款凭证和与库存现金有关的银行存款付款凭证(从银行提取现金的业务)登记现金收入,根据库存现金付款凭证登记库存现金支出。每日终了。根据"上日余额+本日收入-本日支出=本日余额"的公式,结出当日余额,并与库存现金的实存数核对,以检查每日库存现金收付是否有误。

库存现金日记账的账页格式有三栏式和多栏式两种,常用的是三栏式。

① 三栏式库存现金日记账设借方、贷方和余额三个基本的金额栏,一般将其分别称为收入、支出和结余三个基本栏目。在"金额"栏与"摘要"栏之间常常插入"对方账户",以便记账时标明库存现金收入的来源账户和库存现金支出的用途账户。三栏式库存现金日记账的格式如表 12.2.1 所示。

表 12.2.1 三栏式库存现金日记账

第 1 页

2021年		凭证号数	摘　要	对方账户	收　入	支　出	结　余
月	日						
1	1		上年结余				1 000
		银付1	提现金备发工资	银行存款	12 000		
		现收1	收包装物押金	其他应付款	2 000		
		现付1	张祥借差旅费	其他应收款		2 000	
		现付2	发放工资	应付职工薪酬		11 500	
1	1		本日合计		14 000	13 500	1 500

② 多栏式库存现金日记账是在三栏式库存现金日记账基础上发展起来的。这种日记账的借方(收入)和贷方(支出)金额栏都按对方账户设置若干专栏,也就是按收入的来源和支出的用途设专栏。这种格式在月末结账时,可以结出各收入来源专栏和支出用途专栏的合计数,便于对库存现金收支的合理性、合法性进行审核分析,便于检查财务收支计划的执行情况。其全月发生额还可以作为登记总账的依据。现仍用上例说明多栏式库存现金日记账的格式和登记方法,如表12.2.2所示。

表 12.2.2　多栏式库存现金日记账

第1页

2021年		凭证号数	摘　要	收　入				支　出				结　余
月	日			银行存款	其他应付款	…	合计	其他应收款	应付职工薪酬	…	合计	
1	1		上年结余									1 000
	1	银付1	提现金备发工资	12 000			12 000					
	1	现收1	收包装物押金		2 000		2 000					
	1	现付1	张祥借差旅费					2 000			2 000	
	1	现付2	发放工资						11 500		11 500	
1	1		本日合计	12 000	2 000		14 000	2 000	11 500		13 500	1 500

注:库存现金日记账的收入栏和支出栏中,"银行存款"专栏本月合计数无须过账,下同。

上述多栏式日记账,由于对方账户较多,所以账页往往过长,不便于保管和记账。为解决这个问题,可分别设置"库存现金收入日记账"和"库存现金支出日记账"。如表12.2.3和表12.2.4所示。其登记方法是:先根据有关库存现金收入业务的记账凭证登记库存现金收入日记账,根据有关库存现金支出业务的记账凭证登记库存现金支出日记账,每日营业终了,将库存现金支出日记账的合计数一笔转入库存现金收入日记账的"支出合计"栏中,并结出当日余额。

为了保证库存现金日记账的安全和完整,无论采用三栏式还是多栏式库存现金日记账,都必须使用订本账。

表 12.2.3　库存现金收入日记账

第1页

2021年		凭证号数	摘　要	收　入					支出合计数	余额
月	日			银行存款	其他应付款	主营业务收入	…	合计		
1	1		上年结余							1 000
	1	银付1	提现金备发工资	12 000				12 000		
	1	现收1	收包装物押金		2 000			2 000		
1	1		本日合计	12 000	2 000			14 000	13 500	1 500

表 12.2.4 库存现金支出日记账

第 1 页

2021年		凭证号数	摘 要	支 出					
月	日			其他应收款	应付职工薪酬	管理费用	销售费用	…	支出合计
1	1		上年结余						
	1	现付1	张祥借差旅费	2 000					2 000
	1	现付2	发放工资		11 500				11 500
1	1		本日合计	2 000	11 500				13 500

(2) 银行存款日记账　银行存款日记账是用来核算和监督银行存款每日的收入、支出和结余情况的账簿。银行存款日记账应按企业在银行开立的账户和币种分别设置,每个银行账户设置一本日记账。由出纳员根据与银行存款收付业务有关的记账凭证,按时间先后顺序逐日逐笔进行登记,即根据银行存款收款凭证和与银行存款有关的库存现金付款凭证(库存现金存入银行的业务)登记银行存款收入栏,根据银行存款付款凭证登记其支出栏,每日结出存款余额。

银行存款日记账的账页格式与库存现金日记账相同,可以采用三栏式,也可以采用多栏式,同时使用订本账。银行存款日记账的登记方法与库存现金日记账相同,不再重复。

银行存款日记账的格式可参见表12.2.1、表12.2.2、表12.2.3、表12.2.4。但不管采用三栏式还是多栏式,都应在适当位置增加一栏"结算凭证",以便记账时标明每笔业务的结算凭证及编号,便于与银行核对账目。

2) 分类账的格式和登记方法

分类账是会计账簿的主体,它提供的核算资料是编制财务报表的主要依据。分类账按其所反映经济内容的详细程度不同,可分为总分类账和明细分类账。

(1) 总分类账的格式和登记方法　总分类账是按照一级会计科目设置账户,用以总括地反映资产、负债、所有者权益、收入、费用和利润的增减变化及其结存情况的账簿,外表形式采用订本式。

总分类账最常用的账页格式为三栏式,设置借方、贷方和余额三个基本金额栏目。表12.2.5为设对方账户的三栏式总分类账,表12.2.6为一般三栏式总分类账。

表 12.2.5 总分类账

账户名称:　　　　　　　　　　　　　　　　　　　　　　　　　　　　　　　　　　第　页

××年		凭证号数	摘 要	对方账户	借 方	贷 方	借或贷	余 额
月	日							

表 12.2.6　总分类账

账户名称：　　　　　　　　　　　　　　　　　　　　　　　　　　　　　第　页

××年		凭证号数	摘　要	借　方	贷　方	借或贷	余　额
月	日						

总分类账的记账依据取决于企业采用的账务处理程序。既可以直接根据记账凭证逐笔登记，也可以根据经过汇总的科目汇总表或汇总记账凭证登记，还可以根据多栏式日记账登记。具体内容将在第 15 章中详细介绍。

(2) 明细分类账的格式和登记方法　明细分类账是根据某个总分类科目的二级或明细科目设置账户，用以详细记录和反映某类经济业务增减变化及其结存情况的账簿。它对总分类账起补充说明的作用。外表形式采用活页式或卡片式。

根据管理上的要求和核算的内容不同，明细账的格式有三栏式、多栏式和数量金额式三种。

① 三栏式明细分类账：这种明细分类账设"借方""贷方"和"余额"三栏。它适用于只要求提供货币量度指标的明细分类账，如"应收账款""应付账款""短期借款""实收资本"等明细账。其格式与三栏式总账格式相同，如表 12.2.7 所示。

表 12.2.7　(一级科目)明细分类账

账户名称：　　　　　　　　　　　　　　　　　　　　　　　　　　　　　第　页

××年		凭证号数	摘　要	对方账户	借　方	贷　方	借或贷	余　额
月	日							

② 多栏式明细分类账：这种明细分类账将属于同一个二级账户的各个明细项目合并在一张账页上进行登记，即在这种格式账页的借方或贷方金额栏内按照明细项目设若干专栏。它适用于"生产成本""管理费用""本年利润"等成本类、损益类账户的明细核算。

在实际工作中，"生产成本""制造费用"等成本类明细账，可以只按借方发生额设置若干专栏，而不设贷方；贷方发生额由于每月发生的笔数很少，可以在借方有关栏目用红字登记。"主营业务收入"等收入类明细账，可以只按贷方发生额设置若干专栏，而不设借方。"本年利润""应交税费"等明细账，则可在借方和贷方均设置有关专栏进行明细分类核算。其格式如表 12.2.8、表 12.2.9 所示。

表 12.2.8　生产成本明细分类账

账户名称：　　　　　　　　　　　　　　　　　　　　　　　　　　　　　　　　第　页

××年		凭证号数	摘要	借方				合计
月	日			直接材料费	直接人工费	其他直接费用	制造费用	

表 12.2.9　本年利润明细分类账

账户名称：　　　　　　　　　　　　　　　　　　　　　　　　　　　　　　　　第　页

××年		凭证号数	摘要	借方				…	合计	贷方				…	合计	余额
月	日			主营业务成本	销售费用	管理费用	财务费用			主营业务收入	其他业务收入	营业外收入	投资收益			

③ 数量金额式明细账：这种明细分类账在设"收入""发出"和"结余"三栏的同时，再分设"数量""单价"和"金额"等栏目。它适用于既要提供货币量度指标，又要提供实物量度指标的各种实物财产明细分类账的核算，如"原材料""库存商品"等明细账。其格式如表12.2.10所示。

表 12.2.10　(一级科目)明细分类账

编号：　　　　　　　　　　　　　　　　　　　计量单位：
类别：　　　　　　　　　　　　　　　　　　　储备定额：
品名：　　　　　　　　　　　　　　　　　　　存放地点：
账户名称：　　　　　　　　　　　　　　　　　　　　　　　　　　　　　　　　第　页

××年		凭证号数	摘要	对方账户	收入			发出			结余		
月	日				数量	单价	金额	数量	单价	金额	数量	单价	金额

明细分类账一般根据记账凭证或原始凭证(或原始凭证汇总表)及时登记。

无论是总分类账还是明细分类账均应于会计期末结算出当期发生额及期末余额。

(3) 总分类账和明细分类账户的平行登记　总分类账户和明细分类账户核算的经济内容是相同的，只是提供核算资料的详细程度不同。它们是统驭与被统驭的关系。在登记总分类账户与所属明细分类账户时,必须采用平行登记的方法。

平行登记是指对发生的有关经济业务,应根据会计凭证,一方面在有关总分类账户中进行总括登记,另一方面又要在该总分类账户所属有关明细分类账户中进行登记,且登记的原始依据必须相同,记账方向和金额必须一致。平行登记的三个基本要点如下:

① 同时期登记:对发生的经济业务,应根据会计凭证,在同一会计期间记入有关总分类账户及其所属明细分类账户。

② 同方向登记:对发生的经济业务,记入有关总分类账户的借贷方向,应与记入它所属明细分类账户的借贷方向一致。

③ 同金额登记:对发生的经济业务,记入有关总分类账户的金额,应与记入它所属的明细分类账户的金额之和相等。

总分类账户与所属的明细分类账户通过平行登记,其结果有如下的数量关系:

① 各总分类账户的本期借、贷方发生额,与其所属的明细分类账户的借、贷方发生额之和相等;

② 各总分类账户的期末余额,与其所属明细分类账户的期末余额之和相等。

在会计核算中,通常利用上述等量关系来检查总分类账户和明细分类账户记录的完整性和正确性。具体做法是:在月末结出各账户本期发生额及余额后,编制"明细分类账户本期发生额及余额表",并将其与有关的总分类账户相核对,如有不符,则表明记账出现差错,应及时查找原因,并按规定更正。"明细分类账户本期发生额及余额表"的格式有两类,分别如表 12.2.11、表 12.2.12 所示。

表 12.2.11 明细分类账户本期发生额及余额表

账户名称: 年 月

明细分类账户名称	期初余额		本期发生额		期末余额	
	借方	贷方	借方	贷方	借方	贷方
合计						

表 12.2.12 明细分类账户本期发生额及余额表

账户名称: 年 月

明细分类账户名称	计量单位	单价	期初余额		本期发生额				期末余额	
					收入		发出			
			数量	金额	数量	金额	数量	金额	数量	金额
合计										

12.3 如何登记会计账簿？——会计账簿的记账与查错

12.3.1 记账规则

记账规则是指登记账簿时应遵循的规范。为了保证账簿记录的正确、完整和清晰,明确记账责任,记账必须符合一定的规范要求。

1) 账簿启用规则

账簿是一种需要长期保管的经济档案。在新年度开始时,除固定资产明细账簿等少数账簿因变动不大可继续使用外,其余账簿一般均应结束旧账、启用新账,切忌跨年度使用,以免造成归档保管和查阅困难。

表 12.3.1 账簿启用和经管人员一览表

账簿名称：_____　　　　　单位名称：_____
账簿页数：_____　　　　　账簿册数：_____
账簿编号：_____　　　　　启用日期：_____
会计主管(签章)：_____　　记账员(签章)：_____

移交日期			移交人		接管日期			接管人		会计主管	
年	月	日	姓名	盖章	年	月	日	姓名	盖章	姓名	盖章

启用账簿时,应在账簿扉页上填列"账簿启用和经管人员一览表",其格式如表 12.3.1 所示。如更换记账员,应办理交接手续,在表中填列交接日期、交接人员和监交人员的姓名,并由有关人员签章。

2) 账簿登记规则

(1) 为保证账簿记录的正确性,必须根据审核无误的会计凭证记账。

(2) 为保持账簿记录的持久性,防止篡改,必须使用蓝黑墨水或碳素墨水并用钢笔书写,不能使用铅笔或规定以外的圆珠笔书写。除结账、冲账、改错时能用红色墨水记录外,不得用红色墨水登记账簿。会计中的红字表示负数。

(3) 记账时,应按会计凭证的编号、经济业务内容摘要、金额等逐项登记齐全,做到登记及时、摘要简明、文字规范、数字正确。结出账户余额后,在"借或贷"栏注明"借"或"贷"字样,以示余额的方向;对于没有余额的账户,应在此栏内标"平"字,在"余额"栏写"0"。

(4) 记账时,必须按账户逐页逐行登记,不得隔页、跳行。如不慎发生隔页、跳行,应在空页、空行处用红色墨水画对角线注销,加盖"此页空白"或"此行空白"戳记,并由记账人员签章,以明确责任。对订本账,不得随意撕毁;对活页账一经编号,也不得随意抽换账页。

(5) 如账簿记录发生错误,不得涂改、刮擦、挖补或用化学药水修改,而应采用规定的方法更正。

(6) 为便于账证核对,应将记账凭证的号数记入账簿,并在记账凭证上做"√"符号,表示已经登记入账,以免漏记或重记。

(7) 为便于对账和结账,并保证账簿记录的连续性,每张账页的第一行和最后一行应留出用于办理转页手续。即在账页最后一行结出本页本月借方、贷方发生额合计和余额,并在摘要栏注明"过次页",并将这些金额记入下一页第一行有关"金额"栏内,在该行"摘要"栏注明"承前页"。

(8) 年度终了,结束旧账启用新账时,应将旧账各账户的余额结转,直接记入新账有关账户的第一行,并在"摘要"栏注明"上年结转"或"年初余额"字样;同时在旧账最后一行"摘要"栏注明"结转下年",并划双红线,以示结平。

3) 错账更正规则

记账错误一经查清,应按规定的方法进行更正。错账更正的方法一般有以下三种:

(1) 划线更正法　在记账后结账前,发现账簿记录有文字或数字错误,而记账凭证没有错误,可采用划线更正法。更正时,可在错误的文字或数字上画一条红线,在红线的上方填写正确的文字或数字,由记账人员盖章,以明确责任。但应注意:更正时不得只划销个别数字,错误的数字必须全部划销,并保持原有数字清晰可辨,以便审查。例如,若误将1 652写成1 562,划线时应将1 562整个划去,而不能只划56两个数字。

(2) 红字更正法　又称红字冲账法或红字订正法。有两种情况:

一是记账后(不论是否已结账),发现记账凭证中应借、应贷会计科目有错误。更正方法是:先用红字金额编制一张与原错误记账凭证完全相同的记账凭证,以冲销原来的记录;再填制一张正确的记账凭证,并据以登记入账。现举例说明如下:

【例12-1】清泉公司购进甲材料10 000元,增值税1 300元,材料已验收入库,款未付。

编制的会计分录如下:

① 借:原材料——甲材料　　　　　　　　　　　　　　10 000
　　　应交税费——应交增值税(进项税额)　　　　　 1 300
　　贷:应收账款——市物资公司　　　　　　　　　　　　　　11 300

该项经济业务已登记入账。

更正时,先用红字金额编制一张与原记账凭证完全相同的记账凭证。

② 借:原材料——甲材料　　　　　　　　　　　　　　$\boxed{10\ 000}$
　　　应交税费——应交增值税(进项税额)　　　　　 $\boxed{1\ 300}$
　　贷:应收账款——市物资公司　　　　　　　　　　　　　　$\boxed{11\ 300}$

再编制一张正确的记账凭证,并据以登记入账。

③ 借:原材料——甲材料　　　　　　　　　　　　　　10 000
　　　应交税费——应交增值税(进项税额)　　　　　 1 300
　　贷:应付账款——市物资公司　　　　　　　　　　　　　　11 300

上述错账更正的账簿记录如图12.3.1所示。

```
      应收账款(市物资公司)                              原材料(甲材料)
  ────────────────────────              ──────────────────────────
            ①  11 300                          ①  10 000
            ②  11 300                          ②  10 000
                                               ③  10 000

      应付账款(市物资公司)                          应交税费(应交增值税)
  ────────────────────────              ──────────────────────────
            ③  11 300                          ①  1 300
                                               ②  1 300
                                               ③  1 300
```

图 12.3.1 红字更正法更正错账示意图(一)

二是记账以后,发现记账凭证和账簿记录中应借、应贷会计科目无误,只是所记金额大于应记金额。更正方法是:编制一张以多记金额为红字,而借贷方会计科目与原来记账凭证相同的记账凭证,并据以登记入账,将多记的金额冲销即可。现举例说明如下:

【例 12-2】清泉公司行政管理部门以现金 50 元购买办公用品,当即领用。
编制的会计分录如下:
① 借:管理费用   80
      贷:库存现金   80
该项经济业务已登记入账。

更正时,将多记金额 30 元用红字编制一张记账凭证,并据以登记入账,就可以冲销多记金额。

② 借:管理费用   30
     贷:库存现金   30

上述错账更正的账簿记录如图 12.3.2 所示。

图 12.3.2 红字更正法更正错账示意图(二)

(3) 补充登记法 又称补充更正法,即用增记金额更正错账的方法。记账后发现记账凭证和账簿记录中应借、应贷会计科目无误,只是所记金额小于应记金额。更正的方法是:以少记的金额用蓝字编制一张与原记账凭证应借、应贷科目完全相同的记账凭证,以补充少记的金额,并据以登记入账。现举例说明如下:

【例 12-3】清泉公司以现金 600 元支付业务招待费。编制的会计分录如下:
① 借:管理费用   400
     贷:库存现金   400

该项经济业务已登记入账。

更正时,将少记金额 200 元用蓝字编制一张与原记账凭证应借、应贷会计科目完全相同的记账凭证,以补充少记金额,并据以登记入账,会计分录如下:

② 借:管理费用　　　　　　　　　　　　　　　　　200
　　贷:库存现金　　　　　　　　　　　　　　　　　　200

上述错账更正的账簿记录如图 12.3.3 所示。

图 12.3.3　补充登记法更正错账示意图

12.3.2　查错

会计人员在记账、算账过程中难免发生差错。如果在对账和试算平衡时发现账账不符、账实不符或借贷方金额不平衡,说明存在错账,应及时查明原因。在查错过程中,应先确定金额错误的差数和范围,然后把查错的金额与有关情况联系起来寻找线索,逐步缩小查找范围,以提高查错工作效率。错账查找的方法主要有:

1) 差数法

它是按错账的差数查找所发生的经济业务中是否有一笔经济业务的发生额与差数正好相同。如果有,则可通过差数查出错账的方法。这种方法适用查找在记账过程中发生漏记或重记错误,或只登记了账户的借方金额或贷方金额,漏记了另一方,从而形成试算平衡中借方金额合计与贷方金额合计不等的错误。

2) 除 2 法

它是以差数除以 2 所得的商数为依据,然后查找在发生的经济业务中是否有一笔经济业务的发生额正好与这个商数相同。如果有,则可通过商数查出错账的方法。这种方法适用于查找在记账时,发生记反方向的错误,即将应借金额记入账户贷方,或将应贷金额记入账户借方的错误。

3) 除 9 法

它是以差数除以 9,如能除尽,则可根据商数查出错账的方法。适用于以下两种情况:

(1) 数字错位　是指数字的位数向前或向后移位,如把 4 000 元误记为 40 000 元或 400 元。如果数字向前移一位,产生的差数是正确数额的 9 倍。上例中,差数 36 000 除以 9,商 4 000 即为正确的数字,商 4 000 乘以 10 后所得的积即为所记的错误数字;如果数字向后移一位,产生的差数比正确数字小 9 倍,上例中,差数 3 600 除以 9,商 400 为错数,扩大 10 倍后即得出正确的数字 4 000。

(2) 数字颠倒　是指把一个数的相邻几位数字位置顺序弄颠倒了,如 37 写成 73、1 280 写成 1 820 等。当发生个位数字和十位数字颠倒时,差数一定能被 9 除尽,且得到的商数就是个位数字与十位数字之差的绝对值。如将 82 429 错写成 82 492,则差数为 63,差数除 9 后得商数 7,正好是个位数字 9 与十位数字 2 差额的绝对值。实际上,如差数为 63,除 9 后得商数 7,则可能是将个位数字和十位数字颠倒了,且有四种可能:2 和 9、9 和 2、1 和 8、8 和 1。差数除 9 后,如得到的商数是十位数,则可能是将十位数字与百位数字颠倒了;得到的商数如是百位数,则可能是将百位数字与千位数字颠倒了,依此类推。据此,在查错时,可先将差数除 9,然后根据所得到的商数来判断数字颠倒的位次和可能颠倒的数字。

如果采用上述方法仍不能查出错误所在,就要采用全面检查的方法。即按照账务处理程序,从原始凭证、记账凭证中的有关数据,逐笔核对总分类账户、明细分类账户,直至财务报告(顺查);或按照账务处理程序的相反方向,从财务报告的有关数据,逐项和总分类账户、明细分类账户核对,直至记账凭证、原始凭证(逆查)。

12.4　会计账簿期末如何处理?——对账与结账

12.4.1　对账

对账,简言之,就是核对账目。为了保证账簿记录的正确性,会计人员不但要认真做好日常的记账和算账工作,还必须定期或不定期地核对账簿记录,以确保账证相符、账账相符和账实相符。对账的主要内容包括:

1) 账证核对

即将各种账簿记录与有关记账凭证、原始凭证进行核对。一般在日常编制会计凭证和登记账簿过程中就要进行账证核对。月终,还要将本月入账的原始凭证、记账凭证与账簿记录逐笔核对或抽查核对,如发现账证不符,应及时采用适当的方法进行更正,以保证账证相符。

2) 账账核对

即将各种账簿之间具有勾稽关系的数据进行核对。主要包括:

(1) 核对总分类账簿的记录　总分类各账户借方期末余额合计数与贷方期末余额合计数应核对相符。检查总分类账的登记是否正确,可通过编制"总分类账户本期发生额及余额试算平衡表"进行。

(2) 核对总分类账簿与所属明细分类账簿　总分类账各账户的本期借方、贷方发生额合计数和期末余额与其所属各明细分类账户的本期借方、贷方发生额合计数之和以及期末余额之和应核对相符。

(3) 核对总分类账簿与序时账簿　库存现金总账账户和银行存款总账账户的本期发生额和期末余额,与库存现金日记账和银行存款日记账的本期发生额和期末余额应核对相符。

(4) 会计部门与财产物资保管部门或使用部门核对　会计部门有关实物资产的明细账与财产物资保管部门或使用部门的明细账应定期核对相符。核对的方法一般是由财产物资保管部门或使用部门定期编制收发存汇总表报会计部门核对。

3) 账实核对

即将各种货币资金、财产物资以及债权、债务的账面余额与实际数进行核对。主要包括:

(1) 库存现金日记账余额与库存现金数核对相符。

(2) 银行存款日记账余额与银行存款对账单余额核对相符。

(3) 各种财产物资明细账户余额与财产物资的实有数核对相符。
(4) 各种债权债务明细账户余额与有关债权债务单位或个人核对相符。

账实核对的方法,一般是通过财产清查进行的,详见第13章。

12.4.2 结账

结账,就是在把一定时期内所发生的经济业务全部登记入账的基础上,计算出各个账户的本期借方、贷方发生额和期末余额,并将期末余额结转下期的工作。通过结账,可以正确、及时地反映一定时期的经济活动情况及其结果,并为编制财务报告提供依据。因此,各单位都必须在月度、季度、半年度、年度终了时,及时进行结账。结账的内容通常包括两个方面:一是结清各损益类账户,并据以计算确定本期利润;二是结算各资产、负债和所有者权益类账户,分别结出本期发生额合计和余额。

1) 结账的准备工作

在结账前,应做好下列工作:

(1) 检查本期日常发生的经济业务是否全部编制会计凭证,并据以登记入账。

(2) 账项调整　即根据权责发生制原则,对本期已实现但尚未入账的收入和已发生但尚未入账的费用,编制有关会计凭证并据以登记入账。如预提应由本期负担而尚未支付的费用,计提固定资产折旧等。

(3) 试算平衡　即在全部经济业务登记入账的基础上,结出各账户的本期借方、贷方发生额和期末余额,并编制"总分类账户本期发生额及余额表",检查账户记录、计算是否基本正确。

2) 结账的方法

结账通常分为月结、季结和年结。其具体做法是:

(1) 每月末进行月结时,在各账户本月份的最后一笔经济业务下面划通栏单红线;然后在红线下结算出本月借、贷方发生额和月末余额(如无余额,在"余额"栏写上"平"或"0"字样),并在"摘要"栏注明"本月发生额及余额"或"本月合计"字样;再在月结数下划通栏单红线,以划分本月记录和下月记录。对于本月份没有发生经济业务的账户,则无须结账。

(2) 每季末进行季结时,应在月结的下一行再结算出本季发生额及季末余额,并在"摘要"栏注明"第×季度发生额及余额"或"本季合计"字样,再在季结行下划通栏单红线。需要结计本年累计发生额的某些明细账户,每月结账时,应在月结的下一行结出自年初起至本月末止的累计发生额,并在"摘要"栏内注明"本年累计"字样,再在下面划通栏单红线。12月末的"本年累计"就是全年累计发生额,全年累计发生额下划通栏双红线。

(3) 年终进行年结时,可在第四季度季结的下一行结算出全年发生额和年末余额,在"摘要"栏注明"本年发生额及年末余额"或"本年累计"字样,再在下面划通栏双红线。将本年余额结转下年度时,在"摘要"栏注明"结转下年"字样,表示结束全年的账簿记录。在下一年度新建有关账户的第一页第一行"余额"栏内填写上年结转的余额,并在"摘要"栏注明"上年结转"字样。

结账一般在月末、季末、半年末和年末的最后一天营业终了后进行,任何单位不能为赶编财务报告而提前结账,也不能先编制财务报告,然后结账。结账方法如表12.4.1所示。

表 12.4.1 总分类账

账户名称:库存现金　　　　　　　　　　　　　　　　　　　　　　　　　　第　　页

2021年		凭证号数	摘要	借方	贷方	借或贷	余额
月	日						
2	1		上月结转			借	2 000
2	6	现付1	张华借差旅费		1 000	借	1 000
2	12	现收1	收取客户保证金	1 000		借	2 000
2	28	现付2	购办公用品		800	借	1 200
			本月合计	1 000	1 800	借	1 200
			本年累计	3 000	1 800	借	1 200
3	2	银付1	提取备用金	2 000		借	3 200
			购会计账册		500	借	1 500
12	31		本月合计	4 000	3 600	借	1 500
12	31		本年累计	54 000	52 500	借	1 500
			结转下年		1 500		0

注：――――表示红线；════表示双红线；≈≈≈≈表示省略

12.5　会计账簿使用多久？——会计账簿的更换和保管

12.5.1　会计账簿的更换

会计账簿更换通常在新会计年度建账时进行。总账、日记账和多数明细账应每年更换一次，备查账簿可以连续使用。

更换新账的程序是：年度终了，在本年有余额的账户"摘要"栏内注明"结转下年"字样。在更换新账时，注明各账户的年份，在第一行"日期"栏内写上1月1日；"记账凭证"栏空置不用填；将各账户的年末余额直接抄入新账余额栏内，并注明余额的借贷方向。过入新账的有关账户余额的结转事项，不需要编制记账凭证。

12.5.2　会计账簿的保管

年度终了，各种账簿在结转下年并建立新账后，一般都要把旧账集中统一整理。会计账簿暂由本单位财务部门保管一年，期满后，由本单位财务部门编造清册移交本单位的档案部门保管。

各种账簿应当按年度分类归档，编造目录，妥善保管，既保证在需要时可以迅速查阅，又保证各种账簿的安全和完整。保管期满后，还要按照规定的程序经批准后才能销毁。

【拓展阅读】

账簿作假，小心被查

1) 账簿作假

很多企业通过账簿作假，以达到少缴税款之目的：

(1) 伪造账簿、记账凭证　是指行为人依照真账簿、真凭证的式样制作虚假的账簿和记账凭证,以假充真的行为,俗称:"造假账"、两本账。

(2) 变造账簿、记账凭证　是指行为人对账簿、记账凭证进行涂改、挖补、拼接、剪贴、增删或者用其他方法改变账簿、记账凭证的真实内容的行为。

(3) 隐匿账簿、记账凭证　故意转移、隐藏应当保存的账簿、记账凭证,或者拒不提供账簿、记账凭证,使税务机关难以查实计税依据的行为。

(4) 擅自销毁账簿、记账凭证　是指在法定的保存期间内,未经税务主管机关批准而擅自将正在使用中或尚未过期的账簿、记账凭证予以毁灭的行为。

2) 在账簿上多列支出

是指在账簿上大量填写超出实际支出的数额以冲抵或者减少实际收入的数额,虚增成本、乱摊费用,缩小利润数额等行为。具体情形包括:

(1) 虚列原材料消耗、虚增职工薪酬、虚报财产损失等各种虚构业务支出。

(2) 无形资产多摊销、固定资产多提折旧等虚列不符合财务会计制度或会计准则的支出。

(3) 不按规定划分收益性支出和资本性支出,或者多转成本等人为调控利润。

3) 账簿上不列、少列收入

是指纳税人账外经营,取得应税收入不通过销售账户,直接转为利润在账簿上做虚假登记,瞒报或少报收入,即按照会计法律法规、准则、会计制度规定应记收入而不记、少记收入的行为。具体情形包括:

(1) 账外经营,未在法定账簿上反映或足额反映收入、隐匿收入。

(2) 会计应确认收入不记入收入科目,而是挂在其他资产、负债、所有者权益科目不结转或少结转,或直接计入利润或者专项基金。

(3) 取得收入开具阴阳发票或收据不入账,或者大头小尾记账。

(4) 用收入直接冲减相关费用等。

(资料来源:载于搜狐网,https://www.sohu.com)

习　题

一、单项选择题

1. "应收账款"明细账一般采用(　　)账页。
   A. 三栏式　　　　　　　　　B. 多栏式
   C. 平行式　　　　　　　　　D. 数量金额式

2. 租入固定资产登记簿属于(　　)。
   A. 序时账　　　　　　　　　B. 明细分类账
   C. 总分类账　　　　　　　　D. 备查簿

3. 结账前根据记账凭证登账,误将100元记为1 000元,应采用(　　)进行更正。
   A. 红字更正法　　　　　　　B. 补充登记法
   C. 划线更正法　　　　　　　D. 平行登记法

4. 库存商品明细账通常采用(　　)账簿。
   A. 多栏式　　　　　　　　　B. 三栏式
   C. 数量金额式　　　　　　　D. 数量卡片式

5. 下列账簿中采用卡片账的是( )。
   A. 库存现金日记账　　　　　　　　B. 原材料总账
   C. 固定资产总账　　　　　　　　　D. 固定资产明细账
6. 能够序时反映企业某一类经济业务会计信息的账簿是( )。
   A. 明细分类账　　B. 总分类账　　C. 备查簿　　　D. 日记账
7. 企业结账的时间应为( )。
   A. 每项经济业务终了时　　　　　　B. 一定时期终了时
   C. 财务报表编制完成之后　　　　　D. 每一个工作日终了时
8. 会计人员在记账以后,发现所依据的记账凭证中,应借、应贷会计科目有错误,而且记账凭证中所列金额小于应记金额,该会计人员应采用的最好的更正方法是( )。
   A. 划线更正法　　　　　　　　　　B. 红字更正法
   C. 补充登记法　　　　　　　　　　D. 更换账页法
9. 记账之后,发现记账凭证中将16 000元误记为1 600,应记方向及账户名称无误,应采用的错账更正方法是( )。
   A. 划线更正法　　　　　　　　　　B. 红字更正法
   C. 补充登记法　　　　　　　　　　D. 更换账页法
10. 通常采用多栏式账页格式的明细分类账是( )。
    A. 库存商品明细账　　　　　　　　B. 制造费用明细账
    C. 债权债务明细账　　　　　　　　D. 固定资产明细账

二、多项选择题

1. 明细分类账可根据( )登记。
   A. 记账凭证　　　　　　　　　　　B. 原始凭证
   C. 原始凭证汇总表　　　　　　　　D. 科目汇总表
2. 总分类账户和明细分类账户平行登记,可以概括为( )。
   A. 登记的时期相同　　　　　　　　B. 登记的方向相同
   C. 登记的人员相同　　　　　　　　D. 登记的金额相同
3. 订本式账簿的主要优点是( )。
   A. 可以防止账页散失　　　　　　　B. 可以防止任意抽换账页
   C. 可以防止出现记账错误　　　　　D. 可以灵活安排分工记账
4. 必须采用订本式账簿的有( )。
   A. 银行存款日记账　　　　　　　　B. 库存现金日记账
   C. 总分类账　　　　　　　　　　　D. 明细分类账
5. 库存现金日记账应根据( )填制。
   A. 库存现金收款凭证　　　　　　　B. 库存现金付款凭证
   C. 部分银行存款收款凭证　　　　　D. 部分银行存款付款凭证
6. 下列各账户中,只需反映金额指标的有( )。
   A. "实收资本"明细账户　　　　　　B. "原材料"明细账户
   C. "库存商品"明细账户　　　　　　D. "短期借款"明细账户
7. 下列对账工作中属于账实核对的是( )。
   A. 库存现金日记账余额与库存现金核对

B. 银行存款日记账余额与银行对账单余额核对

C. "应付账款"各明细账户余额与各债权人寄来的对账单逐一核对

D. 财产物资明细账余额与财产物资实有数核对

8. 库存现金日记账的登记要求包括(　　)。

　A. 逐日逐笔登记

　B. 逐日结出余额

　C. 使用订本账

　D. 有外币业务的单位,必须单独设立外币日记账

9. 在账务处理中可用红色墨水的情况有(　　)。

　A. 过次页账　　　B. 冲账　　　C. 更正错账　　　D. 结账

10. 下列错账,适用于除9法查找的有(　　)。

　A. 将5 000元写为500元　　　B. 发生角、分的差错

　C. 将900元写为9 000元　　　D. 将96 000元写为69 000元

三、判断题

1. 登记各种账簿的直接依据只能是记账凭证。　　　　　　　　　　　(　)

2. 多栏式明细账一般适用于资产类账户。　　　　　　　　　　　　　(　)

3. 会计中的红色数字表示负数。　　　　　　　　　　　　　　　　　(　)

4. 三栏式明细分类账适用于只进行金额核算而不需要进行数量核算的明细分类账。

(　)

5. 为了保证总分类账户与其所属明细账户的记录相符,总分类账户应根据所属明细账户记录逐笔或汇总登记。　　　　　　　　　　　　　　　　　　　　　(　)

6. 在借贷记账法下,全部总分类账户的借方发生额合计数等于全部明细分类账的借方发生额合计数。　　　　　　　　　　　　　　　　　　　　　　　　　(　)

7. "生产成本"账户月末如有余额,表示企业期末有在产品,因而该账户进行明细分类核算是既要提供实物指标又要提供金额指标,应选用数量金额式账页登记。(　)

8. 为了及时编制财务报告,企业单位可以提前结账。　　　　　　　　(　)

9. 日记账应逐日登记,总账可以逐笔登记,也可以汇总登记。　　　　(　)

10. 总分类账户登记的金额与其所属明细分类账户登记金额的合计数如果相符,则说明账簿登记无差错。　　　　　　　　　　　　　　　　　　　　　　　　(　)

四、实务题

练习一

(一)目的:练习库存现金日记账的登记方法。

(二)资料:清泉公司2021年9月30日"库存现金"日记账余额为6 000元(借方)。

2021年10月份,该企业发生下列经济业务:

1. 10月8日,从银行提取现金20 000元;

2. 10月18日,用现金发放职工工资20 000元;

3. 10月28日,厂部行政科采购员借支差旅费2 000元;

4. 10月29日,厂部行政科采购员报销差旅费1 600元,多余款交还财务科现金。

(三)要求:

1. 根据上述资料编制会计分录;

2. 登记库存现金日记账；

3. 月终结账。

库存现金日记账

2021年		凭证号数	摘要	对方账户	收入	支出	结余
月	日						

练习二

（一）目的：练习总分类账户与明细分类账户的平行登记。

（二）资料：清泉公司 2021 年 10 月 1 日"应付账款"总分类账户的期初贷方余额为 80 000 元，其中：武胜厂 70 000 元，永定厂 10 000 元。该公司 10 月份发生下列经济业务（不考虑增值税）：

1. 10 月 2 日，从三洋公司购入甲材料 100 千克，每千克 6 元，货款尚未支付；

2. 10 月 3 日，以银行存款归还上月所欠武胜厂货款 70 000 元；

3. 10 月 7 日，以银行存款归还上月所欠永定厂货款 10 000 元；

4. 10 月 11 日，从武胜厂购入乙材料 200 千克，每千克 4 元，货款暂欠；

5. 10 月 14 日，以银行存款归还前欠三洋公司 10 月 2 日的购货款；

6. 10 月 16 日，从三洋公司购入甲材料 200 千克，每千克 5 元，货款尚未支付；

7. 10 月 20 日，从永定厂购入丙材料 4 000 千克，每千克 5 元，货款暂欠；

8. 10 月 23 日，以银行存款归还前欠武胜厂 10 月 11 日的货款；

9. 10 月 28 日，以银行存款归还前欠永定厂 10 月 20 日的货款。

（三）要求：

1. 根据上述经济业务编制会计分录；

2. 根据有关记账凭证登记"应付账款"总分类账户及其所属明细分类账户（采用 T 型账户）；

3. 编制"应付账款明细分类账户本期发生额及余额表"，与"应付账款"总分类账户相核对。

练习三

（一）目的：练习错账更正的方法。

（二）资料：

1. 生产 A 产品领用丙材料 200 千克,价值 980 元,结账前发现记账凭证和账户记录如下:

记账凭证为:

借:生产成本——A 产品　　　　　　　　　　980
　　贷:原材料——丙材料　　　　　　　　　　　980

记账记录为:

原材料	生产成本
｜ 890	890 ｜

2. 购入设备一台,价款 23 000 元,以银行存款支付,设备交付使用。记账凭证和账户记录如下:

记账凭证为:

借:固定资产　　　　　　　　　　　　　　28 000
　　贷:银行存款　　　　　　　　　　　　　　28 000

账户记录为:

银行存款	固定资产
｜ 28 000	28 000 ｜

3. 销售 A 产品 100 000 千克,每千克 1.2 元,货款已存入银行。记账凭证和账户记录如下(不考虑增值税):

记账凭证为:

借:应收账款　　　　　　　　　　　　　120 000
　　贷:主营业务收入　　　　　　　　　　　120 000

账户记录为:

应收账款	主营业务收入
120 000 ｜	｜ 120 000

4. 以银行存款支付物资公司材料款 9 800 元,材料尚未入库。记账后,发现记账凭证和账户的记录如下(不考虑增值税):

记账凭证为:

借:在途物资　　　　8 900
　　贷:银行存款　　　8 900

账户记录为:

在途物资	银行存款
8 900 ｜	｜ 8 900

5. 管理部门领用甲材料 800 元,作一般耗用,记账凭证和账户记录如下:

记账凭证为:

借:生产成本　　　　600
　　贷:原材料　　　　600

账户记录为：

生产成本	原材料
600	600

（三）要求：

请说明应采用哪种方法进行更正，写出更正时应编制的会计分录，并在"T"形账户中进行登记。

13 财产清查

【思维导图】

财产清查,思维导图如图 13.1 所示。

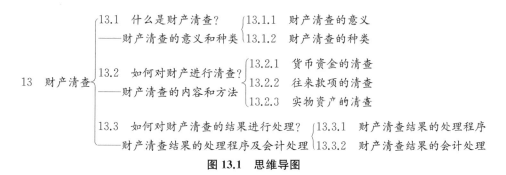

图 13.1 思维导图

【学习目的】

通过本章的学习,要求了解财产清查的意义和作用;掌握各种财产清查的方法,以及采用永续盘存制和实地盘存制时,各种存货的计价方法。掌握对财产清查的结果进行会计处理的方法。

【引导案例】

6 年作案 155 次,贪污 740 余万元,为何屡屡得逞?

2012 年 6 月至 2018 年 5 月 6 年间,浙江省宁波市宁海县桑洲镇卫生院财务科原科长严惠东利用职务便利,采用虚列开支、伪造工资清单等手段,作案 155 次,套取单位资金 740 余万元。2018 年 8 月,严惠东因犯贪污罪被判处有期徒刑 12 年,并处没收个人财产 100 万元,违法所得予以追缴。

调查人员发现其屡屡得手的症结就在于监管严重缺位。事实上,严惠东的作案手段并不高明。一是虚列药品、办公用品等开支,开具虚假的转账支票;二是伪造工资清单,通过网银平台支付,所贪污的资金均转入其个人控制的账户。监督管理者只要稍加注意银行的资金支付走向或者单位每个月的工资清单,就能发现其中的问题。然而,桑洲镇卫生院出纳一职由非专业人员兼职,这让财务科科长兼会计的严惠东实际上行使了大部分出纳职责。不仅独自保管财务章、法人章、空白转账支票,还可任意使用该院银行账户网银支付、审核的 U 盾,会计出纳互相监督制约的机制形同虚设。

(资料来源:载于人民网,http://fanfu.people.com.cn)

13.1 什么是财产清查？——财产清查的意义和种类

13.1.1 财产清查的意义

财产清查是指对各项实物资产和库存现金进行实地盘点,确定其实有数以及对银行存款和往来账项进行询证和核对,以查明账实是否相符的一种专门方法。

核算和监督企业以货币表现的经济活动,向有关方面提供真实可靠的会计信息是会计的基本职能。企业的各项实物资产、货币资金、结算款项的增减变动情况是通过账簿的记录和计算完成的,为了保证账簿记录的真实可靠,必须使实有数与账面数保持一致。因此,在加强日常的核算和监督,以保证账簿记录正确的同时,还应定期或不定期进行账实核对,以保证账实相符。在实际工作中,常常会出现账面数与实有数不一致的现象,其中有客观原因,也有主观原因。客观原因主要有:财产物资发生自然损耗或遭受自然灾害造成的损失;由于计量仪器不准确造成数量上的差异;由于未达账项的存在造成往来款项的不符等。主观原因主要有:在核算过程中,由于漏记、重记、错记或计算错误等造成差错;由于管理不善而发生财产物资损坏、变质和短缺等。

财产清查不仅在保证会计资料的真实可靠方面发挥重要作用,而且还在保护企业财产物资的安全完整,维护国家的财经法纪,加强企业经营管理方面也起着重要作用。

1) 保证会计资料的真实可靠

通过财产清查,可以查明各种财产物资的实有数,并与账面数核对,以便查明账实是否相符,分析账实不符的原因,并通过对财产清查结果的处理,保证账实相符,以及时提供真实可靠的会计信息。

2) 保护财产物资的安全完整

通过财产清查,可以查明各种财产物资的贮存状况是否良好,有无毁坏、变质、非法挪用、贪污盗窃等现象,及时发现问题,采取相应措施,以保护各项财产物资的安全与完整。

3) 挖掘财产的潜力,加速资金周转

通过财产清查,可以查明各种财产物资的利用状况,对超量储存、积压、不需用的物资及时提出处理意见,以便得到妥善处理,提高物资利用率,加速资金周转。

4) 加强责任制,维护财经法纪

通过财产清查,可以查明企业在财产物资验收、保管、领用、报废以及库存现金、往来款项的收付等方面的规章制度的贯彻执行情况,以明确责任,加强责任制;可以查明有无违反国家信贷政策和长期挪用资金等违反财经法纪的现象,从而发现企业管理上的薄弱环节和存在的问题,促使企业采取措施,进一步完善有关规章制度,以保证财经法纪的贯彻执行。

13.1.2 财产清查的种类

财产清查可以按不同标准进行分类:

1) 按清查对象和范围划分,可以分为全面清查和局部清查

(1) 全面清查 全面清查是对所有财产物资、货币资金和往来款项进行全面盘点和核对。全面清查的范围广、内容多,其清查对象包括:原材料、在产品、半成品、产成品、库存商品、库存现金、银行存款、短期借款、有价证券及外币、在途物资、委托加工物资、往来物资、固

定资产等。一般来说,在年终决算前或企业撤销、合并及改变隶属关系时进行。

(2) 局部清查　局部清查也称重点清查,是根据需要只对部分财产物资、货币资金、往来款项进行清查。它一般在以下几种情况下进行:

① 对于流动性较大的物资,如存货等,除年度清查外,年内还要轮流盘点或重点抽查;
② 对于库存现金,每日终了,应由出纳员清点;
③ 对于银行存款和银行借款,每月要同银行核对一次;
④ 对于贵重物资,每月应清查盘点一次;
⑤ 对于债权、债务,每年至少要核对一至两次。

2) 按清查时间划分,可以分为定期清查和不定期清查

(1) 定期清查　定期清查是按照预先计划安排的时间对财产物资、货币资金和往来款项进行清查。这种清查一般是在年、季、月度终了后进行。其清查对象和范围可以根据实际情况和需要,可以全面清查或局部清查。

(2) 不定期清查　不定期清查也称临时清查,是根据实际需要临时进行的财产清查。它一般是在更换财产物资保管人员,企业撤销或合并,或发生财产损失等情况下所进行的清查。不定期清查的范围应视具体情况而定,可全面清查,也可局部清查。

13.2　如何对财产进行清查?——财产清查的内容和方法

13.2.1　货币资金的清查

1) 库存现金的清查

库存现金清查的基本方法是实地盘点法。它是将库存现金的实地盘点数与"库存现金日记账"余额相核对,以确定库存现金账实是否相符的方法。库存现金的日常清查由出纳员于每日业务结束时,清点库存现金实有数,并与"库存现金日记账"的余额相核对。由专门人员进行库存现金清查时,可以采用突击盘点法。选择在当日业务开始或结束时,盘点库存现金实际库存数,再与"库存现金日记账"的上日或本日余额相核对。盘点时,为明确经济责任,出纳员必须在场。在盘点的过程中,除了清点库存现金外,还应检查是否存在白条抵库现象,即是否存在未经审批或不具有法律效力的借款凭证;此外还应核查现金库存数是否超过库存现金管理制度规定的限额。盘点后,应根据盘点结果和核对的情况编制"库存现金盘点报告表",并由盘点负责人和出纳员签章。"库存现金盘点报告表"是反映库存现金实存数的原始凭证,也是查明账实差异的原因和调整账簿记录的依据。其格式如表13.2.1所示。

表 13.2.1　库存现金盘点报告表

单位名称:　　　　　　　　　　2021 年 6 月 21 日　　　　　　　　　　单位:元

实存现金	账存现金	对比结果		备　注
		盘　盈	盘　亏	
2 581.50	2 518.50	63.00		待查

盘点负责人(签章):　　　　　　　　　　出纳员(签章):

2）银行存款的清查

银行存款清查的基本方法是核对法。它是将企业开户银行转来的对账单与本企业银行存款日记账的账面余额相核对，以查明账实是否相符的方法。这种核对一般每月一次，在核对时可先核对双方的余额，若相符，则说明一般无错误；若不相符，则应将双方的经济业务进行逐笔核对，以查明原因。除登记账簿、记录、计算出现差错外，一般是由于存在未达账项所引起的。所谓未达账项，是指开户银行与本企业之间对于同一笔款项的收付业务，由于一方已登记入账，另一方因未接到有关凭证而尚未入账的款项。出现未达账项主要有以下四种情况：

（1）企业取得了收款的有关结算凭证，并已登记入账，但未到银行办理转账手续。

（2）企业已开出支票，并已登记入账，而银行未接到有关付款凭证，尚未办理转账手续。

（3）企业委托银行代收款项或银行付给企业存款利息，银行已登记入账，而企业未接到有关收款凭证，尚未入账。

（4）企业委托银行代付款项或银行直接从企业存款账户扣收贷款本息，银行已登记入账，而企业未接到有关付款凭证，尚未入账。

为了查明企业银行存款的实际金额，必须将银行的对账单与企业的银行存款日记账进行逐笔核对，发现错账应及时更正；对于未达账项则在查明后通过编制"银行存款余额调节表"来进行调节。调节的方法是以双方账面余额为基础，各自分别加上对方已收款入账而己方未入账的数额，减去对方已付款入账而己方未入账的数额。即：

企业银行存款日记账余额＋银行已收企业未收金额－银行已付企业未付金额
＝银行对账单余额＋企业已收银行未收金额－企业已付银行未付金额

现举例说明"银行存款余额调节表"的编制方法。

【例 13-1】 清泉公司 2021 年 10 月 31 日银行存款日记账余额是 51 300 元，银行对账单余额是 53 000 元。经逐笔核对后，发现存在下列未达账项：

（1）27 日，企业存入银行一张转账支票，金额 3 900 元，银行尚未入账。

（2）30 日，银行收取企业借款利息 400 元，企业尚未收到付款通知。

（3）31 日，企业委托银行收款 4 100 元，银行已入账，企业尚未收到收款通知。

（4）31 日，企业开出转账支票一张，金额 1 900 元，持票单位尚未到银行办理手续。

根据上述查明的情况，编制"银行存款余额调节表"，如表 13.2.2 所示。

表 13.2.2　银行存款余额调节表

（清泉公司）　　　　　　　　　　2021 年 10 月 31 日　　　　　　　　　　单位：元

项　目	金额	项　目	金额
企业银行存款日记账余额	51 300	银行对账单余额	53 000
加：银行已收款入账，企业未入账的金额	4 100	加：企业已收款入账，银行未入账的金额	3 900
⋮		⋮	
减：银行已付款入账，企业未入账的金额	400	减：企业已付款入账，银行未入账的金额	1 900
⋮		⋮	
调节后的银行存款日记账余额	55 000	调节后的银行对账单余额	55 000

若调节后的双方余额相等,说明双方账簿记录基本正确。如果调节后的双方余额不等,说明银行或企业的账簿记录、计算有错误,应进一步查明原因,予以更正。

需要注意的是,"银行存款余额调节表"不是记账的依据,编制"银行存款余额调节表"仅是查明账实是否相符的一种方法,并不需要对存在的未达账项在账簿中调整。对于银行已经记账而企业尚未入账的未达账项,待以后收到有关凭证后再作账务处理。但对于时差较大的未达账项,应查阅有关凭证和账簿记录,必要时应与开户银行取得联系,查明原因,及时解决。

13.2.2 往来款项的清查

企业应收、应付款项等往来账项清查的基本方法是询证法。它是将本企业与往来单位的有关账目进行查询核对,以查明往来款项是否账实相符的方法。清查时,企业将往来账项全部登记入账,然后编制"往来款项对账单"寄往或送交对方单位进行核对。"往来款项对账单"应写明经济业务发生的时间、内容和有关凭证的编号、数量、单价、金额等。"对账单"一式两份,一份由对方留存,一份作为回单由对方单位核对后,盖章退回。如对方发现账目不符,应将不符情况在回单上注明,或另抄清单寄回本企业。经过双方核对,如确系记账错误,应按规定手续予以更正。企业应根据各往来单位退回的对账单编制"往来款项清查表",格式如表 13.2.3 所示。核对过程中,如有未达账项存在,可编制"往来款项余额调节表"进行调节。其方法与编制"银行存款余额调节表"相同。

通过往来款项的清查,可以查明有无双方发生争议或无法收回的款项,以便及时采取措施,避免或减少坏账损失。

表 13.2.3　往来款项清查表

账户名称：　　　　　　　　　　　　　年　月　日　　　　　　　　　　　　单位:元

明细账户		清查结果		账实不符原因分析				备注
名称	金额	核对相符金额	核对不符金额	争执中的款项	未达账项	无法收回或偿还款项	其他	

清查负责人(签章):　　　　　　经管人员(签章):　　　　　　会计(签章):

13.2.3 实物资产的清查

1) 实物资产盘存制度

实物资产盘存制度按照确定期末账面结存数的依据不同,分为实地盘存制和永续盘存制两种。

(1) 实地盘存制

① 实地盘存制的概念:实地盘存制又称以存计耗(销)制,是指通过实地盘点确定实物资产期末账面结存数量,然后倒轧出本期减少数量的一种方法。采用实地盘存制,在日常核算中只在账簿中记录实物资产增加的数量,不记录减少的数量,期末结账时,则根据实地盘存的数量作为账面结存数量,然后倒推计算出本期减少的数量。

② 采用实地盘存制期末结存存货和本期发出存货的计价:通过实地盘存,可以确定期末结存和本期减少的实物资产的数量。但就存货的会计核算而言,还必须确定期末结存和本期发出存货的单价,以便计算出期末结存和本期发出存货的成本。由于各批存货入库的

单价不一定相同,因此确定期末结存和本期发出存货的单价就成为存货核算的重要内容。

采用实地盘存制,期末结存和本期发出存货的计价一般采用全月一次加权平均单价。全月一次加权平均单价是以月初结存的存货金额与本月购入的各批存货金额之和,除以月初结存的存货数量与本月购入的各批存货数量之和,计算出的以本月存货数量为权数的平均单价。其计算公式为:

$$全月一次加权平均单价 = \frac{期初结存存货金额 + 本月购入存货金额}{期初结存存货数量 + 本月购入存货数量}$$

计算出全月一次加权平均单价后,分别乘以月末结存存货数量和本月发出存货的数量,便可计算出期末结存存货的金额和本期发出存货的金额。其计算公式为:

期末结存存货金额 = 期末实地盘存数量 × 全月一次加权平均单价

本期发出存货金额 = 期初结存存货金额 + 本期购入存货金额 − 期末结存存货金额

或

本期发出存货金额 = 本期发出存货数量 × 全月一次加权平均单价

【例 13-2】清泉公司"原材料——甲材料"明细分类账户 2021 年 6 月份的记录如表 13.2.4 所示。

表 13.2.4 原材料明细分类账

账户名称:甲材料　　　　　　　　　　　　　　　　　　　　　　　　　　　计量单位:吨

2021年		凭证号数	摘要	收入			发出			结存		
月	日			数量	单价	金额	数量	单价	金额	数量	单价	金额
6	1		期初结存							20	2 000	40 000
6	10	付 10	入库	10	2 100	21 000						
6	20	转 18	入库	30	2 200	66 000						
6	29	付 50	入库	10	2 000	20 000						
6	30	转 82	发出				48	2 100	100 800			
6	30		本月发生额及期末余额	50		107 000	48	2 100	100 800	22	2 100	46 200

从上述甲材料明细分类账户可以看出,本月月初结存甲材料为 20 吨,本月入库甲材料 50 吨,期末实际盘存甲材料 22 吨,则本月发出甲材料为 20+50−22=48(吨)。全月一次加权平均单价为(40 000+107 000)/(20+50)=2 100(元),期末结存甲材料的成本为 22×2 100=46 200(元),本月发出甲材料的成本为 48×2 100=100 800(元)。

(2) 永续盘存制

① 永续盘存制的概念:永续盘存制又称账面盘存制,是指在日常核算中,对各种实物资产的增加数和减少数,根据会计凭证连续、及时地记入有关实物资产明细账,并随时结出账面结存数的一种方法。采用永续盘存制同样需要对实物资产进行定期或不定期的实地盘存,但实地盘存的目的是借以核对账存数量与实存数量是否相符。

② 采用永续盘存制本期发出存货和期末结存存货的计价:永续盘存制下的存货核算同

样需要确定本期发出存货和期末结存存货的单价。计价方法包括先进先出法、全月一次加权平均法、移动加权平均法、个别计价法等。这里主要介绍先进先出法、移动加权平均法和个别计价法。

(a) 先进先出法：是指假设存货的价值流转方式为"先入库的存货先发出"，并按照这种假设对本期发出存货和期末结存存货进行计价的方法。采用这种方法，在每次发出存货时都假设发出的存货是最早入库的存货，而期末结存的存货则是最近入库的存货。需要说明的是，存货的实物流转不一定是"先进先出"。

【例 13-3】 清泉公司存货核算采用先进先出法，其"原材料——甲材料"明细分类账户2021年6月份的记录如表13.2.5所示。

表 13.2.5 原材料明细分类账

账户名称：甲材料　　　　　　　　　　　　　　　　　　　　　　　　　　　计量单位：吨

2021年		凭证号数	摘　要	收入			发出			结存		
月	日			数量	单价	金额	数量	单价	金额	数量	单价	金额
6	1		期初结存							20	2 000	40 000
6	5	转6	生产领用				15	2 000	30 000	5	2 000	10 000
6	10	付10	入库	10	2 100	21 000				5 10	2 000 2 100	10 000 21 000
6	12	转11	生产领用				5 3	2 000 2 100	10 000 6 300	7	2 100	14 700
6	20	转18	入库	30	2 200	66 000				7 30	2 100 2 200	14 700 66 000
6	24	转32	生产领用				7 13	2 100 2 200	14 700 28 600	17	2 200	37 400
6	27	转55	生产领用				5	2 200	11 000	12	2 200	26 400
6	29	付50	入库	10	2 000	20 000				12 10	2 200 2 000	26 400 20 000
6	30		本月发生额及期末余额	50		107 000	48		100 600	12 10	2 200 2 000	26 400 20 000

在永续盘存制下采用先进先出法对存货进行核算，必须分析每次购入或发出存货后的结存余额，并按照入库先后顺序分别列示各批存货的数量、单价和金额；每次发出存货也按照入库先后顺序，结转各批存货的成本，直至相应的数量发完为止。如在例13-3中，6月10日购入10吨21 000元甲材料后，当日库存甲材料有两批：单价为2 000元的有5吨，单价为2 100元的有10吨；6月12日生产领用甲材料8吨，则按照"先进先出"的假设，其中5吨单价为2 000元，3吨单价为2 100元。所以，领用的8吨甲材料金额为16 300元。

(b) 移动加权平均法：是指在每次购入存货后，均以库存各批存货的数量为权数计算一次库存存货的平均单价，当发出存货时，以上次计算的平均单价计算确定发出存货金额的方法。采用移动加权平均法，每入库一批存货，就要计算一次平均单价，以便及时计算发出存货的金额。移动加权平均单价、发出存货金额和期末结存存货金额的计算公式为：

$$移动加权平均单价 = \frac{本批购入前结存存货的金额 + 本批购入存货的金额}{本批购入前结存存货的数量 + 本批购入存货的数量}$$

发出存货金额 = 发出存货数量 × 移动加权平均单价

期末结存存货金额 = 期末结存存货数量 × 移动加权平均单价

【例 13-4】 清泉公司存货核算采用移动加权平均法,其"原材料——甲材料"明细分类账户 2021 年 6 月份的记录如表 13.2.6 所示。

表 13.2.6 原材料明细分类账

账户名称:甲材料　　　　　　　　　　　　　　　　　　　　　　　计量单位:吨

2021年		凭证号数	摘要	收入			发出			结存		
月	日			数量	单价	金额	数量	单价	金额	数量	单价	金额
6	1		期初结存							20	2 000	40 000
6	5	转6	生产领用				15	2 000	30 000	5	2 000	10 000
6	10	付10	入库	10	2 100	21 000				15	2 067	31 000
6	12	转11	生产领用				8	2 067	16 536	7	2 067	14 464
6	20	转18	入库	30	2 200	66 000				37	2 175	80 464
6	24	转32	生产领用				20	2 175	43 500	17	2 175	36 964
6	27	转55	生产领用				5	2 175	10 875	12	2 175	26 089
6	29	付50	入库	10	2 000	20 000				22	2 095	46 089
6	30		本月发生额及期末余额	50		107 000	48		100 911	22	2 095	46 089

在例 13-4 中,6 月 10 日购入 10 吨甲材料后,库存甲材料 15 吨,总成本为 10 000 + 21 000 = 31 000(元),平均单价为 31 000 ÷ 15 = 2 067(元/吨)。6 月 12 日生产领用甲材料 8 吨,按上次计算的平均单价计算,其成本为 8 × 2 067 = 16 536(元)。6 月 20 日购入 30 吨甲材料后,又要重新计算平均单价,如此向后移动计算平均单价,确定每次生产领用甲材料的金额,并最终确定期末结存甲材料的金额。

(c) 个别计价法:是指在发出存货时,按各批(件)存货标明的单价计算发出存货金额的方法。采用个别计价法,要求每批(件)入库存货均单独存放,并分别标明单价;而存货的明细分类账户一般需按批别或存货名称设置,这无疑会增加存货管理和核算的工作量。

(3) 实地盘存制与永续盘存制比较　采用实地盘存制,平时对实物资产的减少数量可以不做记录,因而可大大简化核算工作。但它不能随时反映实物资产的发出和结存的动态;由于是以存计耗(销),这就容易将实物资产的非正常损耗全部挤入生产(或销售)成本,从而削弱了对实物资产的控制和监督,并影响到成本计算的明晰性和正确性。

采用永续盘存制,企业实物资产明细分类账户可以随时反映出其收入、发出和结存情况,并从数量和金额两方面进行管理和控制;通过实物资产的定期和不定期盘存,可将盘存数与账存数进行核对,当发现实物资产短缺或溢余时,能及时查明原因,进行处理。此外,可随时将实物资产明细分类账户中的结存数与其最高和最低储备限额进行比较分析,从而保证生产经营的需要,并提高实物资产的利用率。当然,与实地盘存制相比,永续盘存制也存在核算手续多、工作量大的缺点。

由于永续盘存制在强化实物资产管理和控制方面具有明显的优越性,因此企业实物资产的管理和核算一般应采用永续盘存制。而实地盘存制则主要适用于商品流通企业价值较小而收发频繁的实物资产。此外,对于一些业主直接管理和控制的小型企业,实地盘存制具有较强的适用性。

2)实物资产的清查

实物资产的清查就是对存货、固定资产等具有实物形态的资产进行实地盘点,查明其实存数,并与有关明细分类账户的账存数相核对,以验证其是否账实相符的方法。盘点时,一般应进行实地逐一清点或利用计量工具来确定其实存数;对于难以逐一清点的大宗物品,如煤炭、矿砂等,可以采用一定的技术方法来估计推算其实存数。为了明确责任和便于查核,有关实物资产的保管和使用人员应自始至终参加盘点工作。盘点过程中,不仅要查明各种实物资产的名称、规格和数量,而且还要检查其质量。发现有毁损、变质、霉烂甚至无法使用的,以及短缺或溢余的存货,应及时查明原因。对盘点结果,应如实在实物资产"盘存单"上加以记载,并与账面数核对后,编制"盘点报告表"。"盘点报告表"的格式如表13.2.7所示。

表 13.2.7　盘点报告表

财产类别：
存放地点：　　　　　　　　　　年　月　日　　　　　　　　　　编号：

编号	名称	计量单位	数量		单价	金额		备注
			实存	账存		实存	账存	

清查负责人（签章）　　　　　保管员（签章）　　　　　会计（签章）

13.3　如何对财产清查的结果进行处理？——财产清查结果的处理程序及会计处理

13.3.1　财产清查结果的处理程序

对财产清查过程中发现的问题,要依据国家有关法律、法规、政策和制度,严肃认真地加以处理。处理的一般程序如下:

1)查明各种盘盈、盘亏的原因,并按规定程序报批

对于财产清查中发现的各种盘盈、盘亏,在核实盘盈、盘亏的数额后,必须经过调查研究,查明原因,明确责任,由清查小组提出处理建议。对于定额内的盘亏或自然损耗所引起的盘亏,应按有关规定处理;对于责任事故而引起的盘亏和损失,必须查清失职的情节,并按制度规定做出相应的处理;对于贪污盗窃案件,应会同有关部门或报请有关单位处理;对于那些由于自然灾害等引起的财产损失,如已经向保险公司投保,还应及时报保险公司理赔。

2)积极处理各种积压物资,清理债权债务

对财产清查中发现的呆滞、积压、未充分利用和不需用的物资,应查明原因,分别进行处理。对于盲目采购或产品结构调整而造成的物资积压,应积极组织销售;对于长期拖欠以及

发生争执的往来款项应指定专人负责清理。

3）制定改进措施，加强财产管理

财产清查的目的，不仅是要查明财产物资的实有数，更重要的是发现财产管理工作中存在的问题，促进企业经营管理的改善。因此，对财产清查中发现的问题，除按规定进行处理并作账目调整外，还必须针对这些问题和产生的原因，总结经验教训，提出切实可行的改进措施，建立健全规章制度，加强财产管理，提高企业经营管理水平。

4）及时调整账目，做到账实相符

为了保证会计资料的真实性和正确性，必须依据财产清查的结果以及账存和实存之间的差异及时调整账簿记录，保证账实相符，并根据领导审批的意见作相应的账务处理。

13.3.2 财产清查结果的会计处理

为了核算和监督企业在财产清查中查明的库存现金、各种实物资产盘盈、盘亏(或毁损)和往来款项存在的差异及其处理情况，企业应设置"待处理财产损溢"账户。

"待处理财产损溢"账户核算和监督企业在财产清查过程中，查明的各种财产物资的盘盈、盘亏和毁损及其处理情况，属双重性账户。其借方反映已经发生尚未处理的财产盘亏和毁损数以及经批准结转的盘盈数；贷方反映已经发生尚未处理的财产盘盈数以及经批准处理而结转的盘亏和毁损数。企业清查的各种财产的损溢，应于期末前查明原因，并根据企业的管理权限，经批准后，在期末结账前处理完毕。期末，处理后该账户应无余额。该账户处理前借方余额，反映尚未处理的各种财产净损失；贷方余额反映尚未处理的各种财产的净溢余。该账户按"待处理流动资产损溢"和"待处理固定资产损溢"设置明细分类账户，进行明细分类核算。

对财产清查中发现的各种差异，在会计上应分两个步骤进行处理：

（1）对于各种财产物资的盘盈、盘亏数，应根据"盘点报告表"编制记账凭证，并按盘盈、盘亏金额记入"待处理财产损溢"账户，以做到账实相符。

（2）将财产清查中确认的盘盈、盘亏数，依据有关规定提出处理意见报上级审批，并根据发生差异的原因和批准处理意见编制记账凭证，从"待处理财产损溢"账户中转销盘盈、盘亏的金额。

对于无法查明原因，盘盈的库存现金应转入"营业外收入"账户，盘亏的库存现金一般应由出纳员赔偿，转入"其他应收款"账户；存货的正常盘盈、盘亏，经批准后转入"管理费用"账户，非正常的盘亏一般转入"营业外支出"账户，应由个人负责赔偿的转入"其他应收款"账户；固定资产的盘亏，一般转入"营业外支出"账户；对于长期无法收回的应收款项，经批准后，作为坏账损失核销。

现举例说明财产清查结果的会计处理方法。

【例13-5】清泉公司6月10日对库存现金进行盘点，发现库存现金较账面余额短缺90元。经查，上述库存现金短缺50元，属于出纳员王某的责任，应由王某赔偿。另外40元无法查明原因，编制相关的会计分录。

（1）在报经批准前，根据"库存现金盘点报告表"确定的库存现金盘亏数，编制会计分录如下：

借：待处理财产损溢——待处理流动资产损溢　　90
　　贷：库存现金　　　　　　　　　　　　　　　　90

(2) 在批准后,根据批准处理意见,转销库存现金盘亏的会计分录如下:
借:其他应收款——王某　　　　　　　　　　　　　50
　　管理费用　　　　　　　　　　　　　　　　　　40
　　　贷:待处理财产损溢——待处理流动资产损溢　　　　　90
(3) 收到上述出纳员赔偿的库存现金 50 元。
借:库存现金　　　　　　　　　　　　　　　　　　50
　　　贷:其他应收款——王某　　　　　　　　　　　　　　50

【例 13-6】 清泉公司在财产清查中盘盈乙材料 100 千克,该材料的市场价格为 60 元/千克,经查属于材料收发计量方面的错误。假定不考虑增值税因素,编制相关的会计分录。

(1) 批准处理前,根据"存货盘点报告表"确定的材料盘盈数,编制会计分录如下:
借:原材料——乙材料　　　　　　　　　　　　　6 000
　　　贷:待处理财产损溢——待处理流动资产损溢　　　　6 000
(2) 批准处理后,根据批准处理意见,转销材料盘盈的会计分录如下:
借:待处理财产损溢——待处理流动资产损溢　　　6 000
　　　贷:管理费用　　　　　　　　　　　　　　　　　6 000

【例 13-7】 清泉公司在财产清查中发现盘亏乙材料 5 千克,实际单位成本 200 元/千克,经查属于收发计量误差所致。假定不考虑增值税因素,编制相关的会计分录。

(1) 在经批准处理前,根据"存货盘点报告表"确定的材料盘亏数,编制会计分录如下:
借:待处理财产损溢——待处理流动资产损溢　　　1 000
　　　贷:原材料——乙材料　　　　　　　　　　　　　1 000
(2) 批准处理后,根据批准处理意见,转销材料盘亏的会计分录如下:
借:管理费用　　　　　　　　　　　　　　　　　1 000
　　　贷:待处理财产损溢——待处理流动资产损溢　　　　1 000

【例 13-8】 清泉公司在财产清查中,发现短缺设备一台,账面原价 50 000 元,已提折旧 10 000 元。假定不考虑增值税和递延所得税等因素,编制相关的会计分录。

(1) 在经批准处理前,根据"固定资产盘点报告表"确定的固定资产盘亏数,调整账簿记录。编制会计分录如下:
借:待处理财产损溢——待处理固定资产损溢　　　40 000
　　累计折旧　　　　　　　　　　　　　　　　　10 000
　　　贷:固定资产　　　　　　　　　　　　　　　　　50 000
(2) 批准处理后,根据批准处理意见,转销固定资产盘亏的会计分录如下:
借:营业外支出　　　　　　　　　　　　　　　　40 000
　　　贷:待处理财产损溢——待处理固定资产损溢　　　　40 000

【拓展阅读】

康美药业财务造假被坐实,虚增近 300 亿元存款

康美药业发布 2018 年年报时称,由于差错造成货币资金多计 299.44 亿元,近 300 亿元如此巨额资金会"点错了小数点"? 实在让人难以相信,证监会 2019 年 5 月 17 日的一则通报道出背后真相,原来康美药业财务造假。

康美药业存在三大问题:虚增存款、收入造假、炒作自家股票。其虚增存款,史上规模

最大。

2019年4月30日,康美药业发布公告称,由于核算账户资金时存在错误,造成货币资金多计299.44亿元。

随后康美药业收到上交所的问询函,要求公司核实并补充披露多计货币资金的存放方式、主要账户、限制性情况、是否存在违规资金使用及资金的主要去向等。

近300亿元这么大一笔金额,康美药业却一直声称为"财务错误",一直辩称"点错了小数点",但实在难以令人信服。此前,市场对此已经有质疑,因为康美药业账面上有近300亿元的资金,却到处借债,到2018年中报,康美药业短期借款由15亿元增至124.52亿元。账上数百亿现金既不购买理财产品,也不还贷,令人不解。

2018年12月28日证监会已经对康美药业立案调查,2019年5月17日,证监会通报康美药业案调查进展。证监会表示:现已初步查明,康美药业披露的2016—2018年财务报告存在重大虚假,涉嫌违反《证券法》第63条等相关规定。一是使用虚假银行单据虚增存款,二是通过伪造业务凭证进行收入造假,三是部分资金转入关联方账户买卖本公司股票。康美药业299.44亿元的虚增存款,成为迄今为止最大的虚增存款案。

2021年11月12日,广州市中级人民法院对康美药业财务造假案件作出一审判决,责令康美药业股份有限公司因年报等虚假陈述侵权赔偿证券投资者损失24.59亿元,原董事长、总经理马兴田及5名直接责任人员、正中珠江会计师事务所及直接责任人员承担全部连带赔偿责任,13名相关责任人员按过错程度承担部分连带赔偿责任。

(资料来源:载于中国财经,http://finance.china.com.cn)

习 题

一、单项选择题

1. 企业在遭受自然灾害后,对其受损的财产物资进行的清查,属于(　　)。
   A. 局部清查和定期清查 　　B. 全面清查和定期清查
   C. 全面清查和不定期清查 　D. 局部清查和不定期清查

2. 下列各项中,属于对库存现金进行清查时应该采用的方法是(　　)。
   A. 定期盘点法 　　　　　　B. 实地盘点法
   C. 与银行核对账目法 　　　D. 技术推算法

3. 下列各项中,属于对银行存款进行清查时应该采用的方法是(　　)。
   A. 定期盘点法 　　　　　　B. 实地盘点法
   C. 与银行核对账目法 　　　D. 技术推算法

4. 下列各项中,属于对往来款项进行清查时应该采用的方法是(　　)。
   A. 定期盘点法 　　　　　　B. 实地盘点法
   C. 与银行核对账目法 　　　D. 询证法

5. 下列各项中,属于实物资产清查范围的是(　　)。
   A. 存货 　　　　　　　　　B. 库存现金
   C. 银行存款 　　　　　　　D. 应收账款

6. 下列说法正确的是(　　)。
   A. 库存现金应该每日清点一次 　　B. 银行存款每月至少同银行核对两次

C. 贵重物资每天应盘点一次　　　　D. 债权债务每年至少核对二三次
7. 下列各项中,登记在待处理财产损溢账户借方的是(　　)。
　　A. 财产的盘亏数　　　　　　　　　B. 财产的盘盈数
　　C. 批准转销的财产物资盘亏数　　　D. 批准转销的财产物资毁损数
8. 库存现金清查中对无法查明原因的盘盈,经批准应计入(　　)。
　　A. 其他应收款　　　　　　　　　　B. 其他应付款
　　C. 营业外收入　　　　　　　　　　D. 管理费用
9. 库存现金清查中由自然灾害等原因造成净损失的金额,经批准应计入(　　)。
　　A. 营业外支出　　　　　　　　　　B. 其他应收款
　　C. 营业外收入　　　　　　　　　　D. 管理费用
10. 库存现金盘点时发现短缺,则应借记的会计科目是(　　)。
　　A. 库存现金　　　　　　　　　　　B. 其他应付款
　　C. 待处理财产损溢　　　　　　　　D. 其他应收款

二、多项选择题
1. 下列各项中,按照清查的范围进行分类的是(　　)。
　　A. 全面清查　　　　　　　　　　　B. 局部清查
　　C. 定期清查　　　　　　　　　　　D. 不定期清查
2. 下列情况,适用于全面清查的有(　　)。
　　A. 年终决算前　　　　　　　　　　B. 单位撤销、合并或改变隶属关系前
　　C. 全面清产核资、资产评估　　　　D. 单位主要负责人调离工作前
3. 下列各项中,属于财产清查一般程序的有(　　)。
　　A. 建立财产清查组织　　　　　　　B. 组织清查人员学习有关政策规定
　　C. 确定清查对象、范围,明确清查任务　D. 制定清查方案
4. 下列各项中,属于对实物资产进行清查时应该采用的方法有(　　)。
　　A. 定期盘点法　　　　　　　　　　B. 实地盘点法
　　C. 与银行核对账目法　　　　　　　D. 技术推算法
5. 编制银行存款余额调节表时,应调整银行对账单余额的业务是(　　)。
　　A. 企业已收,银行未收　　　　　　B. 企业已付,银行未付
　　C. 银行已收,企业未收　　　　　　D. 银行已付,企业未付
6. 下列各项中,登记在待处理财产损溢账户贷方的是(　　)。
　　A. 财产的盘亏数　　　　　　　　　B. 财产的盘盈数
　　C. 批准转销的财产物资盘亏数　　　D. 批准转销的财产物资毁损数
7. 下列业务中需要通过"待处理财产损溢"账户核算的有(　　)。
　　A. 库存现金盘亏　　　　　　　　　B. 原材料盘亏
　　C. 固定资产盘盈　　　　　　　　　D. 库存商品盘盈
8. 关于往来款项的清查,下列说法正确的是(　　)。
　　A. 往来款项主要包括应收、应付款项和预收、预付款项等
　　B. 往来款项的清查一般采用发函询证的方法进行核对
　　C. 往来款项的清查一般采用实地盘点法进行核对
　　D. 往来款项清查以后,将清查结果编制"往来款项清查表",填列各项债权、债务的

余额

9. 产生未达账项的情况有（ ）。
   A. 企业已收款记账,银行未收款未记账的款项
   B. 企业已付款记账,银行未付款未记账的款项
   C. 银行已收款记账,企业未收款未记账的款项
   D. 银行已付款记账,企业未付款未记账的款项

10. 下列各项中,关于银行存款清查的表述中,正确的有（ ）。
    A. 银行存款的清查采用与开户银行核对账目的方法
    B. 银行存款的清查一般在月末进行
    C. 银行存款的清查采用实地盘点法
    D. 未达账项会导致银行存款日记账与银行对账单不一致

三、判断题

1. 定期清查,必须是全面清查,不可以是局部清查。（ ）
2. 一般来说,进行外部清查时不应有本单位相关人员参加。（ ）
3. 定期清查一般在年末进行。（ ）
4. 银行存款余额调节表是一种对账记录或对账工具,能作为调整账面记录的依据。（ ）
5. 不定期清查,可以是全面清查,也可以是局部清查,应根据实际需要来确定清查的对象和范围。（ ）
6. 企业清查的各种财产的盘盈、盘亏和毁损应在期末结账前处理完毕,所以"待处理财产损溢"账户在期末结账后没有余额。（ ）
7. 存货盘盈时,应按盘盈的金额借记"待处理财产损溢——待处理流动资产损溢"科目,贷记"原材料""库存商品"等科目。（ ）
8. 对于有争执的款项以及无法收回的款项,应在报告单上详细列明情况,以便及时采取措施进行处理,避免或减少坏账损失。（ ）
9. 企业清查的各种财产的损溢,如果在期末结账前尚未经批准,在对外提供财务报告时,先不做任何处理。（ ）
10. 自然灾害等自然原因造成的存货盘亏损失经批准后应该计入营业外收入。（ ）

四、实务题

（一）目的：练习编制银行存款余额调节表。

（二）资料：清泉公司 6 月 30 日银行存款日记账余额为 288 600 元,银行送来的对账单上的余额为 315 000 元,经逐笔核对后发现有以下未达账项：

1. 托银行代收的销货款 12 000 元,银行已收到入账,企业未入账。
2. 于月末开转账支票 70 200 元,持票人尚未到银行办理转账手续。
3. 企业支付货款开出转账支票一张计 52 800 元,企业已登记入账,而银行尚未入账。
4. 银行代扣企业借款利息 3 000 元,企业尚未收到付款通知。

（三）要求：根据上述资料编制"银行存款余额调节表"。

14 财务报告

【思维导图】

财务报告,思维导图如图14.1所示。

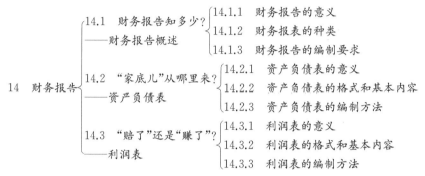

图14.1 思维导图

【学习目的】

通过本章的学习,要求理解财务报告的概念和编制财务报表的意义;掌握财务报告的分类和编制要求;理解资产负债表、利润表的概念,编制的意义及其结构和基本内容;掌握资产负债表、利润表的编制方法。

【引导案例】

财务报告给谁看

财务报告到底是给谁看的?相信大多数会计人员没有认真思考过这个问题。在很多会计人的意识里,按时做出财务报告只是一项工作而已,最大的用途就是报税。虽然会计核算有会计准则与会计制度作刚性约束,毋庸讳言,会计人在账务处理上有一定的自主性,在不违背会计准则的前提下同样可以让账务处理有私心体现。

会计学有没有阶级属性呢?提出这样的问题大概会让很多人感觉是古董思维。目前学术界的主流观点是会计学与统计学类似,都是管理工具、计量工具,没有阶级立场。果真没有吗?未必。

现代会计因何起源呢?因为有了经营实体与经营行为,老板需要了解财务状况与经营成果,自己又没有时间记账,就会聘用专职会计人员记账。老板掏腰包请人记账,最后的报表自然要体现老板的意图,要服从老板的需要。看看利润表、资产负债表的结构,你会发现此言非虚。财务报告最终体现的是资本所有者的意志,资产负债表末尾是要告诉老板实际拥有多少资产,利润表的末尾是告诉老板今年赚了多少钱。

公司制出现后,公司的所有权与经营权发生分离,这时会计人员可能不直接听命于股东。一旦经营者与股东的利益不一致,道德风险与逆向选择不可避免,财务报告编制就可能偏离股东的意图。

2001年刘姝威凭借一篇600字的短文,把蓝田股份拉下了马。这个故事有戏剧性,也有必然性。一个学者看了几眼财务报告,就能判断出银行不能再给蓝田股份贷款了,文章发表后还真没有银行再给蓝田股份贷款。这之前呢,审计看不出来吗?银行的信贷审核看不出来吗?这真有点童话《皇帝的新装》,皇帝的新装没被说破前,大家都在装聋作哑,视而不见。

搞清楚财务报告做给谁看很关键,这会决定会计做账的利益取向。如果财务报告做给股东看,应突出盈利能力;如果给银行看,应美化负债率、现金流与偿债能力;如果给投资人看,应让业绩增长更亮眼;如果给税务看,应让纳税指标更正常……

(资料来源:载于"指尖上的会计"微信公众号,http://www.360doc.com)

14.1 财务报告知多少?——财务报告概述

14.1.1 财务报告的意义

财务报告是指企业对外提供的反映企业某一特定日期财务状况和某一会计期间经营成果、现金流量的文件。

会计的目标是对单位的经济活动进行核算,提供反映单位经济活动的信息,包括单位的财务状况、经营成果及现金流量的资料。通过日常的会计核算工作,虽然已将单位的经济活动和财务收支,在记账凭证和会计账簿中做了记录和归集,但是,由于它们反映的会计信息资料还比较分散、凌乱,不能集中地、总括地反映单位的经济活动和财务收支的全貌。为了满足国家宏观经济管理和企业内部管理的要求,满足投资者和债权人进行投资与信贷决策的需要,须对日常会计核算资料进行加工处理和分类,编制财务报告,以综合、清晰地反映单位的财务状况和经营成果及现金流量情况。

国家经济管理部门利用财务报告所提供的信息,及时掌握各单位的经济情况和管理情况,分析和考核国民经济总体的运行情况,从中发现国民经济运行中存在的问题,从而对宏观经济运行做出正确的决策,为政府进行国民经济宏观调节和控制提供依据。

单位内部经营管理部门通过财务报告,可以全面、系统、总括地了解本单位的生产经营活动情况、财务收支情况和经营成果,检查、分析财务成本计划和有关方针政策的执行情况,能够及时发现经营活动中存在的问题,从而迅速做出决策,采取有效的措施,改善生产经营管理;同时利用财务报告信息,还可以为将来的经营计划和经营方针提供准确的依据,促使经营计划和经营方针更加科学合理。

投资者和债权人为了进行投资决策和信贷决策,需要了解企业的财务状况及生产经营情况,分析企业的获利能力和偿债能力,并对企业的财务状况做出正确的判断,以保证其投资的预期效益。

财务报告分为年度、半年度、季度和月度财务报告。年度、半年度财务报告包括财务报表、财务报表附注,其中财务报表包括资产负债表、利润表、现金流量表及所有者权益变动表;季度、月度财务报告通常仅指财务报表(至少包括资产负债表和利润表)。因此,财务报告的核心部分是财务报表。

14.1.2 财务报表的种类

财务报表是单位在会计期末以日常会计核算资料为依据编制的、系统反映本单位财务状况和经营成果的表格式文件。可以按不同的标准进行分类。

1) 按报送对象分

财务报表按报送对象分为对外财务报表和对内财务报表。对外财务报表是向单位外部使用者报送的报表,包括资产负债表、利润表、现金流量表、所有者权益变动表;对内财务报表是为了满足内部管理需要而编制的报表,如各种成本报表。

2) 按反映的经济内容分

按反映的经济内容分为反映企业财务状况的财务报表和反映企业经营成果的财务报表。反映财务状况的报表是静态的;反映经营成果的报表是动态的。

3) 按编报时间分

按编报时间分为月报、季报、半年报和年报。月报、季报、半年报为"中期报表"。月报和季报是月末或季末编制的报表,包括资产负债表和利润表;半年报和年报是中期末和年末编制的报表,包括资产负债表、利润表、现金流量表、所有者权益变动表。

4) 按编报主体分

按编报主体分为个别财务报表和合并财务报表。个别财务报表是以某一独立核算的主体为单位编制的财务报表,编制依据是本单位的账簿记录和其他会计核算资料;合并财务报表是指将母公司和子公司形成的企业集团作为一个会计主体,由母公司根据母公司和子公司的个别财务报表编制的,综合反映企业集团整体财务状况、经营成果以及现金流量情况的财务报表。

14.1.3 财务报告的编制要求

为了确保财务报告的质量,充分发挥财务报告的作用,编制财务报告时,应符合以下基本要求:

1) 真实可靠

真实性是会计的生命所在,会计核算应当以实际发生的经济业务为依据,如实反映财务状况和经营成果。如果财务报告所提供的会计信息不真实可靠,甚至提供虚假的信息资料,这样的财务报告不仅不能发挥其应有的作用,反而会因为错误的信息,而导致报表的使用者对企业的财务状况做出相反的结论,使其决策失误。因此,在编制财务报告时,数字必须是实际数,不能是预计数、估计数,更不能伪造、变造数字。为此,在编制财务报告以前,对本期发生的各项经济业务,要及时入账,不得提前结账,也不得漏账、压账;要定期做好财产清查工作和对账工作,保证账证相符、账账相符、账实相符;在对账和财产清查的基础上,根据总分类账的记录,编制总分类账户发生额和余额试算平衡表,将所有分散在各个账户的日常核算资料加以综合,并借以检查核算资料的正确性和完整性。只有经过核对无误的账簿记录,才能据以编制财务报告。

2）内容完整

财务报告应当全面反映企业的财务状况和经营成果,反映企业经营活动的全貌。财务报告只有全面反映企业的财务状况,提供完整的会计信息资料,才能满足报告使用者对会计信息资料的需要。为了保证财务报告的全面完整,编制财务报告时,必须按国家统一规定的报告种类、格式、内容填报,不得漏编、漏报报告,也不得漏填、漏列报告项目。在不同的报告期应当编报的各种财务报告及应填列的各项指标,不论是表内项目还是补充资料,都必须填列齐全。如果有的项目无数字填列,应在金额栏用一横线划去,以表示该项目无数字填报。企业某些重要的会计事项,应当在财务报告的附注中进行说明。

3）相关可比

相关可比是指财务报告提供的会计信息必须与使用者的决策需要相关联并具有可比性。因此,企业编制的财务报告,应能够有助于不同的报告使用者了解企业的财务状况和经营成果,满足他们不同的需求;同时,企业编制财务报告依据的会计方法,前后各期应当一致,不能随意变更。当某些会计方法确需改变时,应将改变的原因及改变后对报表指标的影响,在财务报告附注中加以说明,以便报告使用者正确地理解和利用会计信息。

4）编报及时

财务报告只有及时编制和报送,才能充分发挥财务报告的时效作用;否则,即使最真实、可靠、完整的财务报告,由于编制、报送不及时,对于报告使用者来说,也是没有任何价值的。所以,财务报告必须按规定的报送期限和程序,及时编制,按期报送。为了及时编报,企业应当加强日常会计核算工作,认真做好记账、算账、对账、结账和财产清查等工作;同时,会计人员要合理分工、密切配合,在保证报告质量的前提下及时编报。

14.2 "家底儿"从哪里来？——资产负债表

14.2.1 资产负债表的意义

资产负债表是反映企业在某一特定日期财务状况的报表。它是根据资产、负债和所有者权益之间的关系,按照一定的分类标准和一定的次序,把企业在某一特定日期的资产、负债和所有者权益各项目予以适当的排列编制而成的。由于它反映的是某一时点的情况,因此,又称为静态报表。

资产负债表是企业主要财务报表之一,主要提供有关企业财务状况方面的信息。通过资产负债表,可以提供某一日期资产的总额及其结构,表明企业拥有或控制的资源及其分布情况,即企业有多少资源是流动资产、有多少资源是非流动资产等,是分析企业经营能力的重要资料;通过资产负债表,可以提供某一日期的负债总额及其结构,表明企业未来需要用多少资产或劳务清偿债务以及清偿时间,即流动负债有多少、长期负债有多少、长期负债中有多少需要用当期流动资金进行偿还等;通过资产负债表,可以反映所有者所拥有的权益情况,表明投资者在企业中所占的份额,了解权益的结构情况,判断资本保值、增值情况以及对负债的保障程度。资产负债表还可以提供进行财务分析的基本资料,通过资产负债表可以计算流动比率、速动比率,以表明企业的变现能力、偿债能力和资金周转能力,从而有助于财务报告使用者做出经济决策。

14.2.2 资产负债表的格式和基本内容

1）资产负债表的格式

资产负债表一般有表首、正表两部分。其中，表首概括说明报表的名称、编制单位、编制日期、报表编号、金额单位等。正表是资产负债表的主体，列示了用以说明企业财务状况的各个项目。资产负债表正表的格式，目前国际上流行的主要有报告式和账户式两种。

（1）报告式资产负债表　是将资产负债表项目自上而下排列，上半部列示资产，下半部列示负债和所有者权益，以体现"资产＝负债＋所有者权益"的会计基本等式；也可以将上半部列示资产和负债，下半部列示所有者权益，以体现"资产－负债＝所有者权益"的会计等式原理。

（2）账户式资产负债表　是左右结构，左边列示资产项目，右边列示负债和所有者权益项目，左右双方总计金额相等，以体现"资产＝负债＋所有者权益"的会计基本等式。其格式如表 14.2.1 所示。

在我国，资产负债表采用账户式，每个项目又分为"期末余额"和"年初余额"，两栏分别填列。

表 14.2.1　资产负债表

会企 01 表

编制单位：　　　　　　　　　　　___年___月___日　　　　　　　　　　　单位：元

资产	期末余额	年初余额	负债和股东权益	期末余额	年初余额
流动资产：			流动负债：		
货币资金			短期借款		
交易性金融资产			交易性金融负债		
衍生金融资产			衍生金融负债		
应收票据			应付票据		
应收账款			应付账款		
应收款项融资			预收款项		
预收款项			合同负债		
其他应收款			应付职工薪酬		
存货			应交税费		
合同资产			其他应付款		
持有待售资产			其中：应付利息		
一年内到期的非流动资产			应付股利		
其他流动资产			持有待售负债		
流动资产合计			一年内到期的非流动负债		
非流动资产：			其他流动负债		
债权投资			流动负债合计		
其他债权投资			非流动负债：		
长期应收款			长期借款		
长期股权投资			应付债券		

续 表

资　产	期末余额	年初余额	负债和股东权益	期末余额	年初余额
其他权益工具投资			其中：优先股		
其他非流动金融资产			永续债		
投资性房地产			租赁负债		
固定资产			长期应付款		
在建工程			预计负债		
工程物资			递延收益		
固定资产清理			递延所得税负债		
生产性生物资产			其他非流动负债		
油气资产			非流动负债合计		
使用权资产			负债合计		
无形资产			所有者权益(或股东权益)：		
开发支出			实收资本(或股本)		
商誉			其他权益工具		
长期待摊费用			其中：优先股		
递延所得税资产			永续债		
其他非流动资产			资本公积		
非流动资产合计			减：库存股		
			其他综合收益		
			专项储备		
			盈余公积		
			未分配利润		
			所有者权益(或股东权益)合计		
资产总计			负债和所有者权益(或股东权益)总计		

2) 资产负债表的内容

资产负债表根据资产、负债和所有者权益之间的平衡关系，按照一定的分类标准和次序，把企业在一定日期的资产、负债和所有者权益各项目予以适当排列。

左边企业的资产按流动性的大小，即变现速度的快慢排列。变现速度快的排列在前，变现速度慢的排列在后，具体分为流动资产和非流动资产。

右边企业的负债按流动性的大小，即偿还的顺序由先到后排列。偿还期近的排列在前，偿还期远的排列在后，具体分为流动负债和非流动负债。

右边的所有者权益按其永久性程度递减的顺序进行排列。永久性大的排列在先，永久性小的排列在后，具体分为实收资本、资本公积、盈余公积和未分配利润等。

14.2.3 资产负债表的编制方法

财务报表的编制,主要通过对日常会计核算记录的数据加以归集、整理,使之成为有用的财务信息。

资产负债表中的"年初余额"栏内各项数字,是根据上年末资产负债表"期末余额"填列的。如果本年度资产负债表规定的各项目的名称同上年不相一致,应对上年末资产负债表各项目的名称和数字按照本年度的规定进行调整,填入资产负债表中的"年初余额"栏内。

资产负债表中的"期末余额"栏内各项目数据的来源,主要有以下几种方式取得:

1) 根据总账账户余额直接填列

资产负债表大多数项目的数据来源,主要是根据总账账户期末余额直接填列,如"短期借款""应付票据""应付职工薪酬""应交税费""其他应付款""实收资本""资本公积""盈余公积"等项目,就是根据对应总账账户余额直接填列的。不过,须注意的是:"应付职工薪酬""应交税费""其他应付款"这几个账户,期末为借方余额时,以"一"填列。

2) 根据总账账户余额分析计算填列

资产负债表某些项目需要根据若干个总账账户的期末余额分析计算填列,如"货币资金"项目,是根据"库存现金""银行存款""其他货币资金"账户的期末余额的合计数填列;"存货"项目,是根据"材料采购"("在途物资")、"原材料""低值易耗品""库存商品""周转材料""委托加工物资""发出商品""生产成本""受托代销商品"等账户的期末余额合计数,减去"受托代销商品款""存货跌价准备"等账户余额后的净额填列;"未分配利润"项目,是根据"利润分配""本年利润"账户的期末余额分析计算填列(若为借方余额以"一"填列)。

3) 根据明细账户余额计算填列

资产负债表某些项目不能根据总账账户的期末余额,或若干个总账账户的期末余额计算填列,而需要根据有关账户所属的相关明细账户的期末余额计算填列,如"应收账款"项目,是根据"应收账款"和"预收账款"所属明细账户的借方余额合计数填列(如果计提了"坏账准备",须减去后再填列);"预付账款"项目,是根据"预付账款"和"应付账款"所属明细账户的借方余额合计数填列;"应付账款"项目,是根据"应付账款"和"预付账款"所属明细账户的贷方余额合计数填列;"预收账款"项目,是根据"预收账款"和"应收账款"所属明细账户的贷方余额合计数填列。

4) 根据总账账户和明细账户余额计算分析填列

资产负债表上某些项目不能根据总账账户余额直接或计算填列,也不能根据有关账户所属的相关明细账户的期末余额计算填列,需要根据总账账户和明细账户余额分析计算填列。如"长期借款"要根据它的余额减去将于1年内(含1年)到期的长期借款部分分析计算填列。

5) 根据项目余额减去其备抵项目后的净额填列

如"应收账款"项目,是根据"应收账款"账户的期末余额减去有关应收账款计提的坏账准备后的余额填列;"固定资产"项目,是根据"固定资产"账户的期末金额,减去"累计折旧"和"固定资产减值准备"账户期末余额后的金额填列。

6) 表上直接计算后填列

如"流动资产合计""非流动资产合计""资产总计""流动负债合计""非流动负债合计"

"负债合计""所有者权益合计""负债和所有者权益总计"等项目,就是表上计算后直接填列的。

【例 14-1】 清泉公司 2021 年 3 月 31 日总账和明细账期末余额如表 14.2.2 所示。

表 14.2.2 总账和明细账期末余额表

单位:元

账户	借方余额	贷方余额	账户	借方余额	贷方余额
库存现金	5 000		短期借款		100 000
银行存款	199 000		应付账款		25 000
其他货币资金	20 000		其中:甲公司	20 000	
应收账款	60 000		乙公司		45 000
其中:甲公司	30 000		预收账款		35 000
乙公司	50 000		其中:丁公司		50 000
丙公司		20 000	戊公司	15 000	
预付账款	30 000		应交税费		24 000
其中:A 公司	40 000		应付职工薪酬		88 000
B 公司		10 000	长期借款		150 000
在途物资	8 000		其中 2021 年 6 月 30 日到期		50 000
原材料	112 000		实收资本		500 000
库存商品	90 000		资本公积		22 000
生产成本	43 000		盈余公积		3 000
固定资产	500 000		本年利润		20 000
累计折旧		115 000	利润分配	15 000	

要求:计算清泉公司 2021 年 3 月 31 日资产负债表下列项目(需要列出算式):

(1) 货币资金=

(2) 存货=

(3) 应收账款=

(4) 预收款项=

(5) 固定资产=

(6) 应付账款=

(7) 预付款项=

(8) 一年内到期的非流动负债=

(9) 长期借款=

(10) 未分配利润=

计算结果如下:

(1) 货币资金=5 000+199 000+20 000=224 000(元)

(2) 存货=8 000+112 000+90 000+43 000=253 000(元)

(3) 应收账款=30 000+50 000+15 000=95 000(元)

(4) 预收款项＝20 000＋50 000＝70 000(元)

(5) 固定资产＝500 000－115 000＝385 000(元)

(6) 应付账款＝45 000＋10 000＝55 000(元)

(7) 预付款项＝20 000＋40 000＝60 000(元)

(8) 一年内到期的非流动负债＝50 000(元)

(9) 长期借款＝150 000－50 000＝100 000(元)

(10) 未分配利润＝20 000－15 000＝5 000(元)

14.3 "赔了"还是"赚了"？——利润表

14.3.1 利润表的意义

利润表是反映企业在一定会计期间经营成果的报表。它是根据收入、费用和利润这三个要素之间的关系，按照一定的标准和次序，把企业一定时期内的收入、费用和利润项目予以适当排列编制而成。由于它反映的是某一期间的情况，所以，又称为动态报表。

利润表主要提供有关企业经营成果方面的信息。通过利润表，可以反映企业一定会计期间的收入实现情况，即实现的营业收入有多少、实现的投资收益有多少、实现的营业外收入有多少等；可以反映一定会计期间的费用耗费情况，即耗费的营业成本有多少、税金及附加有多少、销售费用、管理费用、财务费用有多少、营业外支出有多少等；可以反映企业生产经营活动的成果，即净利润的实现情况，据以判断资本保值、增值情况；同时，通过利润表提供的不同时期的比较数字(本月数、本年累计数、上年数)，可以分析企业今后利润的发展趋势及获利能力，了解投资者投入资本的完整性；将利润表中的信息与资产负债表中信息相结合，还可以提供进行财务分析的基本资料。由于利润是企业经营业绩的综合体现，又是进行利润分配的主要依据，因此，利润表是财务报告中的主要报表之一。

14.3.2 利润表的格式和基本内容

1) 利润表的格式

利润表一般有表首、正表两部分。其中，表首概括说明报表的名称、编制单位、编制日期、报表编号、金额单位等。正表是利润表的主体，反映形成经营成果的各个项目和计算过程。由于不同国家和地区对财务报告的信息要求不完全相同，利润表的结构也不完全相同。但目前比较普遍的利润表的结构有单步式利润表和多步式利润表两种。

(1) 单步式利润表是将当期所有的收入列在一起，然后将所有的费用列在一起，两者相减得出当期净损益，其格式如表 14.3.1 所示。

表 14.3.1 利 润 表

编制单位： ___年___月 单位：元

项 目	行 次	本月数	本年累计数
一、收入和收益：			
营业收入			
投资收益			

续 表

项 目	行 次	本月数	本年累计数
营业外收入			
收入和收益合计			
二、费用和损失			
营业成本			
税金及附加			
销售费用			
管理费用			
财务费用			
投资损失			
营业外支出			
所得税费用			
费用和损失合计			
三、净利润			

(2) 多步式利润表是通过对当期的收入、费用、支出项目,按性质加以归类,按利润形成的主要环节列示一些中间性利润指标,如营业利润、利润总额、净利润,分步计算当期净损益,其格式如表14.3.2所示。

表14.3.2 利 润 表 会企02表
编制单位： ___年___月 单位:元

项 目	本期金额	上期金额（略）
一、营业收入		
减：营业成本		
税金及附加		
销售费用		
管理费用		
研发费用		
财务费用		
其中：利息费用		
利息收入		
加：其他收益		
投资收益（损失以"－"号填列）		
其中：对联营企业和合营企业的投资收益		

续　表

项　　目	本期金额	上期金额(略)
以摊余成本计量的金融资产终止确认收益(损失以"－"号填列)		
净敞口套期收益(损失以"－"号填列)		
公允价值变动收益(损失以"－"号填列)		
信用减值损失(损失以"－"号填列)		
资产减值损失(损失以"－"号填列)		
资产处置收益(损失以"－"号填列)		
二、营业利润(亏损以"－"号填列)		
加：营业外收入		
减：营业外支出		
其中：非流动资产处置损失		
三、利润总额(亏损总额以"－"号填列)		
减：所得税费用		
四、净利润(净亏损以"－"号填列)		
(一)持续经营净利润(净亏损以"－"号填列)		
(二)终止经营净利润(净亏损以"－"号填列)		
五、其他综合收益的税后净额		
(一)不能重分类进损益的其他综合收益		
1．重新计量设定受益计划变动额		
2．权益法下不能转损益的其他综合收益		
3．其他权益工具投资公允价值变动		
4．企业自身信用风险公允价值变动		
……		
(二)将重分类进损益的其他综合收益		
1．权益法下可转损益的其他综合收益		
2．其他债权投资公允价值变动		
3．金融资产重分类计入其他综合收益的金额		
4．其他债权投资信用减值准备		
5．现金流量套期		
6．外币财务报表折算差额		
……		
六、综合收益总额		
七、每股收益		
(一)基本每股收益		
(二)稀释每股收益		

由于多步式利润表中利润形成的排列格式,注意了收入与费用支出配比的层次性,这样便于对企业生产经营情况进行分析,有利于不同企业之间进行比较,更重要的是利用多步式利润表有利于预测企业今后的盈利能力。因此,在我国利润表采用多步式,每个项目通常又分为"本期金额"和"上期金额"两栏分别填列。

2) 利润表的基本内容

利润表主要反映以下几个方面的内容:

(1) 构成营业利润的各项要素　营业利润在营业收入的基础上,减去营业成本、税金及附加、销售费用、管理费用、研发费用、财务费用,加上其他收益、投资收益(或减去投资损失)、净敞口套期收益(或减去净敞口套期损失)、公允价值变动收益(或减去公允价值变动损失)、信用减值损失、资产减值损失、资产处置收益(或减去资产处置损失)后得出。

(2) 构成利润总额(或亏损总额)的各项要素　利润总额(或亏损总额)在营业利润的基础上,加上营业外收入,减去营业外支出后得出。

(3) 构成净利润(或净亏损)的各项要素　净利润(或净亏损)在利润总额(或亏损总额)的基础上,减去所得税费用后得出。

在利润表中,企业通常按各项收入、费用以及构成的各个项目分类分项列示。也就是说,收入按其重要性进行列示,主要包括营业收入、投资收益、营业外收入;费用按其性质进行列示,主要包括营业成本、税金及附加、销售费用、管理费用、财务费用、营业外支出、所得税费用等;利润按营业利润、利润总额和净利润等利润的构成分类分项列示。

14.3.3　利润表的编制方法

利润表中的"本期金额"栏反映各项目的本月实际发生数。表中的"上期金额"栏各项目,应根据上年该期利润表"本期金额"栏内所列数字填列。

报表中各项目数据的来源,主要通过以下两种方式取得:

1) 根据损益类账户发生额分析填列

利润表中大多数项目都是根据损益类账户发生额直接填列,如"投资收益""营业外收入"等项目,是根据这些相关账户的贷方发生额填列;"税金及附加""销售费用""管理费用""财务费用""营业外支出""所得税费用"等项目,是根据这些相关账户借方发生额填列。

2) 表上直接计算后填列

如"营业利润""利润总额""净利润"等项目,是在表上直接计算后填列的。

【例 14-2】 清泉公司企业所得税税率为 25%,2021 年收入、费用类账户的发生额资料如下:

主营业务收入 1 000 万元,其他业务收入 50 万元,主营业务成本 600 万元,其他业务成本 30 万元,税金及附加 10 万元,销售费用 50 万元,管理费用 100 万元,研发费用 22 万元,财务费用 8 万元,投资收益 5 万元,营业外收入 15 万元,营业外支出 10 万元。

要求:

(1) 计算清泉公司 2021 年利润表下列项目(写出计算过程):

① 营业收入;　　　　　　　　　② 营业成本;
③ 营业利润;　　　　　　　　　④ 利润总额;
⑤ 所得税费用(没有纳税调整事项);　⑥ 净利润。

计算结果如下:

① 营业收入=主营业务收入+其他业务收入=1 000+50=1 050(万元)
② 营业成本=主营业务成本+其他业务成本=600+30=630(万元)
③ 营业利润=营业收入-(营业成本+税金及附加+销售费用+管理费用+研发费用+财务费用)+投资收益=1 050-(630+10+50+100+22+8)+5=235(万元)
④ 利润总额=营业利润+营业外收入-营业外支出=235+15-10=240(万元)
⑤ 所得税费用=240×25%=60(万元)
⑥ 净利润=利润总额-所得税费用=240-60=180(万元)

(2) 编制清泉公司2021年的利润表 清泉公司2021年利润表如表14.3.3所示。

14.3.3 利润表   会企02表
编制单位:清泉公司   2021年度   单位:元

资产	本年数	上年数
一、营业收入	10 500 000	略
减:营业成本	6 300 000	
税金及附加	100 000	
销售费用	500 000	
管理费用	1 000 000	
研发费用	220 000	
财务费用	80 000	
加:投资收益	50 000	
二、营业利润	2 350 000	
加:营业外收入	150 000	
减:营业外支出	100 000	
三、利润总额	2 400 000	
减:所得税费用	600 000	
四、净利润	1 800 000	

【拓展阅读】

证监会通报2020年以来上市公司财务造假案件办理情况

2020年以来,证监会坚决贯彻党中央、国务院关于依法从严打击证券违法活动的决策部署,坚持"建制度、不干预、零容忍"的工作方针,坚持"四个敬畏、一个合力"的监管理念,围绕提升上市公司质量和保护投资者合法权益的总体要求,突出执法重点,突出精准打击,突出执法协同,依法从严从快从重查办上市公司财务造假等违法行为,共办理该类案件59起,占办理信息披露类案件的23%,向公安机关移送相关涉嫌犯罪案件21起。此类案件主要呈现以下特点:

1) 造假模式复杂,系统性、全链条造假案件仍有发生

主要表现为虚构业务实施系统性财务造假、滥用会计处理粉饰业绩等。如航天通信子

公司智慧海派连续三年在采购、生产、销售、物流等各环节虚构业务;同洲电子通过提前确认福利费用、推迟计提长期股权投资减值等方式调节利润。

2）造假手段隐蔽,传统方式与新型手法杂糅共生

除伪造合同、虚开发票、银行和物流单据造假等传统方式外,还利用新型或复杂金融工具、跨境业务等实施造假。如广东榕泰利用保理业务虚构债权等方式虚增收入;宜华生活通过虚增出口销售额、虚构境外销售回款等方式进行海外业务造假。

3）造假动机多样,并购重组领域造假相对突出

造假动机涵盖规避退市、掩盖资金占用、维持股价、应对业绩承诺等因素。如延安必康以虚假账务处理、伪造银行对账单等方式掩盖大股东资金占用;科融环境通过篡改原始单据等方式延期确认收入。造假行为涉及并购重组领域的案件占比达40%。

4）造假情节及危害后果严重,部分案件涉嫌刑事犯罪

个别案件造假金额大、跨度时间长,且伴生资金占用、违规担保等多种违法违规行为。如豫金刚石除通过自有资金循环、虚假出售亏损子公司等方式虚增利润外,还未依法披露对外担保、关联交易合计数十亿元。办理案件中,情节严重涉嫌犯罪的占比超过三分之一。

近年来,按照党中央、国务院关于严厉打击资本市场欺诈、造假等恶性违法的总体要求,证监会集中执法力量,创新工作机制,优化办案模式,不断强化日常监管与稽查执法的衔接配合,提高线索发现的及时性、有效性,强化稽查执法办案资源的集中调配,保障重大案件的高效查处,强化行政执法与刑事司法的紧密协作,加大证券违法成本,多措并举,严厉打击财务造假等上市公司信息披露违法活动,持续净化市场生态。

下一步,证监会将坚决贯彻中央《关于依法从严打击证券违法活动的若干意见》,按照"零容忍"工作要求,以落实新证券法、刑法修正案（十一）为契机,加强执法司法协同,坚持"一案双查",重拳打击财务造假、欺诈发行等恶性违法行为,坚决追究相关机构和人员的违法责任,不断健全行政执法、民事追偿和刑事惩戒的立体式追责体系,有效维护市场"三公"秩序。同时,认真落实《国务院关于进一步提高上市公司质量的意见》,继续加强对上市公司的全链条监管,坚持科学监管、分类监管、专业监管、持续监管,督促上市公司和大股东严守"四条底线"（不披露虚假信息、不从事内幕交易、不操纵股票价格、不损害上市公司利益）,压实上市公司主体责任,提高公司治理水平,有效化解风险,不断提高上市公司质量。

（资料来源：载于东财网,https://wap.eastmoney.com）

习　题

一、单项选择题

1. 按（　　）的不同,财务报表分为资产负债表、利润表和现金流量表。
   A. 报送的对象　　　　　　　　B. 编制的单位
   C. 反映的内容　　　　　　　　D. 会计要素

2. 下列各项中,属于编制财务报告直接依据的是（　　）。
   A. 会计账簿　　　　　　　　　B. 会计科目和账户
   C. 会计凭证　　　　　　　　　D. 财务报告

3. 下列财务报表中,反映企业某一特定日期财务状况的财务报表是（　　）。
   A. 资产负债表　　　　　　　　B. 现金流量表

C. 利润表 　　　　　　　　　　　D. 所有者权益变动表
4. 资产负债表中,资产项目的排列顺序是( )。
   A. 相关性大小 　　　　　　　　　B. 流动性强弱
   C. 可比性高低 　　　　　　　　　D. 重要性大小
5. 利润表中的项目应根据总分类账户的( )填列。
   A. 期末余额 　　　　　　　　　　B. 发生额
   C. 期初余额 　　　　　　　　　　D. 期初余额＋发生额
6. 下列财务报表中,属于不需要对外报送的报表是( )。
   A. 利润表 　　　　　　　　　　　B. 企业成本报表
   C. 资产负债表 　　　　　　　　　D. 现金流量表
7. 在我国,企业利润表的列报格式是( )。
   A. 多步式　　B. 报告式　　C. 单步式　　D. 账户式
8. 编制资产负债表的理论依据是( )。
   A. 收入－费用＝利润
   B. 资产－负债＝所有者权益
   C. 资产＝负债＋所有者权益
   D. 资产＋费用＝负债＋所有者权益＋收入
9. 企业某会计期间"固定资产"账户期末借方余额为 1 000 000 元,"累计折旧"账户期末贷方余额为 400 000 元,"固定资产减值准备"账户期末贷方余额为 150 000 元。资产负债表中"固定资产"项目应填列( )元。
   A. 600 000　　B. 1 000 000　　C. 850 000　　D. 450 000
10. 下列直接根据总分类账户余额填列资产负债项目的有( )。
    A. 应收账款　　B. 短期借款　　C. 长期借款　　D. 应付账款

二、多项选择题
1. 资产负债表中的"存货"项目反映的内容包括( )。
   A. 材料采购　　B. 生产成本　　C. 库存商品　　D. 低值易耗品
2. ( )统称为中期报表。
   A. 月度财务报表 　　　　　　　　B. 年度财务报表
   C. 中期财务报表 　　　　　　　　D. 季度财务报表
3. 下列各项中,不能直接根据总账账户余额填列的有( )。
   A. 应收账款　　B. 固定资产　　C. 应收票据　　D. 应付账款
4. 企业在编制资产负债表时,"货币资金"项目应根据( )账户期末余额的合计数填列。
   A. 库存现金 　　　　　　　　　　B. 银行存款
   C. 其他应收款 　　　　　　　　　D. 其他货币资金
5. 财务报表按其编制单位不同分类,可分为( )。
   A. 个别财务报表 　　　　　　　　B. 对内财务报表
   C. 合并财务报表 　　　　　　　　D. 对外财务报表
6. 下列各项中,属于利润表项目的有( )。
   A. 财务费用　　B. 营业外支出　　C. 利润分配　　D. 净利润

· 217 ·

7. 资产负债表的作用有（　　）。
   A. 可以反映企业在某一期间的财务状况
   B. 可以反映某一日期资产的总额及其结构
   C. 可以反映某一日期负债的总额及其结构
   D. 可以反映所有者拥有的权益
8. 下列账户中，可能影响资产负债表中"应付账款"项目金额的有（　　）。
   A. 应收账款　　　　　　　　　　B. 预收账款
   C. 预付账款　　　　　　　　　　D. 应付账款

三、判断题

1. 利润表是反映企业在一定会计期间经营成果的报表。（　）
2. 资产负债表中"期末余额"的填列数字均来源于总账账户的期末余额。（　）
3. 利润表中"上期金额"应根据上年该利润表"本期金额"内所列数字填列。（　）
4. 现金流量表是反映一定期间的现金流入和流出情况的报表。（　）
5. 企业在利润表中应当对费用按照功能分类，分为从事经营业务发生的成本、管理费用、销售费用和制造费用。（　）
6. 在我国，资产负债表应当采用账户式结构。（　）

四、实务题

练习一

（一）目的：练习资产负债表的编制。

（二）资料：清泉公司2021年6月末有关账户余额及方向如下表：

单位：万元

在途物资	300（借方）	预收账款	240（贷方）
原材料	500（借方）	—C企业	720（借方）
发出商品	275（借方）	—D企业	960（贷方）
委托加工物资	98（借方）	工程物资	150（借方）
周转材料	205（借方）	预付账款	100（贷方）
委托代销商品	180（借方）	—甲公司	550（借方）
材料成本差异	44（贷方）	—乙公司	450（借方）
生产成本	78（借方）	应付账款	150（贷方）
存货跌价准备	175（贷方）	—丙公司	1 450（贷方）
固定资产	1 300（借方）	—丁公司	1 300（借方）
累计折旧	270（贷方）	坏账准备	185（贷方）
应收账款	515（借方）	—应收账款部分	110（贷方）
—A企业	950（借方）	—其他应收款部分	75（贷方）
—B企业	620（贷方）	本年利润	1 400（贷方）
—C企业	185（借方）	利润分配	145（贷方）

(三)要求：计算填列"资产负债表"中下列项目金额。

1. 存货　2. 应收账款　3. 预付账款　4. 固定资产　5. 应付账款　6. 未分配利润

练习二

(一)目的：练习资产负债表的编制。

(二)资料：清泉公司2021年12月31日有关总分类账户和明细分类账户的余额资料如下表：

单位：元

账户名称	余额方向	余额	账户名称	余额方向	余额
库存现金	借	2 000	短期借款	贷	500 000
银行存款	借	780 000	应付账款	贷	225 310
交易性金融资产	借	480 000	其中：市粮油公司	借	153 680
应收账款	借	396 820	其他明细账户	贷	378 990
其中：市南龙公司	贷	63 180	其他应付款	贷	80 000
其他明细账户	借	460 000	应付职工薪酬	借	147 000
坏账准备	贷	17 000	应交税费	贷	85 000
其他应收款	借	86 430	应付股利	贷	395 000
原材料	借	659 350	应付利息	贷	68 900
低值易耗品	借	32 840	长期借款	贷	1 500 000
材料采购	借	12 000	其中：1年内到期的长期借款	贷	500 000
库存商品	借	456 800	实收资本(或股本)	贷	6 000 000
生产成本	借	1 153 450	资本公积	贷	400 000
其他流动资产	借	158 630	盈余公积	贷	700 000
长期股权投资	借	950 000	利润分配	贷	192 830
其中：1年内到期的长期股权投资	借	50 000			
固定资产	借	4 998 720			
其中：融资租入固定资产	借	500 000			
累计折旧	贷	932 000			
固定资产减值准备	贷	100 000			
在建工程	借	250 000			
无形资产	借	482 000			
累计摊销	贷	150 000			

(三)要求：计算填列"资产负债表"中下列项目金额。

1. 货币资金　2. 存货　3. 应收账款　4. 固定资产　5. 无形资产　6. 应付职工薪酬　7. 应付账款　8. 长期借款　9. 实收资本

练习三

（一）目的：练习利润表的编制。

（二）资料：清泉公司2021年度损益类账户的本年累计发生额资料如下表：

单位：万元

账户名称	本年累计发生额	账户名称	本年累计发生额
主营业务收入	94 300	其他业务收入	290
主营业务成本	66 100	其他业务成本	181
税金及附加	4 650	投资收益	100
销售费用	1 000	营业外收入	90
管理费用	1 668	营业外支出	200
财务费用	100	所得税费用	5 800

（三）要求：根据上述资料编制清泉公司2021年度利润表。

15 账务处理程序

【思维导图】

账务处理程序,思维导图如图15.1所示。

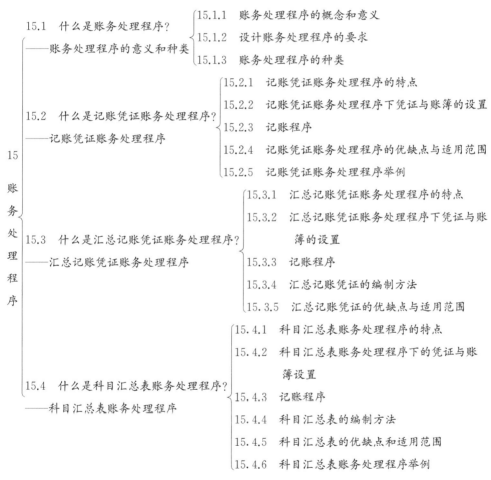

图 15.1 思维导图

【学习目的】

通过本章的学习,要求理解账务处理程序的概念和意义;掌握记账凭证账务处理程序、科目汇总表账务处理程序、汇总记账凭证账务处理程序的主要特点、基本步骤、优缺点及其适用条件。

【引导案例】

康美药业"有预谋、有组织,长期、系统实施财务造假"

2019年8月,康美药业收到中国证监会的《行政处罚及市场禁入事先告知书》(简称《告知书》),《告知书》中详细披露了康美药业自2016年以来的财务造假情况。

据证监会调查,康美药业在2016年、2017年、2018年半年报和2018年年报中虚增营业收入89.99亿元、100.32亿元、84.84亿元和16.13亿元,虚增营业利润6.56亿元、12.51亿元、20.29亿元和1.65亿元,累计虚增营业收入291.28亿元,累计虚增营业利润39.36亿元。

最令人匪夷所思的是货币资金项目。康美药业2016年虚增货币资金225.49亿元,占公司披露总资产的41.13%和净资产的76.74%,2017年虚增货币资金299.44亿元,占公司披露总资产的43.57%和净资产的93.18%,2018年上半年虚增货币资金361.88亿元,占公司披露总资产的45.96%和净资产的108.24%。

这意味着,两年半,公司累计虚增货币资金886.8亿元。

证监会对此定义为"有预谋、有组织,长期、系统实施财务造假行为,恶意欺骗投资者",并指出"康美药业等公司肆意妄为,毫无敬畏法治、敬畏投资者之心,丧失诚信底线,触碰法治红线,动摇了上市公司信息披露制度根基",措辞严厉史无前例。

(资料来源:载于腾讯网,https://new.qq.com)

15.1 什么是账务处理程序?——账务处理程序的意义和种类

15.1.1 账务处理程序的概念和意义

账务处理程序,也叫会计核算组织程序或会计核算形式,是指会计凭证、会计账簿、财务报表相结合的方式,包括账簿组织和记账程序。账簿组织是指会计凭证和会计账簿的种类、格式,会计凭证与账簿之间的联系方法;记账程序是指由填制、审核原始凭证到填制、审核记账凭证,登记日记账、明细分类账和总分类账,编制财务报表的工作程序和方法等。

科学、合理地选择账务处理程序的意义主要有以下3个方面:
(1) 有利于规范会计工作,保证会计信息加工过程的严密性,提高会计信息质量。
(2) 有利于保证会计记录的完整性和正确性,增强会计信息的可靠性。
(3) 有利于减少不必要的会计核算环节,提高会计工作效率,保证会计信息的及时性。

15.1.2 设计账务处理程序的要求

在实际工作中,由于企业、行政事业单位的规模大小、业务繁简、管理要求,以及会计部门内部分工不同,甚至差别很大,这就要求企业根据自身的具体情况和业务特点,制定出适合本单位的账务处理程序。

一般而言,合理的、适用的账务处理程序应满足以下基本要求:

1）必须适合本单位的经济活动特点和经营管理的要求

不同单位,工作性质不同,规模大小、业务繁简不同,因此账务处理程序的内容及其繁简程度也不一样。各单位必须从实际出发,选择最适合本单位特点的账务处理程序,以提高会计工作效率。同时,账务处理程序的建立必须有利于会计机构内部的分工协作和加强岗位责任制,以便及时正确地提供必要的会计核算资料,满足经营管理的需要。

2）要能有利于会计目标的实现

会计的目标是向信息使用者提供会计信息。因此账务处理程序要能真实、完整、及时地提供会计信息,以满足有关方面使用会计信息的要求。

3）要能体现效益大于成本的原则

在保证会计核算资料的正确、完整、及时的前提下,力求简化手续、节约核算工作的人力、物力和财力的耗费,提高会计工作效率,节约账务处理成本。要正确处理好工作质量和数量的关系,既不能片面强调简化而不顾质量,也不能搞繁琐哲学,贪多求全,增加不必要的会计手续。

15.1.3 账务处理程序的种类

在实际工作中,手工记账方式下,各单位采用的账务处理程序主要有以下3种:

（1）记账凭证账务处理程序。
（2）科目汇总表账务处理程序。
（3）汇总记账凭证账务处理程序。

以上各种账务处理程序有许多共同点,它们的主要区别在于登记总分类账的依据不同。下面分别说明以上三种账务处理程序的基本内容和主要特点。

15.2 什么是记账凭证账务处理程序？——记账凭证账务处理程序

15.2.1 记账凭证账务处理程序的特点

记账凭证账务处理程序是一种最基本的账务处理程序,也是一种通用的账务处理程序,它体现了会计核算的基本原理和基本程序。可以说,其他各种账务处理程序都是在这种账务处理程序的基础上演变过来的。这种账务处理程序最显著的特点是直接根据各种记账凭证逐笔登记总分类账。

15.2.2 记账凭证账务处理程序下凭证与账簿的设置

（1）在记账凭证账务处理程序下,记账凭证一般采用通用记账凭证,也可采用收款凭证、付款凭证、转账凭证3种。
（2）日记账采用三栏式库存现金日记账和银行存款日记账。
（3）分类账采用三栏式总分类账和三栏式、数量金额式、多栏式明细分类账。

15.2.3 记账程序

记账凭证账务处理程序的具体步骤如下：

(1)根据原始凭证或原始凭证汇总表分别填制收款凭证、付款凭证、转账凭证,或通用记账凭证。

(2)根据收款凭证、付款凭证(或通用记账凭证)逐日逐笔顺序登记库存现金和银行存款日记账。

(3)根据各种记账凭证或原始凭证(原始凭证汇总表)登记各种明细分类账。

(4)根据各种记账凭证逐笔登记总分类账。

(5)月末,将库存现金日记账、银行存款日记账及明细分类账的余额分别与相应的总分类账户余额核对相符。

(6)月末,根据总分类账与明细分类账有关资料编制会计报表。

上述记账凭证账务处理程序,如图15.2.1所示。

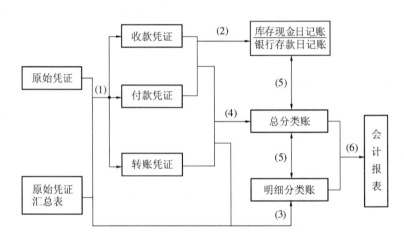

图15.2.1 记账凭证账务处理程序

15.2.4 记账凭证账务处理程序的优缺点与适用范围

记账凭证账务处理程序简单明了,易于理解;根据记账凭证直接登记总分类账,节省了一道汇总的程序,简化了手续;它还可以比较详细地记录和反映经济业务的发生情况;账户的对应关系明确。但由于总分类账直接根据记账凭证登记,工作量大,因而只适用于一些规模小、业务量少的企业。

在这种账务处理程序下,为了减少记账凭证数量和减轻登记总账的工作量,应尽可能将同类经济业务的原始凭证编制成原始凭证汇总表,再据以编制记账凭证,然后记入总账。

15.2.5 记账凭证账务处理程序举例

为了便于掌握记账凭证账务处理程序,现以清泉公司2016年4月发生的经济业务为例,具体说明记账凭证账务处理程序的基本内容。

1)资料

清泉公司2021年3月份资产负债表如表15.2.1所示。其中有关详细资料如下:

(1)该公司货币资金152 600元,其中库存现金2 600元,银行存款150 000元。

(2)该公司应收账款200 000元。其中应收甲公司140 000元,应收乙公司60 000元。

(3) 该公司存货包括：原材料 320 000 元，其中 A 材料 1 000 千克，每千克 200 元，计 200 000 元；B 材料 3 000 千克，每千克 40 元，计 120 000 元。在产品 64 000 元，其中直接材料 51 000 元，直接人工 7 800 元，制造费用 5 200 元。库存商品 80 000 元，单位成本为 500 元，共计 160 件库存商品。该公司只生产一种产品，存货均按实际成本计价，其中原材料的发出计价采用先进先出法，库存商品的发出采用一次加权平均法。本月共生产 1 850 件产品，全部完工入库。

(4) 短期借款 100 000 元，系指向交通银行借入的一年期贷款，年利率 12%。

(5) 应付账款 130 000 元，其中应付 M 公司货款 80 000 元，应付 S 公司货款 50 000 元。

表 15.2.1　资产负债表

编制单位：清泉公司　　　　　　　2021 年 3 月 31 日　　　　　　　金额单位：元

资　产	金　额	负债及所有者权益	金　额
流动资产：		流动负债：	
货币资金	152 600	短期借款	100 000
应收账款	200 000	应付账款	130 000
存货	464 000	应交税费	56 000
		流动负债合计	286 000
流动资产合计	816 600		
非流动资产：		所有者权益：	
固定资产	170 000	实收资本	600 000
		盈余公积	76 000
		未分配利润	24 600
非流动资产合计	170 000	所有者权益合计	700 600
资产总计	986 600	负债及所有者权益总计	986 600

清泉公司 2021 年 4 月份发生下列经济业务：

(1) 4 月 1 日，向交通银行借入 1 年期贷款 500 000 元，年利率 12%，已存入银行。

(2) 4 月 2 日，从 M 公司购入 A 材料 2 000 千克，价款为 420 000 元，增值税税额 71 400 元，材料已验收入库，货款尚未支付。

(3) 4 月 3 日，从 S 公司购入 B 材料 5 000 千克，价款为 202 500 元，增值税税额 34 425 元，材料已入库，货款已支付。

(4) 4 月 5 日，生产车间生产产品领用 A 材料 25 000 千克，计 515 000 元。

(5) 4 月 6 日，生产车间领用 B 材料 5 000 千克，计 201 000 元。

(6) 4 月 8 日，企业管理部门购买办公用品 350 元，取得普通发票，以现金付讫，购入后随即被领用。

(7) 4 月 10 日，销售产品一批 100 件给丙公司，价税合计 117 000 元，货款已收到。

(8) 4 月 12 日，支付车间设备修理费 15 000 元，以存款支付。

(9) 4月15日，购买劳保用品6 000元入库，取得普通发票，以存款支付。

(10) 4月16日，车间领用劳保用品4 000元(采用一次摊销法)。

(11) 4月18日，支付产品广告费10 000元，以存款支付。

(12) 4月20日，销售产品500件给甲公司，价税合计585 000元，货款尚未收到。

(13) 4月21日，从银行提取备用金2 000元。

(14) 4月22日，销售产品800件给乙公司，价税合计936 000元，货款已收存银行。

(15) 4月22日，以现金支付业务招待费850元。

(16) 4月23日，购入C材料20千克，已验收入库。每千克30元，计600元，增值税税额102元，以现金支付。

(17) 4月24日，收到甲公司偿还的前欠货款100 000元，存入银行。

(18) 4月25日，以存款支付M公司货款550 000元，支付S公司货款50 000元。

(19) 4月26日，以存款交纳增值税100 000元。

(20) 4月27日，车间领用C材料10千克，计300元，供一般耗用，企业管理部门领用C材料5千克，计150元。

(21) 4月28日，以存款支付销售产品运输费用4 500元。

(22) 4月30日，分配本月职工工资121 000元。其中生产工人工资85 000元，车间管理人员工资20 000元，企业管理人员工资16 000元。

(23) 4月30日，按工资总额的14%计提职工福利费。

(24) 4月30日，提取本月固定资产折旧19 200元，其中生产车间16 800元，企业管理部门2 400元。

(25) 4月30日，预提短期借款利息6 000元。

(26) 4月30日，以存款支付银行手续费180元。

(27) 4月30日，以存款支付本月水电费28 000元，其中生产产品耗用26 000元，企业管理部门耗用2 000元。

(28) 4月30日，结转本月制造费用。

(29) 4月30日，结转本月完工产品成本。

(30) 4月30日，结转本月销售产品成本。

(31) 4月30日，将有关收入、费用结转至"本年利润"账户。

(32) 4月30日，计算本月应纳所得税费用额，并结转至"本年利润"账户(所得税费用率25%)。

2) 释例

(1) 编制记账凭证，如表15.2.2至表15.2.35所示。

(2) 根据记账凭证登记库存现金、银行存款日记账，如表15.2.36、表15.2.37所示。

(3) 根据记账凭证(或原始凭证)登记明细分类账(只登记A材料明细分类账、生产成本明细分类账、制造费用明细分类账，其余从略)，如表15.2.38、15.2.39、15.2.40所示。

(4) 根据记账凭证逐笔登记总分类账，如表15.2.41至表15.2.65所示。

(5) 根据账户记录编制总分类账户本期发生额及余额试算平衡表(表15.2.66)，核对账户记录。

(6) 根据核对相符的账簿记录编制会计报表，如表15.2.67、表15.2.68所示。

表15.2.2　记账凭证　　　　　　　　总号　001
2021年4月1日　　　　　　　　　　分号　____

摘　　要	总账科目	明细科目	借方金额	贷方金额	记账
向交行借入1年期贷款	银行存款		500 000		√
	短期借款			500 000	√
合　　　　　计			￥500 000	￥500 000	

会计主管　　　　记账　　　　稽核　　　　出纳　　　　制单

表15.2.3　记账凭证　　　　　　　　总号　002
2021年4月2日　　　　　　　　　　分号　____

摘　　要	总账科目	明细科目	借方金额	贷方金额	记账
从M公司赊购A材料	原材料	A材料	420 000		√
	应交税费	增(进项税)	71 400		√
	应付账款	M公司		491 400	√
合　　　　　计			￥491 400	￥491 400	

会计主管　　　　记账　　　　稽核　　　　出纳　　　　制单

表15.2.4　记账凭证　　　　　　　　总号　003
2021年4月3日　　　　　　　　　　分号　____

摘　　要	总账科目	明细科目	借方金额	贷方金额	记账
从S公司购B材料,款已支付	原材料	B材料	202 500		√
	应交税费	增(进项税)	34 425		√
	银行存款			236 925	√
合　　　　　计			￥236 925	￥236 925	

会计主管　　　　记账　　　　稽核　　　　出纳　　　　制单

表15.2.5　记账凭证　　　　　　　　总号　004
2021年4月5日　　　　　　　　　　分号　____

摘　　要	总账科目	明细科目	借方金额	贷方金额	记账
生产产品领用A材料	生产成本		515 000		√
	原材料	A材料		515 000	√
合　　　　　计			￥515 000	￥515 000	

会计主管　　　　记账　　　　稽核　　　　出纳　　　　制单

表 15.2.6　记账凭证　　　　　　　　　　　　　　　　　　总号　005
2021 年 4 月 6 日　　　　　　　　　　　　　　　　　　　分号　____

摘　　要	总账科目	明细科目	借方金额	贷方金额	记账
生产产品领用 B 材料	生产成本		201 000		√
	原材料	B 材料		201 000	√
合　　　　计			¥201 000	¥201 000	

会计主管　　　　　记账　　　　　稽核　　　　　出纳　　　　　制单

表 15.2.7　记账凭证　　　　　　　　　　　　　　　　　　总号　006
2021 年 4 月 8 日　　　　　　　　　　　　　　　　　　　分号　____

摘　　要	总账科目	明细科目	借方金额	贷方金额	记账
行政部门购办公用品	管理费用		350		√
	库存现金			350	√
合　　　　计			¥350	¥350	

会计主管　　　　　记账　　　　　稽核　　　　　出纳　　　　　制单

表 15.2.8　记账凭证　　　　　　　　　　　　　　　　　　总号　007
2021 年 4 月 10 日　　　　　　　　　　　　　　　　　　　分号　____

摘　　要	总账科目	明细科目	借方金额	贷方金额	记账
销售产品给丙公司,款已收	银行存款		117 000		√
	主营业务收入			100 000	√
	应交税费	增(销项税)		17 000	√
合　　　　计			¥117 000	¥117 000	

会计主管　　　　　记账　　　　　稽核　　　　　出纳　　　　　制单

表 15.2.9　记账凭证　　　　　　　　　　　　　　　　　　总号　008
2021 年 4 月 12 日　　　　　　　　　　　　　　　　　　　分号　____

摘　　要	总账科目	明细科目	借方金额	贷方金额	记账
支付设备修理费	制造费用		15 000		√
	银行存款			15 000	√
合　　　　计			¥15 000	¥15 000	

会计主管　　　　　记账　　　　　稽核　　　　　出纳　　　　　制单

表 15.2.10　记账凭证　　　　　　　总号　009

2021 年 4 月 15 日　　　　　　　分号　____

摘　　要	总账科目	明细科目	借方金额	贷方金额	记账
购劳保用品,款已付	周转材料		6 000		√
	银行存款			6 000	√
合　　　　计			¥6 000	¥6 000	

会计主管　　　　记账　　　　稽核　　　　出纳　　　　制单

表 15.2.11　记账凭证　　　　　　　总号　010

2021 年 4 月 16 日　　　　　　　分号　____

摘　　要	总账科目	明细科目	借方金额	贷方金额	记账
车间领用劳保用品	制造费用		4 000		√
	周转材料			4 000	√
合　　　　计			¥4 000	¥4 000	

会计主管　　　　记账　　　　稽核　　　　出纳　　　　制单

表 15.2.12　记账凭证　　　　　　　总号　011

2021 年 4 月 18 日　　　　　　　分号　____

摘　　要	总账科目	明细科目	借方金额	贷方金额	记账
以存款支付广告费	销售费用		10 000		√
	银行存款			10 000	√
合　　　　计			¥10 000	¥10 000	

会计主管　　　　记账　　　　稽核　　　　出纳　　　　制单

表 15.2.13　记账凭证　　　　　　　总号　012

2021 年 4 月 20 日　　　　　　　分号　____

摘　　要	总账科目	明细科目	借方金额	贷方金额	记账
赊销产品给甲公司	应收账款	甲公司	585 000		√
	主营业务收入			500 000	√
	应交税费	增(销项税)		85 000	√
合　　　　计			¥585 000	¥585 000	

会计主管　　　　记账　　　　稽核　　　　出纳　　　　制单

表 15.2.14　记账凭证　　　　　　　　　　　　　　　总号　013
2021 年 4 月 21 日　　　　　　　　　　　　　　　　分号　____

摘　要	总账科目	明细科目	借方金额	贷方金额	记账
提备用金	库存现金		2 000		√
	银行存款			2 000	√
合　　　计			￥2 000	￥2 000	

会计主管　　　记账　　　稽核　　　出纳　　　制单

表 15.2.15　记账凭证　　　　　　　　　　　　　　　总号　014
2021 年 4 月 22 日　　　　　　　　　　　　　　　　分号　____

摘　要	总账科目	明细科目	借方金额	贷方金额	记账
销售产品给乙公司,款已收	银行存款		936 000		√
	主营业务收入			800 000	√
	应交税费	增(销项税)		136 000	√
合　　　计			￥936 000	￥936 000	

会计主管　　　记账　　　稽核　　　出纳　　　制单

表 15.2.16　记账凭证　　　　　　　　　　　　　　　总号　015
2021 年 4 月 22 日　　　　　　　　　　　　　　　　分号　____

摘　要	总账科目	明细科目	借方金额	贷方金额	记账
报销业务招待费	管理费用		850		√
	库存现金			850	√
合　　　计			￥850	￥850	

会计主管　　　记账　　　稽核　　　出纳　　　制单

表 15.2.17　记账凭证　　　　　　　　　　　　　　　总号　016
2021 年 4 月 23 日　　　　　　　　　　　　　　　　分号　____

摘　要	总账科目	明细科目	借方金额	贷方金额	记账
用现金购 C 材料	原材料	C 材料	600		√
	应交税费	增(进项税)	102		√
	库存现金			702	√
合　　　计			￥702	￥702	

会计主管　　　记账　　　稽核　　　出纳　　　制单

表 15.2.18　记账凭证　　　　　　　　　　　　　　　　总号　　017
2021 年 4 月 24 日　　　　　　　　　　　　　　　　　分号　　　　

摘　　要	总账科目	明细科目	借方金额	贷方金额	记账
收到甲公司前欠货款	银行存款		100 000		√
	应收账款	甲公司		100 000	√
合　　　　计			￥100 000	￥100 000	

会计主管　　　　　记账　　　　　稽核　　　　　出纳　　　　　制单

表 15.2.19　记账凭证　　　　　　　　　　　　　　　　总号　　018
2021 年 4 月 25 日　　　　　　　　　　　　　　　　　分号　　　　

摘　　要	总账科目	明细科目	借方金额	贷方金额	记账
分别偿还 M 公司和 S 公司货款	应付账款	M 公司	550 000		√
	应付账款	S 公司	50 000		√
	银行存款			600 000	√
合　　　　计			￥600 000	￥600 000	

会计主管　　　　　记账　　　　　稽核　　　　　出纳　　　　　制单

表 15.2.20　记账凭证　　　　　　　　　　　　　　　　总号　　019
2021 年 4 月 26 日　　　　　　　　　　　　　　　　　分号　　　　

摘　　要	总账科目	明细科目	借方金额	贷方金额	记账
交纳本月增值税	应交税费	增(已交税)	100 000		√
	银行存款			100 000	√
合　　　　计			￥100 000	￥100 000	

会计主管　　　　　记账　　　　　稽核　　　　　出纳　　　　　制单

表 15.2.21　记账凭证　　　　　　　　　　　　　　　　总号　　020
2021 年 4 月 27 日　　　　　　　　　　　　　　　　　分号　　　　

摘　　要	总账科目	明细科目	借方金额	贷方金额	记账
车间一般耗用 C 材料	制造费用		300		√
行政部门耗用 C 材料	管理费用		150		√
	原材料	C 材料		450	√
合　　　　计			￥450	￥450	

会计主管　　　　　记账　　　　　稽核　　　　　出纳　　　　　制单

表 15.2.22　记账凭证　　　　　　　　　　　　　　　总号　021
2021 年 4 月 28 日　　　　　　　　　　　　　　　　　　分号　＿＿

摘　要	总账科目	明细科目	借方金额	贷方金额	记账
以存款支付运输费用	销售费用		4 500		√
	银行存款			4 500	√
合　　　计			￥4 500	￥4 500	

会计主管　　　记账　　　稽核　　　出纳　　　制单

表 15.2.23　记账凭证　　　　　　　　　　　　　　　总号　022
2021 年 4 月 30 日　　　　　　　　　　　　　　　　　　分号　＿＿

摘　要	总账科目	明细科目	借方金额	贷方金额	记账
分配本月职工工资	生产成本		85 000		√
	制造费用		20 000		√
	管理费用		16 000		√
	应付职工薪酬	工资		121 000	√
合　　　计			￥121 000	￥121 000	

会计主管　　　记账　　　稽核　　　出纳　　　制单

表 15.2.24　记账凭证　　　　　　　　　　　　　　　总号　023
2021 年 4 月 30 日　　　　　　　　　　　　　　　　　　分号　＿＿

摘　要	总账科目	明细科目	借方金额	贷方金额	记账
计提福利费	生产成本		11 900		√
	制造费用		2 800		√
	管理费用		2 240		√
	应付职工薪酬	福利费		16 940	√
合　　　计			￥16 940	￥16 940	

会计主管　　　记账　　　稽核　　　出纳　　　制单

表 15.2.25　记账凭证　　　　　　　　　　　　　　　总号　024
2021 年 4 月 30 日　　　　　　　　　　　　　　　　　　分号　＿＿

摘　要	总账科目	明细科目	借方金额	贷方金额	记账
计提折旧	制造费用		16 800		√
	管理费用		2 400		√
	累计折旧			19 200	√
合　　　计			￥19 200	￥19 200	

会计主管　　　记账　　　稽核　　　出纳　　　制单

表 15.2.26　记账凭证　　　　　　　　　总号　025
2021 年 4 月 30 日　　　　　　　　　　　分号　____

摘　　要	总账科目	明细科目	借方金额	贷方金额	记账
计提短期借款利息	财务费用		6 000		√
	应付利息			6 000	√
合　　　　计			￥6 000	￥6 000	

会计主管　　　　记账　　　　稽核　　　　出纳　　　　制单

表 15.2.27　记账凭证　　　　　　　　　总号　026
2021 年 4 月 30 日　　　　　　　　　　　分号　____

摘　　要	总账科目	明细科目	借方金额	贷方金额	记账
支付银行手续费	财务费用		180		√
	银行存款			180	√
合　　　　计			￥180	￥180	

会计主管　　　　记账　　　　稽核　　　　出纳　　　　制单

表 15.2.28　记账凭证　　　　　　　　　总号　027
2021 年 4 月 30 日　　　　　　　　　　　分号　____

摘　　要	总账科目	明细科目	借方金额	贷方金额	记账
支付本月水电费	生产成本		26 000		√
	管理费用		2 000		√
	银行存款			28 000	√
合　　　　计			￥28 000	￥28 000	

会计主管　　　　记账　　　　稽核　　　　出纳　　　　制单

表 15.2.29　记账凭证　　　　　　　　　总号　028
2021 年 4 月 30 日　　　　　　　　　　　分号　____

摘　　要	总账科目	明细科目	借方金额	贷方金额	记账
结转本月制造费用	生产成本		58 900		√
	制造费用			58 900	√
合　　　　计			￥58 900	￥58 900	

会计主管　　　　记账　　　　稽核　　　　出纳　　　　制单

表 15.2.30　记账凭证　　　　　　　　　　　　　　　总号　029
2021 年 4 月 30 日　　　　　　　　　　　　　　　　　　分号

摘　要	总账科目	明细科目	借方金额	贷方金额	记账
结转完工产品成本	库存商品		961 800		√
	生产成本			961 800	√
合　　计			￥961 800	￥961 800	

会计主管　　　　记账　　　　稽核　　　　出纳　　　　制单

表 15.2.31　记账凭证　　　　　　　　　　　　　　　总号　030
2021 年 4 月 30 日　　　　　　　　　　　　　　　　　　分号

摘　要	总账科目	明细科目	借方金额	贷方金额	记账
结转本月产品销售成本	主营业务成本		725 769.90		√
	库存商品			725 769.90	√
合　　计			￥725 769.90	￥725 769.90	

会计主管　　　　记账　　　　稽核　　　　出纳　　　　制单

表 15.2.32　记账凭证　　　　　　　　　　　　　　　总号　031
2021 年 4 月 30 日　　　　　　　　　　　　　　　　　　分号

摘　要	总账科目	明细科目	借方金额	贷方金额	记账
结转收入类损益	主营业务收入		1 400 000		√
	本年利润			1 400 000	√
合　　计			￥1 400 000	￥1 400 000	

会计主管　　　　记账　　　　稽核　　　　出纳　　　　制单

表 15.2.33　记账凭证　　　　　　　　　　　　　　　总号　032
2021 年 4 月 30 日　　　　　　　　　　　　　　　　　　分号

摘　要	总账科目	明细科目	借方金额	贷方金额	记账
结转费用类损益	本年利润		770 439.90		√
	主营业务成本			725 769.90	√
	管理费用			23 990	√
	销售费用			14 500	√
	财务费用			6 180	√
合　　计			￥770 439.90	￥770 439.90	

会计主管　　　　记账　　　　稽核　　　　出纳　　　　制单

表 15.2.34　记账凭证　　　　　　　　　　　　　　　　　　　总号　033
2021 年 4 月 30 日　　　　　　　　　　　　　　　　　分号_____

摘　要	总账科目	明细科目	借方金额	贷方金额	记账
计算本月应纳所得税费用	所得税费用		157 390.03		√
	应交税费	应交所得税费用		157 390.03	√
合　　　　计			¥157 390.03	¥157 390.03	

会计主管　　　　记账　　　　稽核　　　　　　出纳　　　　　制单

表 15.2.35　记账凭证　　　　　　　　　　　　　　　　　　　总号　034
2021 年 4 月 30 日　　　　　　　　　　　　　　　　　分号_____

摘　要	总账科目	明细科目	借方金额	贷方金额	记账
结转所得税费用	本年利润		157 390.03		√
	所得税费用			157 390.03	√
合　　　　计			¥157 390.03	¥157 390.03	

会计主管　　　　记账　　　　稽核　　　　　　出纳　　　　　制单

表 15.2.36　库存现金日记账

2021 年		凭证号数	摘　要	收入	支出	结余
月	日					
4	1		月初余额			2 600
	8	006	企业管理部门购办公用品		350	2 250
	21	013	提备用金	2 000		4 250
	22	015	支付招待费		850	3 400
	23	016	购 C 材料		702	2 698
	30		本月发生额及月末余额	2 000	1 902	2 698

表 15.2.37　银行存款日记账

2021 年		凭证号数	摘　要	收入	支出	结余
月	日					
4	1		月初余额			150 000
	1	001	从交行借入短期借款	500 000		650 000
	3	003	购买 B 材料		236 925	413 075
	10	007	销售产品给丙公司	117 000		530 075
	12	008	支付设备维修费		15 000	515 075

续 表

2021年		凭证号数	摘 要	收入	支出	结余
月	日					
	15	009	购买劳保用品		6 000	509 075
	18	011	支付广告费		10 000	499 075
	21	013	提备用金		2 000	497 075
	22	014	销售产品给乙公司	936 000		1 433 075
	24	017	收到甲公司前欠货款	100 000		1 533 075
	25	018	偿还M公司、S公司货款		600 000	933 075
	26	019	上交增值税		100 000	833 075
	28	021	支付销货运费		4 500	828 575
	30	026	支付银行手续费		180	828 395
	30	027	支付水电费		28 000	800 395
	30		本月发生额及月末余额	1 653 000	1 002 605	800 395

表 15.2.38 材料明细账

材料编号：（略） 计量单位：千克
材料类别：（略） 最高存量：（略）
材料名称及规格：A 材料 最低存量：（略）

2021年		凭证号数	摘要	收入			发出			结存		
月	日			数量	单价	金额	数量	单价	金额	数量	单价	金额
4	1		月初余额							1 000	200	200 000
	2	002	购入	2 000	210	420 000				3 000		620 000
	5	004	领用				2 500		515 000	500	210	105 000
	30		本月发生	2 000		420 000	2 500		515 000	500	210	105 000

表 15.2.39 制造费用明细账

2021年		凭证号数	摘 要	工资	折旧费	修理费	物料消耗	低易品摊销	福利费	其他	合计
月	日										
4	12	008	支付修理费			15 000					15 000
	16	010	低值易耗品摊销					4 000			4 000
	27	020	车间一般耗用C材料				300				300
	30	022	车间管理人员工资	20 000							20 000
	30	023	车间管理人员福利费						2 800		2 800
	30	024	计提折旧		16 800						16 800
	30		本月合计	20 000	16 800	15 000	300	4 000	2 800		58 900
	30	028	结转制造费用	20 000	16 800	15 000	300	4 000	2 800		58 900

表 15.2.40　生产成本明细账

2021年		凭证号数	摘　要	直接材料	直接人工	制造费用	其他直接支出	合计
月	日							
4	1		月初余额	51 000	7 800	5 200		64 000
	5	004	领用A材料	515 000				515 000
	6	005	领用B材料	201 000				201 000
	30	022	分配生产工人工资		85 000			85 000
	30	023	计提福利费		11 900			11 900
	30	027	支付水电费				26 000	26 000
	30	028	转入制造费用			58 900		58 900
	30		生产费用合计	767 000	104 700	64 100	26 000	961 800
	30	029	本月完工入库	767 000	104 700	64 100	26 000	961 800

表 15.2.41　库存现金总账

2021年		凭证号数	摘　要	借	贷方	借或贷	余　额
月	日						
4	1		月初余额			借	2 600
	8	006	企业管理部门购办公用品		350	借	2 250
	21	013	提备用金	2 000		借	4 250
	22	015	支付招待费		850	借	3 400
	23	016	购C材料		702	借	2 698
	30		本月发生额及月末余额	2 000	1 902	借	2 698

表 15.2.42　银行存款总账

2021年		凭证号数	摘　要	借	贷	借或贷	余　额
月	日						
4	1		月初余额			借	15 000
	1	001	向交行借入短期借款	500 000		借	650 000
	3	003	购买B材料		236 925	借	413 075
	10	007	销售产品给丙公司	117 000		借	530 075
	12	008	支付设备维修费		15 000	借	515 075
	15	009	购买劳保用品		6 000	借	509 075
	18	011	支付广告费		100 000	借	499 075
	21	013	提备用金		2 000	借	497 075
	22	014	销售产品给乙公司	936 000		借	1 433 075
	24	017	收到甲公司前欠货款	100 000		借	1 533 075
	25	018	偿还M公司、S公司货款		600 000	借	933 075
	26	019	上交增值税		100 000	借	833 075
	28	021	支付销货运费		4 500	借	828 575
	30	026	支付银行手续费		180	借	828 395
	30	027	支付水电费		28 000	借	800 395
	30		本月发生额及月末余额	1 653 000	1 002 605	借	800 395

表 15.2.43　应收账款总账

2021 年		凭证号数	摘　要	借	贷	借或贷	余　额
月	日						
4	1		月初余额			借	200 000
	20	012	销售产品给甲公司	585 000		借	785 000
	24	017	收到甲公司前欠货款		100 000	借	685 000
	30		本月发生额及月末余额	585 000	100 000	借	685 000

表 15.2.44　原材料总账

2021 年		凭证号数	摘　要	借	贷	借或贷	余　额
月	日						
4	1		月初余额			借	320 000
	2	002	从 M 公司赊购 A 材料	420 000		借	740 000
	3	003	从 S 公司现购 B 材料	202 500		借	942 500
	5	004	生产产品领用 A 材料		515 000	借	427 500
	6	005	生产产品领用 B 材料		201 000	借	226 500
	23	016	现购 C 材料	600		借	227 100
	27	020	领用 C 材料		450	借	226 650
	30		本月发生额及月末余额	623 00	716 450	借	226 650

表 15.2.45　生产成本总账

2021 年		凭证号数	摘　要	借	贷	借或贷	余　额
月	日						
4	1		月初余额			借	64 000
	5	004	生产领用 A 材料	515 000		借	579 000
	6	005	生产领用 B 材料	201 000		借	780 000
	30	022	分配本月生产工人工资	85 000		借	865 000
	30	023	计提福利费	119 000		借	876 000
	30	027	支付本月水电费	26 000		借	902 900
	30	028	转入制造费用	58 900		借	961 800
	30	029	结转完工产品成本		961 800	平	0
	30		本月发生额及月末余额	897 800	961 800	平	0

表 15.2.46　库存商品总账

2021 年		凭证号数	摘　要	借	贷	借或贷	余　额
月	日						
4	1		月初余额			借	80 000
	30	029	转入本月完工产品成本	961 800		借	1 041 800
	30	030	结转本月销售产品成本		725 769.90	借	316 030.10
	30		本月发生额及月末余额	961 800	725 769.90	借	316 030.10

表 15.2.47　制造费用总账

2021年		凭证号数	摘要	借	贷	借或贷	余额
月	日						
4	12	008	支付修理费	15 000		借	15 000
	16	010	低值易耗品摊销	4 000		借	19 000
	27	020	领用C材料	300		借	19 300
	30	022	分配车间管理人员工资	20 000		借	39 300
	30	023	计提福利费	2 800		借	42 100
	30	024	计提折旧	16 800		借	58 900
	30	028	结转本月制造费用		58 900	平	0
	30		本月发生额及月末余额	58 900	58 900	平	0

表 15.2.48　周转材料总账

2021年		凭证号数	摘要	借	贷	借或贷	余额
月	日						
4	15	009	购入低值易耗品	6 000		借	6 000
	16	010	领用并摊销		4 000	借	2 000
	30		本月发生额及月末余额	6 000	4 000	借	2 000

表 15.2.49　固定资产总账

2021年		凭证号数	摘要	借	贷	借或贷	余额
月	日						
4	1		月初余额			借	240 000

表 15.2.50　累计折旧总账

2021年		凭证号数	摘要	借	贷	借或贷	余额
月	日						
4	1		月初余额			贷	70 000
	30	024	提取本月折旧		19 200	贷	89 200
	30		本月发生额及月末余额		19 200	贷	89 200

表 15.2.51　短期借款总账

2021年		凭证号数	摘要	借	贷	借或贷	余额
月	日						
4	1		月初余额			贷	100 000
	1	001	从交行借入贷款		500 000	贷	600 000
	30		本月发生额及月末余额		500 000	贷	600 000

表 15.2.52　应付账款总账

2021年		凭证号数	摘　要	借	贷	借或贷	余　额
月	日						
4	1		月初余额			贷	130 000
	2	002	从M公司赊购A材料		491 400	贷	621 400
	25	018	偿还M公司、S公司货款	600 000		贷	21 400
	30		本月发生额及月末余额	600 000	491 400	贷	21 400

表 15.2.53　应交税费总账

2021年		凭证号数	摘　要	借	贷	借或贷	余　额
月	日						
4	1		月初余额			贷	56 000
	2	002	购A材料进项税	71 400		借	15 400
	3	003	购B材料进项税	34 425		借	49 825
	10	007	销售产品销项税		17 000	借	32 825
	20	012	销售产品销项税		85 000	贷	52 175
	22	014	销售产品销项税		136 000	贷	188 175
	23	016	购C材料进项税	102		贷	188 073
	26	019	交纳增值税	100 000		贷	88 073
	30	033	计算本月应交所得税费用		157 390.03	贷	245 463.03
	30		本月发生额及月末余额	205 927	395 390.03	贷	245 463.03

表 15.2.54　应付职工薪酬总账

2021年		凭证号数	摘　要	借	贷	借或贷	余　额
月	日						
4	30	022	分配本月工资		121 000	贷	121 000
	30	023	计提福利费		16 940	贷	137 940
	30		本月发生额及月末余额		137 940	贷	137 940

表 15.2.55　应付利息总账

2021年		凭证号数	摘　要	借	贷	借或贷	余　额
月	日						
4	30	025	预提本月借款利息		6 000	贷	6 000
	30		本月发生额及月末余额		6 000	贷	6 000

表15.2.56 主营业务收入总账

2021年		凭证号数	摘 要	借	贷	借或贷	余 额
月	日						
4	10	007	销货		100 000	贷	100 000
	20	012	销货		500 000	贷	600 000
	22	014	销货		800 000	贷	1 400 000
	30	031	结转	1 400 000		平	0
	30		本月发生额及月末余额	1 400 000	1 400 000	平	0

表15.2.57 主营业务成本总账

2021年		凭证号数	摘 要	借	贷	借或贷	余 额
月	日						
4	30	030	结转本月销售成本	725 769.90		借	725 769.90
	30	032	结转		725 769.90	平	0
	30		本月发生额及月末余额	725 769.90	725 769.90	平	0

表15.2.58 销售费用总账

2021年		凭证号数	摘 要	借	贷	借或贷	余 额
月	日						
4	18	011	支付广告费	10 000		借	10 000
	28	021	支付销货运费	4 500		借	14 500
	30	032	结转		14 500	平	0
	30		本月发生额及月末余额	14 500	14 500	平	0

表15.2.59 财务费用总账

2021年		凭证号数	摘 要	借	贷	借或贷	余 额
月	日						
4	30	025	预提借款利息	6 000		借	6 000
	30	026	支付银行手续费	180		借	6 180
	30	032	结转		6 180	平	0
	30		本月发生额及月末余额	6 180	6 180	平	0

表15.2.60 管理费用总账

2021年		凭证号数	摘 要	借	贷	借或贷	余 额
月	日						
4	8	006	企业管理购买办公用品	350		借	350
	22	015	支付招待费	850		借	1 200
	27	020	企业管理领用C材料	150		借	1 350
	30	022	分配企业管理人员工资	16 000		借	17 350
	30	023	计提企业管理人员福利费	2 240		借	19 590
	30	024	计提本月折旧	2 400		借	21 990
	30	027	支付水电费	2 000		借	23 990
	30	032	结转		23 990	平	0
	30		本月发生额及月末余额	23 990	23 990	平	0

表 15.2.61　所得税费用总账

2021年		凭证号数	摘　要	借	贷	借或贷	余　额
月	日						
4	30	033	计算本月所得税费用	157 390.03		借	157 390.03
	30	034	结转		157 390.03	平	0
	30		本月发生额及月末余额	157 390.03	157 390.03	平	0

表 15.2.62　本年利润总账

2021年		凭证号数	摘　要	借	贷	借或贷	余　额
月	日						
4	30	031	结转本月收入类损益		1 400 000	贷	1 400 000
	30	032	结转本月费用类损益	770 439.90		贷	629 560.10
	30	034	结转所得税费用	157 390.03		贷	472 170.07
	30		本月发生额及月末余额	927 829.93	1 400 000	贷	472 170.07

表 15.2.63　实收资本总账

2021年		凭证号数	摘　要	借	贷	借或贷	余　额
月	日						
4	1		月初余额			贷	600 000

表 15.2.64　盈余公积总账

2021年		凭证号数	摘　要	借	贷	借或贷	余　额
月	日						
4	1		月初余额			贷	76 000

表 15.2.65　利润分配总账

2021年		凭证号数	摘　要	借	贷	借或贷	余　额
月	日						
4	1		月初余额			贷	24 600

表 15.2.66　清泉公司总分类账户本期发生额及余额试算平衡表

2021年4月份　　　　　　　　　　　　　　　　　　单位:元

账户名称	期初余额		本期发生额		期末余额	
	借方	贷方	借方	贷方	借方	贷方
库存现金	2 600		2 000	1 902	2 698	
银行存款	150 000		1 653 000	1 002 605	800 395	
应收账款	200 000		585 000	100 000	685 000	
原材料	320 000		623 100	716 450	226 650	
生产成本	64 000		898 000	962 000		
制造费用			58 900	58 900		

续 表

账户名称	期初余额		本期发生额		期末余额	
	借方	贷方	借方	贷方	借方	贷方
库存商品	80 000		961 800	725 769.90	316 030.10	
低值易耗品			6 000	4 000	2 000	
固定资产	240 000				240 000	
累计折旧		70 000		19 200		89 200
短期借款		100 000		500 000		600 000
应付账款		130 000	600 000	491 400		21 400
应交税费		56 000	205 927	395 390.03		245 463.03
应付职工薪酬				137 940		137 940
应付利息				6 000		6 000
主营业务收入			1 400 000	1 400 000		
主营业务成本			725 769.90	725 769.90		
销售费用			14 500	14 500		
财务费用			6 180	6 180		
管理费用			23 990	23 990		
所得税费用			157 390.03	157 390.03		
本年利润			927 829.93	1 400 000		472 170.07
实收资本		600 000				600 000
盈余公积		76 000				76 000
利润分配		24 600				24 600
合计	1 056 600	1 056 600	8 849 386.86	8 849 386.86	2 272 773.10	2 272 773.10

表 15.2.67 利润表

编制单位:清泉公司　　　　　　　2021 年 4 月份　　　　　　　单位:元

项　　目	本期金额	上期金额(略)
一、营业收入	1 400 000	
减:营业成本	725 769.9	
税金及附加	0	
销售费用	14 500	
管理费用	23 990	
财务费用	6 180	
资产减值损失	0	
加:公允价值变动收益(损失以"-"号填列)	0	
投资收益(损失以"-"号填列)	0	

续 表

项　目	本期金额	上期金额(略)
其中：对联营企业和合营企业的投资收益	0	
二、营业利润(亏损以"－"号填列)	629 560.10	
加：营业外收入	0	
减：营业外支出	0	
其中：非流动资产处置损失	(略)	
三、利润总额(亏损总额以"－"号填列)	629 560.10	
减：所得税费用	157 390.03	
四、净利润(净亏损以"－"号填列)	472 170.07	

表 15.2.68　资产负债表

编制单位：清泉公司　　　　　　2021 年 4 月 30 日　　　　　　　　　　　　　　单位：元

资　产	金　额	负债及所有者权益	金　额
流动资产		流动负债	
货币资金	803 093.00	短期借款	600 000.00
应收账款	685 000.00	应付账款	21 400.00
存货	544 680.10	应付职工薪酬	137 940.00
		应交税费	245 463.03
流动资产合计	2 032 773.10	其他应付款 　　其中：应付利息	6 000.00
		流动负债合计	1 010 803.03
		所有者权益	
非流动资产		实收资本	600 000.00
固定资产	150 800.00	盈余公积	76 000.00
		未分配利润	496 770.07
非流动资产合计	150 800.00	所有者权益合计	1 172 770.07
资产总计	2 183 573.10	负债及所有者权益合计	2 183 573.10

15.3　什么是汇总记账凭证账务处理程序？——汇总记账凭证账务处理程序

15.3.1　汇总记账凭证账务处理程序的特点

汇总记账凭证账务处理程序与科目汇总表账务处理程序基本相似，都是根据记账凭证定期汇总以后登记总分类账，只是汇总的方法不同。汇总记账凭证账务处理程序的主要特点是：根据记账凭证按照账户的对应关系，定期编制"汇总收款凭证""汇总付款凭证""汇总转账凭证",然后根据各种汇总记账凭证登记总分类账。

15.3.2 汇总记账凭证账务处理程序下凭证与账簿的设置

采用汇总记账凭证账务处理程序,应设置的凭证和账簿有:
(1) 记账凭证　设收款凭证、付款凭证、转账凭证三种。
(2) 汇总记账凭证　设汇总收款凭证、汇总付款凭证、汇总转账凭证三种。
(3) 日记账　设三栏式库存现金日记账和银行存款日记账。
(4) 分类账　设有"对应账户"栏的三栏式总分类账,设三栏式、多栏式和数量金额式的各种明细分类账。

15.3.3 记账程序

汇总记账凭证账务处理程序的具体步骤如下:
(1) 根据原始凭证或原始凭证汇总表编制收款凭证、付款凭证和转账凭证。
(2) 根据收款凭证、付款凭证逐日逐笔登记库存现金日记账和银行存款日记账。
(3) 根据记账凭证或原始凭证(原始凭证汇总表)登记各种明细分类账。
(4) 根据收款凭证、付款凭证、转账凭证定期编制汇总收款凭证、汇总付款凭证、汇总转账凭证。
(5) 月末根据汇总收款凭证、汇总付款凭证、汇总转账凭证登记总分类账。
(6) 月末,将库存现金日记账、银行存款日记账及明细分类账的余额分别与相应的总分类账户余额核对相符。
(7) 月末,根据总分类账与明细分类账有关资料编制会计报表。

汇总记账凭证的记账程序如图 15.3.1 所示。

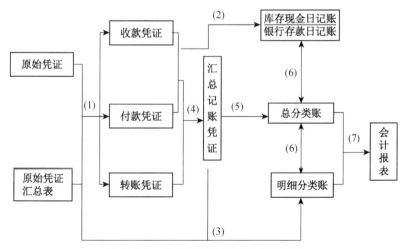

图 15.3.1　汇总记账凭证账务处理程序

15.3.4 汇总记账凭证的编制方法

汇总记账凭证包括"汇总收款凭证""汇总付款凭证""汇总转账凭证",它们是根据"收款凭证""付款凭证"以及"转账凭证"定期分别汇总编制的。

1) 汇总收款凭证

汇总收款凭证按库存现金或银行存款账户的借方分别设置,根据汇总期内的全部库存现金或银行存款收款凭证,分别按与设证科目相对应的贷方科目归类,定期(5天或10天)汇总填列一次,每月编制一张库存现金或银行存款汇总收款凭证,月末结出汇总收款凭证合计数,据以一次登记有关总分类账户。汇总收款凭证的格式如表15.3.1所示。

表 15.3.1 汇总收款凭证

借方科目：　　　　　　　　　　　　　年　　月份　　　　　　　　　　汇收字第　号

贷方科目	金额				总账页次	
	(1)	(2)	(3)	合计	借方	贷方
附注	(1) 自___日至___日　凭证自第___号至第___号共___张					
	(2) 自___日至___日　凭证自第___号至第___号共___张					
	(3) 自___日至___日　凭证自第___号至第___号共___张					

2) 汇总付款凭证

汇总付款凭证按库存现金或银行存款账户的贷方分别设置,根据汇总期内的全部库存现金或银行存款付款凭证,分别按与设证科目相对应的借方科目归类,定期(5天或10天)汇总填列一次,每月编制一张库存现金或银行存款汇总付款凭证,月末结出汇总付款凭证合计数,据以一次登记有关总分类账户。汇总付款凭证的格式如表15.3.2所示。

表 15.3.2 汇总付款凭证

贷方科目：　　　　　　　　　　　　　年　　月份　　　　　　　　　　汇付字第　号

借方科目	金额				总账页次	
	(1)	(2)	(3)	合计	借方	贷方
附注	(1) 自___日至___日　凭证自第___号至第___号共___张					
	(2) 自___日至___日　凭证自第___号至第___号共___张					
	(3) 自___日至___日　凭证自第___号至第___号共___张					

3) 汇总转账凭证

汇总转账凭证,通常是分别按每一贷方科目设置的,按与设证科目相对应的借方科目归类,定期(5天或10天)汇总填列一次,每月编制一张汇总转账凭证,月末结出汇总转账凭证合计数,据以一次登记有关总分类账户。汇总转账凭证的格式如表15.3.3所示。

为了便于填制汇总转账凭证,平时填制转账凭证时,应尽可能使账户的对应关系保持"一借一贷"或"多借一贷",避免"一借多贷"或"多借多贷"。

表 15.3.3　汇总转账凭证

贷方科目：　　　　　　　　　　　年　月份　　　　　　　　汇转字第　　号

借方科目	金　额				总账页次	
	（1）	（2）	（3）	合计	借方	贷方
附注	（1）自___日至___日___凭证自第___号至第___号共___张 （2）自___日至___日___凭证自第___号至第___号共___张 （3）自___日至___日___凭证自第___号至第___号共___张					

以上汇总记账凭证登记总分类账的方法是:月末,根据库存现金、银行存款"汇总收款凭证"的合计数,分别记入"库存现金""银行存款"账户的借方,同时记入相对应账户的贷方;根据库存现金、银行存款"汇总付款凭证"的合计数,分别记入"库存现金""银行存款"账户的贷方,同时记入相对应账户的借方;根据"汇总转账凭证"的合计数,登记设证账户的贷方,同时记入相对应账户的借方。为防止漏记或重记现象的发生,在记账时,应在有关记账凭证中,分别填入借方和贷方的总账页次。

15.3.5　汇总记账凭证的优缺点与适用范围

采用汇总记账凭证账务处理程序,大量的记账凭证通过汇总记账凭证汇总后,月末一次登记总分类账,这就大大简化了总分类账的登记工作,同时克服了科目汇总表账务处理程序不反映账户对应关系,看不出经济业务来龙去脉的缺点,有利于了解经济业务的全貌,便于分析经济活动情况,便于查对账目。

但是这种账务处理程序比较复杂,编制汇总记账凭证的工作量比较大,在经济业务不多的单位,采用这种账务处理程序,就体现不了它的优越性;同时,对一借多贷的转账业务,必须分为几个一借一贷的会计分录,这样不但不能完整地反映一项经济业务的全貌,而且增加了核算工作量。因此,这种账务处理程序只适用于经营规模大、经济业务较多的企业。

15.4　什么是科目汇总表账务处理程序？——科目汇总表账务处理程序

15.4.1　科目汇总表账务处理程序的特点

科目汇总表账务处理程序是由记账凭证账务处理程序发展而来的,它的主要特点是根据记账凭证定期(5天或10天)按照相同的科目分别归类、汇总编制科目汇总表,然后根据科目汇总表登记总分类账。

15.4.2 科目汇总表账务处理程序下的凭证与账簿设置

采用科目汇总表账务处理程序,应设置以下凭证和账簿:
(1) 记账凭证　设收款凭证、付款凭证、转账凭证,或采用通用的记账凭证。
(2) 汇总记账凭证　设置科目汇总表。
(3) 日记账　设置三栏式库存现金日记账和银行存款日记账。
(4) 分类账　设置三栏式总分类账(不设对方科目栏)和三栏式、数量金额式、多栏式明细分类账。

15.4.3 记账程序

科目汇总表账务处理程序的具体步骤如下:
(1) 根据原始凭证或原始凭证汇总表编制收款凭证、付款凭证和转账凭证或通用的记账凭证。
(2) 根据收款凭证、付款凭证逐日逐笔登记库存现金日记账和银行存款日记账。
(3) 根据记账凭证或原始凭证(原始凭证汇总表)登记各种明细分类账。
(4) 根据记账凭证定期编制科目汇总表。
(5) 根据科目汇总表登记总分类账。
(6) 月末,将库存现金日记账、银行存款日记账及明细分类账的余额分别与相应的总分类账户余额核对相符。
(7) 月末,根据总分类账与明细分类账有关资料编制会计报表。

科目汇总表的记账程序,如图15.4.1所示。

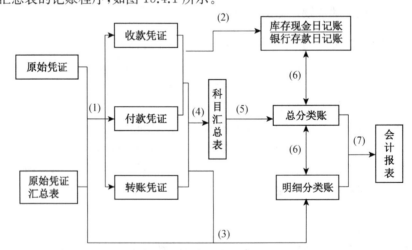

图 15.4.1　科目汇总表账务处理程序

15.4.4 科目汇总表的编制方法

科目汇总表是按相同的账户名称分别借、贷方定期汇总编制的特种记账凭证。科目汇总表的具体编制方法是:首先,将一定时期内的全部记账凭证,按相同科目(账户名称)归类,并采用"T"形账户分借方、贷方发生额加计总数,填入"科目汇总表"相关栏内;其次,将科目汇总表内全部会计科目的借方、贷方发生额分别合计总数,进行试算平衡。为了便于科目汇总表的编制,要求所有记账凭证的账户对应关系一般应是一个借方账户与一个贷方账户相对应,以免汇总时发生差错。因此,采用科目汇总表账务处理程序,通常使用单式记账凭证,即经济业务事项涉及几个会计科目就编制几张记账凭证,以便于相同科目归类汇总,避免重复汇总现象发生。

科目汇总表可以每旬汇总一次编制一张,也可以每月编制一张。其格式如表 15.4.1 和表 15.4.2 所示。

表 15.4.1 科目汇总表(格式一)　　　　编号:
单位:元

年　月　日至　日　　凭证起讫号数自　至　号

会计科目	本期发生额		总账页次
	借方	贷方	
合计			

表 15.4.2 科目汇总表(格式二)
年　月　日

会计科目	账页	1日—10日		11日—20日		21日—31日		本月合计	
		借方	贷方	借方	贷方	借方	贷方	借方	贷方
合计									

15.4.5 科目汇总表的优缺点和适用范围

采用科目汇总表账务处理程序,总分类账是根据科目汇总表定期汇总登记的,这就大大简化了登记总账的工作量。而且科目汇总表又能对发生额试算平衡,保证了核算数据的正确性。但科目汇总表是按相同科目汇总本期借方发生额和贷方发生额,看不出账户的对应关系,因而不便于对经济业务进行分析检查。这种方式一般适用于经济业务较多的企业。

15.4.6 科目汇总表账务处理程序举例

仍用15.2.5清泉公司的例子(即填制的记账凭证)编制科目汇总表,如表15.4.3至15.4.5所示。

为简化起见,根据科目汇总表登记总分类账的方法,仅以"银行存款"和"应付账款"总账账户为例说明,如表15.4.6、15.4.7所示。

表15.4.3 科目汇总表　　　　　　　　　　　　　编号 001
单位:元

2021年4月1日至4月10日　　凭证起讫号数自001至007号

会计科目	本期发生额		总账页次
	借方	贷方	
库存现金		350	(略)
银行存款	617 000	236 925	
原材料	622 500	71 6000	
生产成本	716 000		
短期借款		500 000	
应付账款		491 400	
应交税费	105 825	17 000	
主营业务收入		100 000	
管理费用	350		
合　计	2 061 675	2 061 675	

表15.4.4 科目汇总表　　　　　　　　　　　　　编号 002
单位:元

2021年4月11日至4月20日　　凭证起讫号数自008至012号

会计科目	本期发生额		总账页次
	借方	贷方	
银行存款		31 000	
应收账款	585 000		(略)
制造费用	19 000		
低值易耗品	6 000	4 000	
应交税费		85 000	
主营业务收入		500 000	
销售费用	10 000		
合　计	620 000	620 000	

表 15.4.5　科目汇总表

编号 003
单位：元

2021 年 4 月 21 日至 4 月 30 日　　凭证起讫号数自 013 至 035 号

会计科目	本期发生额		总账页次
	借方	贷方	
库存现金	2 000	1 552	（略）
银行存款	1 036 000	734 680	
应收账款		100 000	
原材料	600	450	
生产成本	182 000	962 000	
制造费用	39 900	58 900	
库存商品	961 800	725 769.90	
累计折旧		19 200	
应付账款	600 000		
应交税费	100 102	293 390.03	
应付职工薪酬		137 940	
应付利息		6 000	
主营业务收入	1 400 000	800 000	
主营业务成本	725 769.90	725 769.90	
销售费用	4 500	14 500	
财务费用	6 180	6 180	
管理费用	23 640	23 990	
所得税费用	157 390.03	157 390.03	
本年利润	927 829.93	1 400 000	
合　计	6 167 711.86	6 167 711.86	

表 15.4.6　银行存款总账

账户名称：银行存款

2021 年		凭证号数	摘　要	借	贷	借或贷	余　额
月	日						
4	1		月初余额			借	150 000
	10	科汇 001	1—10 日发生额	617 000	236 925	借	530 075
	20	科汇 002	11—20 日发生额		31 000	借	499 075
	30	科汇 003	21—30 日发生额	1 036 000	734 680	借	800 395

表 15.4.7 应付账款总账

账户名称：应付账款

2021年		凭证号数	摘 要	借	贷	借或贷	余 额
月	日						
4	1		月初余额			贷	130 000
	10	科汇001	1—10日发生额		491 400	贷	621 400
	30	科汇003	21—30日发生额	600 000		贷	21 400
	30		本月发生额及月末余额	600 000	491 400	贷	21 400

【拓展阅读】

IPO主要财务造假手法总结

保荐制实施以来，中国证监会先后对10家涉及财务造假的IPO企业及其保荐机构出具了行政处罚措施，反映了部分保荐机构存在"重发展、轻质量""重规模、轻风险"等突出问题。为达到上市的最终目的，IPO企业最常采用的财务造假手法为虚增收入，其后依次为虚增资产、虚减成本、费用和负债，通过关联方实现自有资金体外循环，最后是挪用资产。具体方法如下：

1）虚增收入

IPO企业为实现虚增收入的目标，采用最多的方法为虚构销售合同、工程合同、收货证明、项目结算书等，涉及的企业数为6家，包括科大创新、绿大地、天能科技、万福生科、天丰节能、海联讯；其次，IPO企业采用虚构客户的方式虚增收入，涉及的企业为新大地和天丰节能。除此之外，万福生科采用了自我交易的方式虚增收入；科大创新通过违规担保来回笼货款，虚增销售收入；振隆特产则采用了虚增合同单价的方式虚增出口销售收入；登云股份提前确认了部分收入。

2）虚增资产

IPO企业为实现虚增资产的目标，采用最多的方法为虚增固定资产、在建工程和无形资产，涉及的企业数为4家，分别为绿大地、新大地、万福生科和天丰节能。其次，绿大地和振隆特产分别少计提生物资产减值准备和已损坏存货的跌价准备；欣泰电气通过操纵应收账款回款少计提大量坏账准备。此外，IPO企业虚增应收账款、预付账款，涉及的企业为2家，分别为万福生科和振隆特产。万福生科、天丰节能和欣泰电气以伪造银行对账单、银行回单等方式虚增银行存款；振隆特产则虚增了存货。

3）虚减成本、费用和负债

IPO企业为实现虚减成本、费用和负债的目标，采用最多的方法为少计、少结转成本和虚减费用。其中，少计、少结转成本涉及企业为3家，分别为新大地、振隆特产和登云股份；虚减费用涉及企业为3家，分别为科大创新、天丰节能和登云股份。此外，新大地和海联讯通过前移或后移成本费用操纵了不同申报期间财务信息。

除上述常见造假手法外，新大地、绿大地和天能科技企业均通过关联方实现自有资金体外循环，制造销售回款假象，最终虚增了资产和收入。科大创新和绿大地则涉及挪用资产的问题,科大创新挪用委托理财资金虚增收入,绿大地将采购资金移作他用。

(资料来源:载于和讯网,https://stock.hexun.com)

习 题

一、单项选择题

1. 各种账务处理程序的主要区别在于( )。
   A. 登记明细分类账依据不同　　B. 登记总分类账依据不同
   C. 凭证组织不同　　　　　　　D. 账簿组织不同

2. 下列各项中,属于记账凭证账务处理程序特点的是( )。
   A. 直接根据原始凭证对总分类账进行逐笔登记
   B. 直接根据记账凭证对总分类账进行逐笔登记
   C. 先根据记账凭证编制汇总记账凭证,再根据汇总记账凭证登记总分类账
   D. 先将所有记账凭证汇总编制成科目汇总表,然后以科目汇总表为依据登记总分类账

3. 下列各项中,属于记账凭证账务处理程序优点的是( )。
   A. 总分类账反映经济业务较详细
   B. 减轻了登记总分类账的工作量
   C. 有利于会计核算的日常分工
   D. 便于核对账目和进行试算平衡

4. 适合于规模小、业务较少的单位的账务处理程序是( )。
   A. 科目汇总表账务处理程序　　B. 汇总记账凭证账务处理程序
   C. 记账凭证账务处理程序　　　D. 多栏式日记账账务处理程序

5. 关于汇总记账凭证账务处理程序,下列说法正确的是( )。
   A. 汇总付款凭证按库存现金、银行存款账户的借方设置,并按其对应的贷方归类汇总
   B. 汇总收款凭证按库存现金、银行存款账户的借方设置,并按其对应的贷方归类汇总
   C. 能反映账户之间的对应关系
   D. 能起到试算平衡的作用

6. 汇总转账凭证的借方科目不可能是( )。
   A. 应收账款　　　　　　　　　B. 应付账款
   C. 制造费用　　　　　　　　　D. 库存现金

7. 科目汇总表账务处理程序登记总账的依据是( )。
   A. 记账凭证　　　　　　　　　B. 汇总记账凭证
   C. 科目汇总表　　　　　　　　D. 原始凭证

8. 科目汇总表汇总的是( )。
   A. 全部账户的借方发生额　　　B. 全部账户的贷方发生额
   C. 全部账户的借贷方余额　　　D. 全部账户的借贷方发生额

9. 科目汇总表的编制依据是( )。
   A. 记账凭证　　　　　　　　　B. 原始凭证

C. 原始凭证汇总表 D. 各种总账

10. 各种账务处理程序中,最基本的是( )。
   A. 记账凭证账务处理程序 B. 科目汇总表账务处理程序
   C. 汇总记账凭证账务处理程序 D. 多栏式日记账账务处理程序

二、多项选择题

1. 账务处理程序是指会计凭证、会计账簿、财务报表相结合的方式,包括( )。
   A. 原始凭证 B. 记账凭证
   C. 账簿组织 D. 记账程序

2. 企业常用的账务处理程序种类包括( )。
   A. 记账凭证账务处理程序 B. 多栏式日记账账务处理程序
   C. 汇总记账凭证账务处理程序 D. 科目汇总表账务处理程序

3. 在各种账务处理程序下,登记明细账的依据可能是( )。
   A. 原始凭证 B. 汇总原始凭证
   C. 记账凭证 D. 汇总记账凭证

4. 在采用不同的账务处理程序下,能作为登记总账直接依据的有( )。
   A. 原始凭证 B. 记账凭证
   C. 汇总记账凭证 D. 科目汇总表

5. 在各种账务处理程序中,能够减少登记总账工作量的是( )。
   A. 记账凭证账务处理程序
   B. 科目汇总表账务处理程序
   C. 汇总记账凭证账务处理程序
   D. 多栏式日记账账务处理程序

6. 关于记账凭证账务处理程序,下列说法正确的是( )。
   A. 根据记账凭证逐笔登记总分类账,是最基本的账务处理程序
   B. 简单明了,易于理解,总分类账可以较详细地反映经济业务的发生情况
   C. 登记总分类账的工作量较大
   D. 适用于规模较大、经济业务量较多的单位

7. 在汇总记账凭证账务处理程序下,平时编制转账凭证时,应尽可能使账户的对应关系保持( )。
   A. 一借一贷 B. 一借多贷 C. 多借一贷 D. 多借多贷

8. 汇总记账凭证可以分为( )。
   A. 汇总收款凭证 B. 汇总付款凭证
   C. 汇总转账凭证 D. 汇总通用凭证

9. 下列各项中,属于汇总记账凭证账务处理程序特点的有( )。
   A. 根据原始凭证编制汇总原始凭证
   B. 根据记账凭证编制汇总记账凭证
   C. 根据记账凭证定期编制科目汇总表
   D. 根据汇总记账凭证登记总分类账

10. 科目汇总表账务处理程序的优点是( )。
    A. 能反映账户的对应关系 B. 能减少登记总账的工作量

C. 能减少登记明细账的工作量　　　　D. 能起到入账前的试算平衡作用

三、判断题

1. 账务处理程序,又称会计核算组织程序或会计核算形式,是指会计原始凭证、会计账簿、财务报表相结合的方式,包括账簿组织和记账程序。（　）
2. 登记总账的直接依据只能是各种记账凭证。（　）
3. 记账凭证账务处理程序适用于规模较大、经济业务量较多的单位。（　）
4. 记账凭证账务处理程序的特点是直接根据记账凭证对总分类账进行逐笔登记。
（　）
5. 汇总记账凭证既能够反映各账户之间的对应关系,又能对一定期间所有账户的发生额起到试算平衡作用。（　）
6. 汇总记账凭证是指对一段时期内同类原始凭证进行定期汇总而编制的记账凭证。
（　）
7. 汇总转账凭证在编制的过程中贷方账户必须唯一,借方账户可一个或多个,即转账凭证必须一借一贷或多借一贷。（　）
8. 汇总记账凭证账务处理程序适用于规模较小、经济业务量较少的单位。（　）
9. 科目汇总表能反映各个账户之间的对应关系,有利于对账目进行检查。（　）
10. 科目汇总表可以每月汇总一次编制一张,也可以每旬汇总一次编制一张。（　）

四、实务题

练习一

(一) 资料:

1. 清泉公司 2021 年 7 月 1 日各总分类账账户余额如下表所示。

清泉公司总账账户余额表　　　　　　　　单位:元

账户名称	借方金额	账户名称	贷方金额
库存现金	1 000	累计折旧	8 500
银行存款	21 000	短期借款	25 000
原材料	5 000	长期借款	70 000
库存商品	3 000	应付账款	8 200
生产成本	1 200	应交税费	900
应收账款	1 000	应付利息	800
其他应收款	1 200	本年利润	6 300
固定资产	180 000	实收资本	100 000
利润分配	6 300		
	219 700		219 700

2. 各明细账户余额(略)。

3. 7 月份发生下列经济业务:

(1) 7 月 1 日,购入 A 材料 2 000 千克,每千克 4 元;B 材料 3 000 千克,每千克 2 元,对方代垫运杂费 100 元,增值税 2 380 元,货款及运杂费以银行存款支付(运杂费以材料重量为分配标准)。

(2) 2 日,上述 A、B 材料验收入库。

(3) 4 日,生产甲产品,领用 A 材料 4 020 元,领用 B 材料 3 030 元。

(4) 6日,向北京某公司销售甲产品2 000件,每件单价100元,货款及增值税共计23 400元,已收存银行。

(5) 9日,以银行存款支付销售甲产品的运费。

(6) 11日,从银行提现20 000元,备发工资。

(7) 11日,发放本月职工工资20 000元。

(8) 31日,分配本月职工工资20 000元,其中,甲产品工人工资10 000元,车间管理人员工资6 000元,企业管理人员工资4 000元。

(9) 31日,按职工工资总额14%提取福利费。

(10) 31日,计提本月固定资产折旧3 000元,其中:生产用固定资产折旧2 000元,企业管理用固定资产折旧1 000元。

(11) 31日,结转本月制造费用。

(12) 31日,本月甲产品全部完工(该企业只生产一种甲产品),结转完工产品成本。

(13) 31日,结转已售产品成本(单位成本93元)。

(14) 31日,结转本月损益账户发生额。

(二)要求:

1. 根据期初余额表资料设置总分类账户并登记期初余额。

2. 根据经济业务编制专用记账凭证。

3. 登记库存现金和银行存款日记账。

4. 登记总分类账(只需登记"银行存款"和"生产成本"总账账户),并试算平衡。

5. 根据账簿记录编制资产负债表和利润表。

练习二

(一)资料:同上题。

(二)要求:

1. 根据期初余额表资料设置总分类账户并登记期初余额。

2. 根据经济业务编制专用记账凭证。

3. 登记库存现金和银行存款日记账。

4. 根据记账凭证编制"科目汇总表"(全月只编一张)。

5. 根据科目汇总表登记总分类账(只需登记"银行存款"和"生产成本"总账账户),并试算平衡。

6. 根据账簿记录编制资产负债表和利润表。

16 波澜壮阔的智能会计时代

【思维导图】

波澜壮阔的智能会计时代,思维导图如图16.1所示。

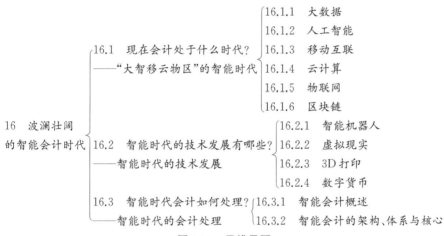

图 16.1 思维导图

【学习目的】

通过本章的学习,对现代会计处于什么时代进行思考;了解"大智移云物区"的含义和时代变革;了解智能时代的技术发展有哪些?了解智能时代的会计处理流程和相关发展。

【引导案例】

能对账的"财务机器人"来了,会计们你们慌了吗?

如今,人工智能已经应用在我们生活的方方面面,就连财务领域也出现了财务机器人。目前,四大会计师事务所相继推出财务机器人,那么,这些财务机器人都能干什么?财务机器人会不会代替财务会计呢?

1) 财务机器人可以做些什么?

据新华网报道,普华永道会计师事务所和德勤会计师事务所介绍,财务机器人目前能做的主要是核对类、收集类等重复性高、技能要求低的工作,比如与多家银行不同账号的对账,对周报、月报数据的汇总梳理,利用内部财务系统、外部税务系统、进项税票管理系统、上个月申报的留底税额等数据源,进行增值税差额的核对。财务机器人运算速度快,而且能够24小时不间断工作,可以大大提高工作效率,因此简单的分录、记账和报销工作今后可能不再需要人力了。

2)"财宝"亲和,"金蝶"会开具发票

让我们来看两个财务机器人的案例吧。你见过能和人主动打招呼的财务机器人吗?四川新闻网介绍,2018年6月,国内高校首个财务智能服务机器人"财宝"亮相电子科技大学。作为财务智能服务机器人,"财宝"拥有"内部管理"与"外部服务"两大功能,可进行"主动问好""智能回答"和"人机交互"等,它会主动跟师生打招呼、介绍服务内容,还能听懂用户的问题并通过语音、图片、文字、视频等方式进行回答。"财宝"具有高度拟人性,它的高清交互屏可表达不同情绪,而其肢体可根据预设时间来跳舞或播报内容,亲和力十足,可谓"形象代言人"。同时,部门管理者可通过"财宝"的"员工状态打卡"功能进行人事管理,改进相关工作。

此外,一款名为"金蝶"的财务机器人能和人说话、聊天。据中国网消息,该机器人植入了语音识别技术,在开票时可以自动识别说话人的身份,继而查找出其客户是哪些,然后根据这些信息快速找出待开票的数据,匹配好后自动提交给金税系统,等开具完发票并返回发票号码、发票代码之后,可以自动提交给打印机进行打印。同时,它还能够根据预置的智能财务报告模板,抽取不同财务报表的相关数据,提炼整合并智能形成解读文字,最后利用语音合成技术,进行财务报告的语音播报。其中,语音播报不仅限于报告解读,还可以对各种异常事项的监控进行实时播报。

3)财务机器人不会完全取代财务会计

既然财务机器人具有这么多功能和优点,那么财务机器人会取代财务会计的工作吗?据中国江苏网报道,财务机器人上岗是大势所趋,财务机器人的制造与使用都是为了更好地工作,但会计人员不必惊慌失措,要学会和人工智能合作,做好与财务机器人成为同事的思想准备。机器人的出现可以将更多财务会计解放出来,让比机器人更聪敏的财务会计去做更高端的财务管理和决策工作,未来真正需要的是懂法律、懂会计、懂业务、懂平台化软件管理的综合性人才。

期待未来财务机器人能够和财务会计合作,更高效地完成工作。

(资料来源:载于腾讯网,https://cloud.tencent.com)

16.1 现在会计处于什么时代?——"大智移云物区"的智能时代

21世纪以来,随着云计算、物联网、大数据、移动互联网等新一代信息技术的产生,人类社会进入了以大、智、移、云、物、区为核心的第六次信息革命新阶段。而互联网的飞速发展,实现了多媒体信息的远距离双向实时交互,使世界变得更加扁平。可以预见,人类将会步入第七次信息革命阶段,在5G移动互联的基础上,实现由移动互联、智能感应、大数据、智能学习共同形成的智能互联网。

16.1.1 大数据

"大数据"(Big Data)所带来的巨大经济、社会和科研价值正受到社会各界的广泛关注。2012年1月,达沃斯世界经济论坛发布的大数据报告"*Big data, big impact: new possibilities for international development*"将大数据列为和货币与黄金同等重要的新经济资产。2012年5月,联合国发布的 *Big Data for Development:Challenges & Opportunities* 白皮书指出,大数据是联合国和各国政府的一个历史性机遇,利用大数据进行决策,是提升国家治理能力,实现治理能力现代化的必然要求,可以帮助政府更好地参与经济社会的运行与发展。在科研领域,大数据正引领数据密集型科学的到来,形成继实验科学、理论科学以及计算科学之后的第四科学范式,有望推动传统科学的假设驱动模式向基于大数据探索的数据密集型方法转变。在全球信息化快速发展的背景下,大数据已逐渐成为世界各国的基础性战略资源,运用大数据推动社会经济发展正成为趋势。

"大数据"不仅是一场技术变革,更是一场商业模式变革。巨大的数据量一方面需要大规模的数据处理应用能力,云计算所具有的技术是现阶段最理想的解决手段。另一方面,运用大数据挖掘和分析会为企业带来巨大的商业价值,诸多企业正在运用大数据技术变革自身的商业模式。

16.1.2 人工智能

人工智能的概念诞生于20世纪中叶。1950年,"人工智能之父"马文·明斯基的学生和他的同学邓恩·埃德蒙一起,建造了世界上第一台神经网络计算机,这被看作是人工智能的一个起点。同年,被称为"计算机之父"的艾伦·图灵提出来一个举世瞩目的想法——图灵测试。按照图灵的设想:如果一台机器能够与人类开展对话而不能被辨别出机器身份,那么这台机器就具有智能,图灵还大胆预言了真正具备智能机器的可行性。

1955年8月31日由美国计算机科学家约翰·麦卡锡、马文·明斯基、克劳德·香农等提出了"人工智能"这个名词。1956年8月,在美国汉诺斯小镇的达特茅斯学院,达特茅斯会议的召开,标志着人工智能的诞生。会议讨论的主题是"用机器来模仿人类学习以及其他方面的智能"。这次会议上人工智能的名称和任务得以确定,同时出现了最初的成就和最早的一批研究者。自此开始,人工智能领域正式诞生,人工智能也开始了其曲折的探索与发展历程。

2017年7月,国务院发布《新一代人工智能发展规划》,并提出三步走规划,将人工智能产业发展推向新高度;同年10月,人工智能应用议题被写入十九大报告。2018年10月31日,中央政治局集体学习AI和重视AI应用健康发展。由此可看到,从国家顶层设计到各行业AI应用已经形成普遍共识;AI应用应成为推动数字经济发展的新动力和新技术。

那么,什么是人工智能呢？人工智能,即AI(Artificial Intelligence)技术,是一门边缘学科,属于自然科学、社会科学、技术科学三门交叉学科。被认为是20世纪70年代以来世界三大尖端技术之一(空间技术、能源技术、人工智能)。同时,被认为是21世纪世界的三大尖端技术之一(基因工程、纳米科学、人工智能)。目前,人工智能在机器人、经济政治决策、控制系统、仿真系统中得到了广泛应用,取得了丰硕的成果,人工智能已逐步成为一个独立的分支,无论在理论和实践上都已自成一个系统。

人工智能的基本概念可以分为"人工"和"智能"两部分。美国的尼尔逊教授认为:"人工智能是关于知识的学科——怎样表示知识以及怎样获得知识并使用知识的科学。"而斯顿教授认为:"人工智能就是研究如何使计算机去做过去只有人才能做的智能工作。"两位学者基本概括了人工智能学科的基本思想和内容。人工智能是研究运用计算机的软硬件来模拟人类智能的技术、理论和方法,即通过对人体智能活动的分析,构造出具有一定智能的人工系统去完成由人的智力胜任的工作。

作为一门新的技术科学,人工智能能够用于研究、开发、模拟和扩展人类智能的理论、方法、技术及应用系统。人工智能是计算机科学领域的完美应用实现,智能的实质就是为了让人们的生活、工作更美好、更高效。最终希望生产出能与人类的神经系统相似做出反应的智能机器,在人工智能领域内包括机器人、语言识别、图像识别、自然语言处理和专家系统等。

16.1.3 移动互联

移动互联是移动互联网的简称,是指将移动通信和互联网两者结合起来,成为一体。运用互联网的技术、平台、商业模式和应用与移动通信技术结合并实践的活动的总称。

移动互联是第三次工业革命的产物,透过移动互联这项时代产物,可以见证信息化革命的全过程。20世纪80年代至21世纪初这个时间段是个人PC出现和普及的阶段,在这个阶段内,信息向着数字化的方向不断发展。与此同时,随着互联网的快速发展,相关信息数据的流动速度得到了迅速提高,建立了社交网络,这是移动互联发展的第二个阶段。第三个阶段处在当今时间段内,移动互联的各项功能得到完善和增强,并与云计算相结合形成一种巨型复杂网络系统。

在结合现代移动通信技术发展特点的前提之下,实现与移动互联网的各项内容加以融合,实现平台以及运营模式的一体化应用。微信、支付宝、淘宝、京东等丰富多样的平台应用,正在逐渐改变人们的生活方式和消费行为。尤其是5G时代的到来,移动互联网必将取得更加迅猛的发展。

16.1.4 云计算

1959年6月,牛津大学的计算机教授克里斯·托弗在国际信息处理大会上发表了一篇名为《大型高速计算机中的时间共享》的学术报告,首次提出了"虚拟化"的基本概念,还论述了什么是虚拟化技术。这篇文章被认为是最早的虚拟化技术论述,从此拉开了虚拟化发展的帷幕。虚拟化则是今天云计算基础架构的核心,是云计算发展的基础。而后随着网络技术的发展,逐渐孕育了云计算的萌芽。2004年,Web2.0会议举行,Web2.0成为当时的热点,这也标志着计算机网络发展进入了一个新的阶段。在这一阶段,让更多的用户方便快捷地使用网络服务成为互联网发展亟待解决的问题,与此同时,一些大型公司也开始致力于开发大型计算能力的技术,为用户提供了更加强大的计算处理服务。2006年8月9日,Google首席执行官埃里克·施密特在搜索引擎大会上首次提出"云计算"(Cloud Computing)的概念。这是云计算发展史上第一次正式地提出这一概念,有着巨大的历史意义。云计算被认为是互联网的第三次革命,已经取得了飞速的发展与翻天覆地的变化,人类社会的工作方式和商业模式也在发生巨大的改变。

云计算是分布式计算的一种,是指通过网络"云"将巨大的数据计算处理程序分解成无数个小程序,然后,通过多部服务器组成的系统进行处理和分析这些小程序得到结果并返回给用户。云计算早期就是简单的分布式计算,解决任务分发,并进行计算结果的合并。因而,云计算又称为网格计算。

"云"实质上就是一个网络,狭义上讲,云计算就是一种提供资源的网络,使用者可以随时获取"云"上的资源,按需求量使用,并且可以看成是无限扩展的,只要按使用量付费就可以。

从广义上说,云计算是与信息技术、软件、互联网相关的一种服务,这种计算资源共享池叫作"云",云计算把许多计算资源集合起来,通过软件实现自动化管理,只需要很少的人参与,就能让资源被快速提供。也就是说,计算能力作为一种商品,可以在互联网上流通,就像水、电、煤气一样,可以方便地取用,且价格较为低廉。

云计算不是一种全新的网络技术,而是一种全新的网络应用概念,云计算的核心概念就是以互联网为中心,在网站上提供快速且安全的云计算服务与数据存储,让每一个使用互联网的人都可以使用网络上的庞大计算资源与数据中心。

16.1.5　物联网

麻省理工学院教授凯文·艾什顿被誉为物联网之父。他提出可以借助射频识别(RFID)等通信技术为每个产品建立电子标识并与互联网连接,实现对产品的智能之别和管理。

2005年11月国际电信联盟(ITU)在信息社会世界峰会发布的报告中首次界定了"物联网"的内涵:随着射频识别技术(RFID)、无线传感器网络技术(WSN)、全球定位系统(GPS)、激光扫描等相关技术的发展,借助互联网实现世界各物的连接。同时,ITU进一步描述了物联网的外延:当物联网技术应用到产品中,人们可以不受空间与时间的限制,与产品进行沟通。在这个阶段,以互联网为基础,物联网的概念扩展至人与物、物与物之间的信息沟通。

随着物联网产业应用场景的不断丰富,2008年欧洲智能系统集成技术平台(EPOSS)更新了对物联网的定义,指出物联网是以具有产品标识和虚拟个性为特征的物体和对象组成的网络,用于用户及社会环境与产品进行信息交流。在这个阶段,物联网的应用价值首次明确为智能服务。

随着现实世界中传感器的广泛部署,互联网技术逐渐渗透到物理实体世界中,越来越多的物理实体通过传感器连接到互联网中实现信息共享,物联网在此背景下应运而生。物联网这一新的信息发展浪潮引起了工业界和学术界的极大关注。物联网包含了4个部分:现实世界中的物理实体、用于感知物理实体状态信息的传感器、传输网络、智能处理系统。如今,物联网的应用非常广泛,已经渗入到人们的学习、工作和生活中,如物流、仓库储存、智能交通、智能家居、环境监测、公共安全等各个领域。

16.1.6　区块链

随着比特币的飞速进步,国内外学者对于区块链技术的应用与研究,也呈现出了不同程度的专业跨越式发展,同时也认为区块链技术已经实现了全世界范围内技术变革和产业的革命。随着区块链技术的研究,其应用范围也逐渐扩大,从初始的信息技术专业,逐渐集中在金融、保险、教育等某一方面的概念性应用。

2008年,中本聪提出了去中心化加密货币——比特币(Bitcoin)的设计构想。从记账的角度出发,区块链是一种分布式账本技术或账本系统;从协议的角度出发,区块链是一种解决数据信任问题的互联网协议;从经济学的角度出发,区块链是一个提升合作效率的价值互联网。

2009年,比特币系统开始运行,标志着比特币的正式诞生。2010—2015年,比特币逐渐进入大众视野。2016—2018年,随着各国陆续对比特币进行公开表态以及世界主流经济的不确定性增强,比特币的受关注程度激增,需求量迅速扩大。事实上,比特币是区块链技术最成功的应用场景之一。伴随着以太坊等开源区块链平台的诞生以及大量去中心化应用(DApp,decentralized application)的落地,区块链技术在更多的行业中得到了应用。

工信部在 2016 年发布了《中国区块链技术和应用发展白皮书(2016)》,区块链被定义为 1.0→2.0→3.0 三个阶段。

(1) 区块链 1.0 阶段　以比特币为代表的数字货币时代,包括虚拟货币的支付、流通等功能。其核心的内容是数字货币交易支付的去中心化,从而实现货币的去中心化流通与支付。

(2) 区块链 2.0 阶段　通过智能合约、智能资产以及与数字货币的结合,将区块链技术应用到更加广泛的金融领域。通过区块链实现的点对点的操作,避免了第三方的介入,通过区块链去中心化账本功能,用来注册、确认、转移不同类型资产与合约,提高了工作效率。

(3) 区块链 3.0 阶段　到区块链 3.0 阶段,区块链应用范围将超过金融领域,延伸到人们日常生产、生活的方方面面,能够满足更加复杂的商业逻辑。

16.2　智能时代的技术发展有哪些？——智能时代的技术发展

16.2.1　智能机器人

在世界范围内还没有一个统一的智能机器人定义。国际标准化组织对机器人的定义为:"机器人是一种自动的、位置可控的、具有编程能力的多功能机械手,这种机械手有几个轴,能够借助于可编程序操作来处理各种材料、零件、工具和专用装置,以执行各种任务"。智能机器人是在传统机器人的基础上,在感知、决策、效应等方面进行了全面提升,并且在行为、情感和思维上模拟人的机器系统。它们具有相当发达的"大脑",既可听从人类的指令,按照程序运行完成任务,又可与人友好地交互,并在交互过程中不断学习和改进。

智能机器人具备形形色色的内部信息传感器和外部信息传感器,如视觉、听觉、触觉、嗅觉。除具有感受器外,它还有效应器,作为作用于周围环境的手段。这就是筋肉,或称自整步电动机,它们使手、脚、长鼻子、触角等动起来。由此也可知,智能机器人至少要具备三个要素:感觉要素、反应要素和思考要素。

智能机器人能够理解人类语言,用人类语言同操作者对话,在它自身的"意识"中单独形成了一种使它得以"生存"的外界环境——实际情况的详尽模式。它能分析出现的情况,能调整自己的动作以达到操作者所提出的全部要求,能拟定所希望的动作,并在信息不充分的情况下和环境迅速变化的条件下完成这些动作。当然,要它和我们人类思维一模一样,这是不可能办到的。不过,仍然有人试图建立计算机能够理解的某种"微观世界"。

16.2.2　虚拟现实

虚拟现实技术(Virtual Reality,VR),又称灵境技术,是 20 世纪发展起来的一项全新的实用技术。虚拟现实技术囊括计算机、电子信息、仿真技术于一体,其基本实现方式是计算机模拟虚拟环境从而给人以环境沉浸感。随着社会生产力和科学技术的不断发展,各行各业对 VR 技术的需求日益旺盛。VR 技术也取得了巨大进步,并逐步成为一个新的科学技术领域。

从理论上来讲,虚拟现实技术(VR)是一种可以创建和体验虚拟世界的计算机仿真系统,它利用计算机生成一种模拟环境,使用户沉浸到该环境中。虚拟现实技术就是利用现实生活中的数据,通过计算机技术产生电子信号,将其与各种输出设备结合使其转化为能够让人们感受到的现象,这些现象可以是现实中真真切切的物体,也可以是我们肉眼所看不到的物质,通过三维模型表现出来。因为这些现象不是我们直接所能看到的,而是通过计算机技术模拟出来的现实中的世界,故称为虚拟现实。

虚拟现实技术受到了越来越多人的认可,用户可以在虚拟现实世界体验到最真实的感受,其模拟环境的真实性与现实世界难辨真假,让人有种身临其境的感觉。虚拟现实具有一切人类所拥有的感知功能,比如听觉、视觉、触觉、味觉、嗅觉等感知系统;它具有超强的仿真系统,真正实现了人机交互,使人在操作过程中,可以随意操作并且得到环境最真实的反馈。

16.2.3 3D打印

3D打印(3D Printing)又叫增材制造,是一种从想法到产品(Mind to Product)的技术加工手段。3D打印最早始于1986年,美国科学家Charles W. Hull基于光固化(Stereo Lithography Apparatus,SLA)3D打印技术成立了世界上第一家3D打印设备公司(3D Systems);1989年Scott Crump又创立了基于熔融沉积技术(Fused Deposition Molding,FDM)的3D打印公司(Stratasys)。3D Systems和Stratasys是最早成立的两家3D打印公司,也是现在美国最大的两家3D打印公司。

从20世纪90年代开始,3D打印处于技术发展和设备更新阶段,限于昂贵的3D打印设备,3D打印技术一直没有得到广泛应用。直到2008年,英国巴斯大学的Adrian Bowyer开发了世界上第一款开源级的3D打印机(RepRap),RepRap的发布为3D打印机的普及奠定了重要基础。随后,自2011年开始3D打印得到广泛应用,从食品到珠宝首饰再到生物器官,甚至汽车、飞机都可以通过3D打印技术实现实际产品的生产。相比于传统减材制造加工周期长、原材料利用率低、需要模具等特点,3D打印具有产品设计灵活多变、加工精度高、原材料浪费少、产品种类多且重复性好、产品结构复杂、加工效率高、产品不需要组装和特殊加工技能等优点。3D打印已经被广泛应用于小到微生物载体大到建筑房屋等领域。在3D打印技术日趋成熟的今天,3D打印不仅为创新生产和效益提升提供了良好的平台,而且也使我们的日常生活变得丰富多彩。如通过3D打印技术,消费者可根据自己的喜好和生活方式定制生活用的家居制品和随身穿戴的服饰等.

16.2.4 数字货币

数字货币(Digital Currency)还没有一个统一的定义。在实践中,数字货币的概念非常宽泛。英格兰银行(BOE)认为,数字货币是仅以电子形式存在的支付手段。与传统货币类似,数字货币可以用于购买实物商品和服务。在不同语境下,数字货币有着不同的内涵和外延。目前,狭义的数字货币主要指纯数字化、不需要物理载体的货币;而广义的数字货币等同于电子货币,泛指一切以电子形式存在的货币。根据发行者的不同,数字货币可以分为央行发行的数字货币和私人发行的数字货币。其中,央行发行的数字货币,是指中央银行发行的,以代表具体金额的加密数字串为表现形式的法定货币。它本身不是物理实体,也不以物理实体为载体,而是用于网络投资、交易和储存,代表一定量价值的数字化信息。私人发行的数字货币,亦称虚拟货币(Virtual Currency),是由开发者发行和控制、不受政府监管、在一个虚拟社区的成员间流通的数字货币(ECB,2012),如比特币(Bitcoin)等。采用密码学技术的数字货币有时又被称为加密货币(Cryptocurrency)。数字货币更强调价值以数字形式表现,虚拟货币更强调价值以虚拟形式存在,而非以实物形式存在。当它们的发行和交易确认使用到密码学时,则被称作加密货币。

最早的数字货币理论由大卫·乔姆于1982年提出,这种名为E-Cash的电子货币系统基于传统的"银行-个人-商家"三方模式,具备匿名性、不可追踪性。2008年,中本聪提出比特币的概念,即一种通过点对点技术实现的电子现金系统,可以让交易双方在第三方(例如中央银行)不知情的情况下直接转账。显然,数字货币以数学理论为基础,运用密码学原理来实现货币的特性。其用到的主要加密算法有对称性密码算法、非对称性密码算法及单向散列函数(哈希函数)等,常用的技术有数字签名、零知识证明和盲签名技术等。对比E-Cash和比特币,可以发现近40年来数字货币理论在支付模式和技术发展上均出现了很大的变化。

数字货币可以认为是一种基于节点网络和数字加密算法的虚拟货币。数字货币的核心特征主要体现在3个方面:

(1) 由于来自某些开放的算法,数字货币没有发行主体,因此没有任何人或机构能够控制它的发行。

(2) 由于算法解的数量确定,所以数字货币的总量固定,这从根本上消除了虚拟货币滥发导致通货膨胀的可能。

(3) 由于交易过程需要网络中的各个节点的认可,因此数字货币的交易过程足够安全。

16.3　智能时代会计如何处理?——智能时代的会计处理

16.3.1　智能会计概述

1) 智能会计的发展历程

(1) 会计电算化阶段　我国的会计电算化开始于1979年,通过将部分的人工会计核算工作交由小型的数据库和电算化软件来开展,初步实现了从工资核算、固定资产核算、成本核算等单一的核算体系向辅助处理的账务处理转变。在此阶段,会计人员与电算化软件的融合工作基本上是分离的,只是运用信息化技术初步实现了部分会计处理环节的自动化,尚未从根本上实现运用信息技术来实现会计流程和组织架构体系的改变。

(2) 会计信息化阶段　到了20世纪90年代,随着信息技术的不断发展,尤其是互联网的普及和ERP的出现,会计管理工作开始进入到了信息化阶段,企业开始注重信息化的普及与应用,并研究如何将业务管理和会计管理进行有效整合,实现业务与会计的融合,初步实现了业务与会计信息的实时共享和应用。基于强大的数据处理能力和网络传输能力,实现了会计信息的跨时空处理和利用,开始逐步实现会计管理工作由核算型向管理型转变。

会计信息化阶段典型的特征是注重人机工作的协作,信息技术是实现企业业务流程管理尤其是会计管理中重要的流程优化与再造工具。尤其2005年之后,会计共享服务模式开始在国内逐步普及,使得会计信息化在移动通信网络、大数据、云计算和光学字符识别等技术的大力推动下获得了突破性的发展。但是,此阶段的会计共享服务,主要针对的是财务会计流程的信息化处理,只是简单地借助标准化和流程化为会计转型提供数据基础、管理基础和组织基础,未能实现业务活动流程、财务会计流程和管理会计流程的全面智能化。

(3) 会计智能化阶段　2010年以后,随着人工智能技术的突破性进展,国内逐步开始运用计算机的高性能计算能力和大数据分析技术,将机器推理、专家系统、模式识别、机器人等技术赋予了更多的应用场景,尤其是在神经网络和遗传算法的机器学习等方面进行了深入的研究,人工智能的发展开始进入到一个全新的阶段。

随着"大智移云物区"技术在生产和社会生活领域的广泛应用和深度融合,对竞争环境、商业模式及企业管理方式产生了深刻的影响。"大智移云物"技术给会计管理带来了新的机遇与挑战,给会计预测决策、会计风险管控以及会计成本管理等带来了更先进的算法、模型和工具。尤其是数据处理技术的提升,可以更加高效、全面地进行数据的汇集,同时,商业智能和专家系统能够综合不同专家的意见结合数据的分析、计算,可以帮助会计人员便捷地完成管理工作,会计机器人可以实现会计管理活动的自动化操作,现代系统集成技术可以消除日常业、财、税等长期形成的信息和管理壁垒。以人工智能为代表的新一代信息技术的发展给会计管理带来了新的发展契机,正在使会计从信息化向智能化方向转变。

与会计信息化阶段注重信息的快速处理和实时共享以及会计和业务信息的整合不同,智能化阶段强调企业各类信息处理的效率、效益和智能化的程度。例如:利用物联网、RPA和机器学习、专家系统等技术实现会计处理的全流程自动化,以降低成本、提高效率、减少差错;基于神经网络、规则引擎、数据挖掘等技术自动实现会计预测、决策的深度支持,以提升其科学性和实时性,这一阶段再造的不仅是流程和组织,还会在更高层面上对企业管理模式和管理理念进行再造。

2) 智能会计的实质

(1) 智能会计的基本概念　智能会计的概念在学术界尚未有一个普遍认可的权威定义,有学者认为将以人工智能为代表的"大智移云物区"等新技术运用于会计工作,对传统会计工作进行模拟、延伸和拓展,以改善会计信息质量、提高会计工作效率、降低会计工作成本、提升会计合规能力和价值创造能力,促进企业会计在管理控制和决策支持方面的作用发挥,通过会计的数字化转型推动企业的数字化转型进程。参照目前业界的一般理解,智能会计可以概括为:智能会计是一种新型的会计管理模式,它基于先进的会计管理理论、工具和方法,借助于智能机器(包括智能软件和智能硬件)和人类会计专家共同组成的人机一体化混合智能系统,通过人和机器的有机合作,去完成企业复杂的会计管理活动,并在管理中不断扩大、延伸和逐步取代部分人类会计专家的活动;智能会计是一种业务活动、财务会计活动和管理会计活动全功能、全流程智能化的管理模式。

智能会计不仅是会计流程中部分环节的自动化,或是某个会计流程的整体优化和再造,而是会计管理模式,甚至是会计管理理念的革命性变化,它借助于人机深度融合的方式来共同实现前所未有的新型会计管理功能。智能会计是建立在云计算、大数据、人工智能等新技术基础上并结合企业互联网模式下的会计转型升级与创新发展的实践而产生的新形态,通过大数据技术进行建模与分析,利用人工智能的技术提供智能化服务,为企业会计转型赋能,帮助企业打造高效规范的会计管理流程、提高效率、降低成本、控制风险,从而有效促进企业会计转型。

(2) 智能会计的优势　相对传统的纯人工会计、电算化会计和信息化会计,智能会计在信息处理方面有着显著的优势:它可以借助于RPA、模式识别、专家系统、神经网络等技术,自动、快速、精确、连续地处理会计管理工作,帮助会计人员释放从事常规性工作的精力,去从事更需社交洞察能力、谈判交涉能力和创造性思维的工作;智能会计还可以借助于全面而非抽样的数据处理方式,自动地对会计活动进行风险评估和合规审查,通过自动研判处理逻辑、寻找差错线索和按规追究责任,最大限度保障企业的会计安全。

3) 智能会计的内容

(1) 智能会计的基础　在传统的会计管理模式下,受限于技术和业务模式,大多数企业的会计是与业务交易隔离的。会计工作存在大量的人工审核合同、订单、发票等简单重复劳动,尽管会计机器人的出现提高了人工审核的效率,但只能作为传统会计管理的加速器,本质上并没有消除不增值的会计处理环节。

企业智能会计共享平台,是现代企业会计体系拥抱互联网、云计算等技术的全新理念和有力探索。基于智能会计共享平台,企业可以搭建云端企业商城,利用电商化平台实现与供应商、客户之间无缝连接,并借助发票电子化打通税务数据与交易的关联,回归交易管理为核心的企业运营本质,实现对员工日常消费及大宗原材料采购的在线下单、支付,企业统一对账结算,实现了交易透明化、流程自动化、数据真实化。

(2) 智能会计的核心　作为会计体系中价值创造的主要工具,管理会计平台需要具备模型化、多视角、大数据和灵活性等功能。商业智能是一套商业方面辅助决策的解决方案,它通过组建企业级数据仓库,得到企业数据的全局视图,在此基础上,再利用合适的查询和分析工具、数据挖掘、联机分析处理等工具对数据进行分析和处理,形成有用的信息。总体而言,商业智能拥有强大的建模能力、多维度的构架体系、专业的数据处理技术和灵活的技术特点,与管理会计对信息平台的要求十分吻合。

通过构建基于商业智能的智能管理会计平台,企业可以获得贴合不同用户需求的多维度、立体化的数据信息,对管理者的决策过程提供智能化支撑。

(3) 智能会计的深度发展　随着人工智能的深度发展,会计智能机器人或许可以进一步消除会计人工作业流程,基于强大的深度学习能力、计算能力和反应能力,像人类一样进行自主信息搜集、信息分析,并代替人类做出经营决策。

技术的进步,使得会计变革延展出更多可能性。从AlphaGo开始的"人机大战",人工智能开始成为众多领域研究的重点。尤其是在会计领域的影响更为深入,主要表现在:一是在记账凭证的处理、现金管理、存货管理、风险评估等领域;二是神经网络,应用在信用评估、预算管理、内部审计、破产预测等方面。

在智能会计时代,企业决策层需要紧跟时代潮流,将智能会计的理念、思想内化为企业会计管理变革的原动力,推动会计管理工作的创新与发展。技术进步正在彻底改变会计工作,企业应当尽快建立并应用全新的会计思想,构建起连通、集约、自动、高效的智能化会计体系,在激烈竞争的市场中取得优势。

16.3.2 智能会计的架构、体系与核心

1) 智能会计的基本架构

(1) 广义架构　广义的智能会计架构应该包含智能会计发展生态的各个方面,如智能会计的应用主体(企业或行政事业单位等)、政府主管部门、行业组织、智能会计发展的供应链等方面。对智能会计而言,尽管智能化的进程主要由应用主体的内在发展动力所驱动,但外部环境毫无疑问也起着非常重要的推动作用。

① 政府主管部门:政府主管部门包括财政、审计、税务、海关、证监等部门,它们通过法

规、标准、规范、准则、指引等来指导、协调、管理和推动企业智能会计的发展。

② 行业组织协会:行业组织包括准政府组织、一般行业管理组织、学术组织和民间团体等,它们主要通过组织专业技术人员研究知识体系、收集最佳实践、传播相关技能等方式来引导和影响企业。

③ 智能会计发展供应链:智能会计发展供应链包括与智能会计相关的软硬件系统供应商、咨询机构、培训机构、外包服务机构等,主要提供企业所需的软件、硬件、数据、信息、智能、人才等方面的服务。

④ 经济技术环境:经济技术环境是指影响企业实施智能会计发展的信息技术、法律环境、公共数据资源等,它们是激发或阻碍企业智能会计发展的力量。

(2) 狭义架构　由于智能会计需要借助于智能机器和人类会计专家共同组成的人机一体化智能管理系统,因此位于底层的智能感知系统、网络通信系统、数据管理系统和通用智能引擎是必不可少的。智能感知系统利用条码、RFID、传感器、OC 等技术,客观地感知企业内部经营活动和外部环境,自动地完成数据的搜集工作;网络系统则通过物联网、互联网、移动互联网以及卫星通信网络等实现数据的传递和共享;数据管理系统则用于存储企业智能管理所需的元数据、业财管交易处理数据,以及规则库、方法库、模型库、知识图谱等,在数据仓库和数据挖掘等 BI(Business Intelligence,商业智能)组件的支持下,为应用层的数据智能处理提供基础;智能引擎系统则通过公共的智能部件(核算引擎、流程引擎、推理引擎等),满足应用层各种智能处理的需要。

位于上层的智能会计应用层描述了会计信息处理的全过程:从企业经营活动到业财管统一信息输入平台,再经过信息处理后,通过公共信息报告和展示平台送达企业内外管理者和决策者。所有这些信息处理过程都需要借助于底层的智能引擎系统自动完成。

① 信息输入:输入信息不仅来源于单位对外的经营管理活动,还来源于对外部大数据资源的自动爬取。智能信息输入平台是企业的统一信息输入平台,它通过人机合作模式,将机器客观采集到的信息和人类主观感知到的信息结合起来,按照会计信息处理的要求完成信息的输入。

② 信息处理:在中间的信息处理环节,会计信息处理方式将体现为 3 个层次:核算层、管理层和决策层。智能核算型会计管理平台是相对早期的智能会计系统,主要依赖智能感知、RPA、专家系统等技术智能地完成会计核算工作。智能管理型会计管理平台是发展到中期的智能会计系统,它在核算型会计管理平台的基础上,逐步演变成基于大数据处理、商业智能、神经网络、机器学习等技术的智能管理会计综合平台,即智能会计从以处理交易性活动为主,发展到处理更多高价值管理会计活动。智能战略型会计管理平台是智能会计发展到成熟阶段的产物,它在智能核算、智能管理平台的基础上,将智能会计的核心功能发展到智能决策领域,它是人机高度融合的智能处理平台,即会计管理中出现的智能活动,如分析、推理、判断、构思和决策等,将由以计算机为主的人机融合系统共同来完成,并且随着发展的深入,系统将不断扩大、延伸和逐步取代部分人类会计专家在会计管理中的活动。

③ 信息输出:在信息输出方面,企业将通过底层的各种智能引擎,把机器的运算结果和人的价值判断相互匹配,动态、实时、频道化、多种形式地展示业财管融合报表信息,以满足企业内外部管理决策者的需求。

2) 智能会计的发展体系

构建智能会计的发展体系应结合财会领域的特点,仔细分析其理论基础、支撑技术、研发环节、产品结构、应用模式、资源需求、发展目标等,并对发展体系中的众多元素进行识别和筛选,最终明确其核心环节及其之间的关系。

基于智能会计的基本概念,结合会计信息化的一般发展规律,国内学者刘勤等人认为:基础问题研究、关键技术跟踪和研究平台构建是智能会计研究的基础;专业人才培养、标准规范建设、生态环境构建和智能产品研发是智能会计发展的支柱;应用实践探索体现了智能会计应用发展的目标,上述8个核心环节及其之间的关系共同构成了完整的智能会计发展体系。

(1) 基础问题研究　为其他环节提供研究依据、界定研究范围和明确研究方向,它不以任何专门或特定的产品和应用为研究对象。该环节的主要参与者是大学和研究机构的师生。

(2) 关键技术跟踪　主要聚焦信息技术发展细节,及时收集相关科技的发展动态,为其他环节提供技术应用建议。该环节的主要参与者为各机构的IT人员。

(3) 研究平台构建　为各环节的研究人员搭建知识研究和共享平台,实现对智能会计知识的创新和管理,为产品研发和应用实践提出问题和提供动力。该环节的主要参与者是其他所有环节的研究人员。

(4) 专业人才培养　主要培养其他各环节所需的专业人才,包括理论研究人才、产品研发人才、标准制定人才、供需链管理人才和智能会计管理人才等。该环节的主要参与者为高校和培训机构的教育工作者。

(5) 标准规范建设　重点研究智能会计产品和服务开发及应用中所需的国家、行业或企业的标准和规范。该环节的主要参与者是政府、行业和企业的标准化建设专业人才。

(6) 生态环境构建　是在其他各环节之间构建良好的协调运行机制,这种生态可能以各种供需链的形式出现,每一种链连接了不同的利益主体。该环节的主要参与者是智能会计的所有相关者。

(7) 智能产品研发　集聚各类专业人才和供应链上的资源,在相关技术标准和管理标准的制约下,为应用部门研发所需的智能会计产品和服务。该环节的主要参与者是IT厂商和咨询机构的技术人员。

(8) 应用实践探索　重点是利用良好的生态链,将IT企业研发的智能会计产品和服务广泛应用于各种业财管理场合,并尽可能产生最大的效用。该环节的主要参与者将是智能会计应用机构的相关人员。

3) 智能会计的核心

(1) 智能会计的三大核心　会计智能化的实现依赖于三大核心——数据、算力和场景。如果把会计智能化比作一辆越野车,那么数据就是这辆车的燃料,没有足够的数据,如同缺油的汽车难以走远;算力如同引擎,好的引擎能够让车的动力更加充沛,轻松应对各种复杂路况;而场景是车的导航,如果没有清晰的应用场景,车如同在无人区行驶,找不到方向。在会计智能化的进程中,企业集团应当高度重视在这三个核心要素方面的基础建设。

① 数据:从企业经营决策的需求出发,依据分析对象和分析维度,应用先进算法及模型,对数据进行清洗、提炼、关联、融合等操作,并通过分析建模工具进行数据泛化、关联分析、聚类分析、数据分类、数据回归、序列模式发现等,以深层挖掘数据价值,赋能企业决策和业务活动,这就是数据处理分析。在数据方面,需要实现3个扩展:

第一个扩展:从会计数据到业务数据的扩展。

这个过程的实现需要建立在业财一体化的基础上,会计核算结果能清晰追溯至业务交易过程,通过对业务交易信息的丰富记录,扩充会计核算的信息维度。此外,与会计结果并不直接相关的业务数据的积累也不容忽视。

第二个扩展:从企业内部到外部的扩展。

在会计智能化时代,内部数据已无法满足分析预测、风险控制的需求,市场数据、同业数据、舆情数据等外部数据的引入能更好地优化预测及风控模型,支持更多应用场景的实现。

第三个扩展:从结构化到非结构化的扩展。

无论是会计还是业务,内部还是外部,传统模式下对数据的需求主要集中于结构化数据。但实际上,大量数据是以非结构化的形态存在的,如发票要素、合同要素等。若能充分发挥智能技术的应用价值,通过技术工具(如影像识别、自然语义识别等)将非结构化数据进行结构化,必然能够将会计智能化的数据基础提升到新的高度。

② 算力:在算力方面,云计算是核心解决方案。云计算本身有多种形态,如SaaS(软件即服务)、PaaS(平台即服务)及IaaS(基础设施即服务)。不同形态解决不同问题,SaaS可以理解为会计系统的即租即用,PaaS可以理解为开发工具的即租即用,IaaS则是算力的即租即用。因此,企业能自建或使用IaaS有效解决算力问题,就能为会计智能提供强有力的引擎。

③ 场景:一方面需能深刻地理解业务场景,清晰地洞察业务痛点;另一方面需要明晰各种智能技术的特点和优势,将技术优势与业务痛点的解决相结合,从而形成场景。因此,场景是一个持续发现和提炼的过程,需要由专业团队夯实基础。

数据、算力、场景构成了实现会计智能的基本框架。但是,要让会计智能化的能力与价值得到彻底发挥,还需要引入一系列新技术作为其催化剂。

(2) 智能会计发展的8个核心环节

智能会计发展体系明确地展示了智能会计发展的核心环节和彼此间的关系,可以概括为8个核心的环节,其具体内容如下:

① 基础问题研究:智能会计中的基础问题是指在智能会计发展中起着基础性作用并具有稳定性、根本性和普遍性的核心研究问题,包括智能会计的基本概念、认知观和发展观,智能会计发展中的法律和道德问题,人机协同发展模式以及与智能会计相关的会计基础理论创新问题等。

智能会计基本概念研究是智能会计发展中最基础的研究问题之一,主要对智能会计的内涵、外延等进行深入的探讨,揭示智能会计的本质特征和属性,界定智能会计所涉及的事物或对象。智能会计认知观和发展观研究主要探讨人类有关智能会计本质、智能会计应用方向以及智能会计事业发展等方面的基本见解。法律和道德规范研究主要探讨约束智能会计发展的社会规范问题。与标准这类技术规范不同,法律规范和道德规范是一种社会规范,主要涉及智能会计发展的底线和善恶的标准,它们与认知观和发展观等共同决定智能会计的未来走向,确保智能会计沿着有利于人类发展的方向前进。人机协同发展是人工智能发展的终极目标,也是智能会计发展的终极目标,研究人机协同发展模式可以帮助我们引导、利用和控制人工智能技术在财会领域中的发展,在发展智能机器的同时,更好地发挥会计人员的作用,实现人类社会的可持续发展。

智能会计的发展,使会计的服务对象、服务领域、服务主体、信息系统、工作职能、技术手段、管理体制和机制等都随之发生很大变化,这就需要对传统的会计假设、会计要素确认与计量、会计信息披露要求以及会计的基本职能等进行重新的认识和界定,因此会计基础理论创新是必不可少的研究内容。

② 关键技术跟踪:智能会计的发展高度依赖信息技术的进步,这些信息技术不仅包含与之直接相关的人工智能技术,还包含大数据、移动计算、云计算、物联网、区块链以及机器人流程自动化等关键技术。由于这些技术的最早应用场景通常都不在财会领域,因此对智能会计研究者而言,有必要持续跟踪其最新应用发展动态,并形成有效技术筛选机制,及时应用到智能会计领域。

目前已知的在财会领域广泛应用的人工智能技术包括专家系统、人工神经网络、自然语言理解、图像识别、机器学习、机器人等,还有很多具有符号处理能力、适用于推理的人工智能类语言,如 Python、Java、Lisp、Prolog 等,以及一些常用的计算机算法,如神经网络算法、动态规划算法、聚类与分类算法、预测与决策算法等。这些不同层次的技术发展日新月异,每一小步的进步都有可能极大地带动智能会计应用的发展,因此有必要实时跟踪并及时纳入智能会计动态知识库建设中。

云计算、大数据、移动计算、物联网和区块链等技术尽管看上去不直接与智能会计相关联,但它们都是智能会计发展的基础技术。云计算为智能会计提供了虚拟化、动态可扩展、按需部署的计算环境;大数据不仅为智能会计提供了大量的信息源,还借助于其强大的分析工具,保证这些信息的真实性和可用性;移动计算可以改变智能会计的服务方式,实现随时随处的应用,极大提高系统的灵活性;物联网和区块链技术为智能会计提供了无所不在的、去中心化的服务,使之灵活性、安全性和实时性都能得到很大的提高。

③ 研究平台构建:构建研究平台是基于知识共享理念,将个人知识汇聚成团队知识的有效手段,它可以让每一个参与者都能有效利用同行的智慧和劳动成果,站在巨人的肩膀上去研究问题,用较小的代价实现系统的快速迭代,还可以帮助团队提升研究质量,快速实现研究目标。智能会计共享研究平台管理的内容包括知识开源论坛、应用案例库、核心算法库、财经知识图谱库和企业会计大数据集等。知识开源论坛可以为技术人员提供高效的知识分享平台,既可以帮助其更娴熟地掌握相关知识,还可以增加其成就感,提高其知识贡献度;应用案例库可以帮助智能会计的应用机构了解已有的智能会计成功或失败的经验,以便扬长避短,提升项目的成功率;核心算法库、财经知识图谱库和企业会计大数据集是智能会计产品研发的素材库,它们可能是知识开源论坛中知识沉淀的一部分,可以帮助智能会计系统的开发者学习已研发系统中的核心技术,在快速迭代中形成新的算法、模型或系统。

当然,构建共享研究平台并使其发挥预期的效果,必须设计好平台所需的相关软件系统、平台文化、激励与约束机制以及法律保障体系等,这样才能吸引更多的研究人员参与、产生更多的知识产品和避免研究成果被他人恶意剽窃。

④ 专业人才培养:专业人才培养是智能会计事业持续发展的保证。与迅猛发展的人工智能技术和丰富多彩的智能会计应用相比,智能会计的人才供给还存在较大缺口,现有的会计人才知识结构已不能适应智能会计事业发展的需求,需要在对未来会计工作和会计职业做深度研究的基础上重新构建会计人才知识能力框架,重新设计培养体系、教学手段和教学模式,修订会计人才的评价体系,为未来人机共生的智能会计管理奠定基础。

未来的会计专业人才需要了解在人工智能环境下会计和会计管理的变革走向,明确时代发展对自己知识转型升级的要求,在熟练掌握会计学、管理学、经济学、战略管理等知识的基础上,深入了解信息系统、统计学、计算机、风险管理、供应链管理等多方面知识。

为了有效培养和评价未来的会计专业人才,教育机构和用人单位还需要按照未来人机共生的模式对会计人才的需求,重新设计会计岗位,全新构建专业人才评价体系。

⑤ 标准规范建设:标准规范的建设程度通常是反映一个事业成熟度的重要标志。标准化和规范化建设也是现代化大生产的必要条件,是科学管理的基础,它可以支持精细化的劳动分工,对产品和服务进行质量评价,大规模提高劳动生产率。标准、规范、规程都是标准的一种表现形式,只有针对具体对象时才加以区别。

标准按体系划分包括国际标准、国家标准、行业标准、地方标准和企业标准五大类;按标准化对象分为技术标准、管理标准和工作标准等。智能会计的技术标准可包含智能会计元数据标准、产品标准、系统监测标准、信息安全标准、人机接口信息交换标准等;管理标准可包含技术管理标准、会计管理标准、行政管理标准等;工作标准可包含会计部门工作标准、智能会计共享中心工作标准、智能会计或智能会计岗位工作标准等。

规范是无法精准定量而形成的标准,可以由组织规定,也可以非正式形成。可以预料,未来智能会计中的大部分需要大家共同遵守的准则和依据都会以标准的形式出现,非强制性要求的约定将会以规范的形式出现。

⑥ 生态环境构建:智能会计的发展成效并不完全取决于企业的内部行为,往往与企业所处的环境有密切的关系。刘勤和杨寅对智能会计发展的生态环境进行了初步的描述,它包括智能会计的应用主体(应用智能会计系统的企事业单位)、政府主管部门、行业组织、产业链上的相关机构等。政府主管部门主要通过法规、标准、规范、准则、指引等来指导、协调、管理和推动机构的智能会计发展。行业组织主要通过组织行业专业人员研究智能会计知识体系、收集和推广最佳实践、培训和传播相关技能等引导和影响企业,并对行业内机构的智能发展起到监督和纠偏的作用。产业链上的机构包括软硬件厂商、咨询机构、培训机构、外包服务机构等,主要提供应用机构所需的软件、硬件、数据、信息、人才、资金等。在智能会计发展生态链的研究方面至少需要关注以下三个具体的生态链,即政府监管—行业自治—企业发展生态链、产品研发—产品制造—咨询服务—产品应用生态链以及人才培养—人才中介—人才使用生态链等。

⑦ 智能产品研发:智能会计产品和服务,特别是通用的应用产品和服务是智能会计发展最重要的成果,它可为 IT 企业乃至整个生态链带来经济效益和社会影响,并可作为抓手持续推进基础研究的发展。好的产品研发必须建立在广泛市场调研的基础上,符合相关的标准和规范,并需要经过商业伦理的检验。

目前被广泛应用的智能会计产品有 RPA(Robotic Process Automation,机器人流程自动化)会计机器人、票据 OCR(Optical Character Recognition,光学字符识别)系统、语音交互系统、会计专家系统、智能数据挖掘系统等,正在研发未来可能投入使用的还有财经语义网络和知识图谱管理工具、通用智能会计工具引擎、财经大数据机器学习系统、智能会计核算系统、智能会计共享服务系统以及智能会计决策支持系统等。

智能会计产品和服务的研发需要应用企业、研发企业、科研团体、政府主管部门等多方面的通力合作。具体来说,新产品构思需要创造性思维支持,而大部分原始需求是来自于应用企业,当然,不是所有的需求都能够用适当的产品满足,这需要研发企业依据科研团体的最新研究成果,对产品进行筛选、设计、制造、测试和评价,最终研发出合适的产品,这其中还需要政府主管部门的指导、激励、规范和推进。

⑧ 应用实践探索:应用实践是智能会计发展的最终目的。智能会计的发展就是要通过

开发大量的产品并成功地应用到实践之中,释放会计人员从事常规性工作的精力,去从事更需社交洞察能力、谈判交涉能力和创造性思维的工作。然而,大量的事实表明,同样的产品和技术在不同的企业应用可能会产生不同的效果。这是因为智能会计的应用实践不仅仅与其采用的智能技术有关,还与项目实施中的管理、组织能力有关。

优秀的应用实践是那些已经在别处产生显著效果并能适用于己处的成功实践,这些实践通常都是基于对企业良好的需求分析和系统规划,并经过缜密的应用场景、实施路径、开发模式和管理模式的选择,智能会计产品和系统的选型以及优秀的项目过程管理等。因此,观察和学习成功或失败企业的应用实践,可以避免在实践中犯同样的错误,有效提升智能会计项目的实施成功率。

应用实践探索的重点是尽可能多地深入企业,通过现场观察、一线访谈、问卷调查、文献阅读等方式了解企业在发展智能会计事业时所采用的技术、方法、流程、活动或机制等,并在此基础上梳理出关键成功因素和评价指标体系。

【拓展阅读】

四大会计师事务所智能财务机器人对比,财务人都慌了

在这个充满无限可能的人工智能时代,企业的财务共享中心迎来了财务智能机器人的问世。财务智能机器人的出现,不仅提高了财务人的工作效率和服务质量,减少了整个流程的处理时间,还节省了人力和物力,为企业创造了更高的价值。随着德勤、普华永道、安永、KPMG四大会计师事务所相继推出财务智能机器人,RPA技术被越来越多的企业、银行所广泛运用,它成功证实了会计高速化发展时代的到来。

1) 德勤(DTT)智能财务机器人

2016年3月10日,德勤与Kira Systems联手,正式将人工智能引入财务工作中,使财务管理迈入了一个全新的时代。德勤智能机器人具体有5个特别明显的优势:①替代财务流程中的手工操作;②管理和监控各自动化财务流程;③录入信息,合并数据,汇总统计;④根据既定的业务逻辑进行判断;⑤识别财务流程中的优化点。

德勤财务机器人的七大价值:①机器人执行任务的精确度远高于人工,可以全天候不间断地工作;②流程自动化帮助部门解放生产力,将重心转移到高附加值工作;③优化财务流程及其标准,并且在降低成本的前提下同时提高了工作质量;④流程自动化增强了数据的质量与一致性,优化了分析水平;⑤机器人完成任务的每个步骤都可以被监控和记录,从而用作审计证据以满足法律合规的需求;⑥一个业务流程可在数周内完成自动化升级,使内部自主实施变为可能;⑦机器人流程自动化技术的投资回收期短,可以在现有系统的基础上进行低成本的集成。

德勤推出了财务智能机器人——小勤人之后,帮助企业共享财务中心在节省人力和时间的情况下更高效地完成了任务。例如,某餐饮集团,以前200家门店的盘点数据必须在每个月的1号完成录入、过账和差异分摊,最快的成本会计完成一家门店操作也需要40分钟,但自从引入"小勤人"之后,5分钟后就可以完成一家门店的转账,15分钟后被标识这家门店已完成盘点,并在工作日结束时会发出邮件告知任务结果,附件包含所有生成的凭证,这一举措大大节省了餐饮集团财务共享中心的人力和时间。通过实施"小勤人"自动化,企业相对应地减少了门店向共享服务中心提交审核的相关流程,缩短了财务处理周期,还可以及时发现账实不符等现象并进行及时处理,实现了门店的统一管理,优化了财务处理流程,更重要的是提高了整体财务服务水平。

2) 普华永道(PWC)智能财务机器人

普华永道财务智能机器人基于在传统的 RPA 之外，更加关注基于规则的自动化，这也是企业迈向数字化流程的第一步实践。普华永道机器人方案使用智能软件完成原本由人工执行的重复性任务和工作流程，不需改变现有应用系统或技术，使原先那些耗时、操作规范化、重复性强的手工作业，以更低的成本和更快的速度实现自动化。相比较德勤财务智能机器人只针对财务领域，普华永道机器人解决方案扩展到了其他领域，包含人力资源、供应链以及信息技术。普华永道智能机器人在企业运营方面的优势主要有 8 项：①快速上线，仅需 2 周(视流程的负责程度而定)；②非侵入性，机器人配置在当前系统和引用程序之外，无须改变当前的任何应用和技术；③释放生产力，机器人可完成耗时及重复的任务，释放人力执行更为增值的任务；④合规遵从，机器人减少错误，提供审计跟踪数据，更好地满足合规控制要求；⑤高度可拓展性，轻松可拓展，立即培训和部署；⑥提高质量，避免出现因人为错误而导致的返工，速度和准确率近 100%；⑦全天候待命；⑧降低成本，降至原人工执行的 1/9。

普华永道机器人近期已投入中化国际(控股)股份有限公司财务共享中心正式运营，双方项目组经过 1 个月努力，快速完成了业务流程梳理测试验证及部署工作。引进普华永道智能机器人之后，中化集团税务及财务工作效率明显提升，并且在降低人力时间成本、提升工作质量等方面有明显的改善。银行对账、月末入款体系、进销项差额提醒和增值税验证这 4 个业务过程在效率和准确性上也有了重大的提升。普华永道机器人不仅可以实现商业活动和流程的自动化，有效提升业务运营效率与服务质量，它还可以通过配置或与电脑软件交互的方式来获得和分析信息的应用程序，从而实现交易处理、数据传输、数据比较等功能，广泛地应用于财务、税务、人力资源及审计等众多领域。

3) 安永(E&Y)智能财务机器人

安永财务智能机器人在落实传统的 RPA 后再继续向后代系推进，这样能帮助企业避免"空壳效应"，并全面进入智能自动化流程时代。它的应用将极大地减少人为从事基于某些标准、大批量活动的需求。RPA 的实现分为流程分析及机器人匹配、供应商选择及签约、实施支持等内容。安永智能机器人主要应用于关账和开立账项、账项审核请求、外汇支付、理赔流程、订单管理、物料需求计划系统、能源消耗和采购、付款保护措施、舞弊调查、时间表管理、职能变化、修改地址详情、入/离职手续、密码重置、系统维护、数据清洗、数据分析等。

安永财务智能机器人将传统的 RPA 向 AI 进行了升级，特点如下：①机器人的机能越来越精细且智能；②但实施成本更高，耗时更长；③能够应用的理论流程量递减；④未来可供科技发展的空间更大；⑤机器人的应用越来越专业；⑥机器能够实现更大的定性效益而非财务效益。安永通过 4 个主要代系机器人 RPA 传统(重复性、基于规则的大量活动)、RPA 认知(通过机器学习和自然语言处理，管理非结构化数据)、智能聊天机器人(与使用者互动)、AI(数据分析，洞察和决策)的强强联合，来实现最大的效益。

4) 毕马威(KPMG)智能财务机器人

KPMG 作为国际四大会计师事务所之一，是最后一家明确提供机器人流程自动化服务的，与之前的几款全自动流程化智能机器人相比，它更多地关注于数字化劳动力。①KPMG 智能机器人运用了自动化的同时，数字化劳动力使企业减少了 40%～75% 的成本；②不依赖于工作量大小的可扩展模型；③变革后业务处理方式变得更简便；④认知技术也能够减少人工流程；⑤收益与人的素质无关。KPMG 智能机器人流程自动化转型为企业提供了一站式的服务,它可以确定高级自动化的优先领域;为未来的员工制定一个多方面的战略和路线图;为客户的独特需求选择合适的供应商和合作伙伴;建立治理计划,帮助客户实现先进自动化的预期价;通过试点或多个流程领域实施首选的自动化解决方案。

KPMG 运用财务智能机器人协助一家国际领先的商业银行在华分支机构,实现了贸易融资和大宗商品交易部门试点业务流程的数字化转化工作。该银行通过 RPA 技术实现了流程和员工效率的提升,提高了客户满意度,还提升了部门应对业务大量增长的能力,让员工能更集中精力去处理一些有价值的工作。除此之外,KPMG 还协助该银行关于未来五年的 RPA 应用推广计划并进行详尽的成本和收益分析,设计了未来的业务流程框架。该银行通过利用 RPA 的试点运行,有效减少了手工作业的环节,提高了数据的准确性并通过减少单元数据处理时间和更低的错误率,加快了整个流程处理时间,同时向管理层充分证明了大规模运营和推广 RPA 带来的收益巨大。

(资料来源:载于新浪网,https://cj.sina.com.cn)

参考文献

[1] 简 R.威廉姆斯,等.会计学:企业决策的基础(财务会计分册)[M].17 版.赵银德,沈维华,周彦,等译.北京:机械工业出版社,2017.
[2] 约翰·怀尔德,等.会计学原理(英文版)[M].21 版.崔学刚,饶菁,改编.北京:中国人民大学出版社,2013.
[3] 李爱红,施先旺,马荣贵.会计学基础:基于企业全局视角[M].北京:机械工业出版社,2018.
[4] 陈国辉,迟旭升.基础会计[M].6 版.大连:东北财经大学出版社,2018.
[5] 张捷.基础会计[M].4 版.北京:中国人民大学出版社,2015.
[6] 李占国.基础会计学综合模拟实训[M].北京:高等教育出版社,2017.
[7] 吕学典,董红.基础会计学[M].5 版.北京:高等教育出版社,2019.
[8] 邵瑞庆.会计学原理[M].5 版.上海:立信会计出版社,2019.
[9] 财政部会计资格评价中心.初级会计实务[M].北京:经济科学出版社,2017.
[10] 邵露,王伟国.我国会计凭证的历史演变[J].财会月刊,2013(20):112-113.
[11] 印永龙,代蕾.新编基础会计项目化教程[M].南京:东南大学出版社,2017.